"985 工程"中央民族大学哲学宗教学文库（甲种）第十册

国家社科基金青年项目（编号：12CZJ007）资助
China Humanity and Social Science Fund（Project No. 12CZJ007）

北京高等学校青年英才计划项目资助
Beijing Higher Education Young Elite Teacher Project

辛劳与礼物：
工作神学批判研究

高喆 著

人民出版社

总　序

　　"中央民族大学'985 工程'哲学宗教学文库"（甲种 12 册），是本校哲学与宗教学学院 11 位教学科研人员的一点儿奉献。任教于我校哈萨克语系的耿世民先生，因在西域宗教研究方面的卓越贡献，其文集也一并收入本文库。中央民族大学哲学与宗教学学院不是很大，目前只有 20 位专职教师；这个院（系）成立的时间也不长，1986 年独立建系，2008 年更名为学院。但在吕大吉、牟钟鉴、佟德富等前辈的组建和带领下，经过二十多年的砥砺磋磨，如今已经成长为中央民族大学一个充满生机活力的教学科研团队。他们秉承"进德修业"的古训，广泛吸收国内外各高校新生力量，逐渐形成了生活上随缘任运、学术上追求卓越的优良学风。此次集中出版的这批研究成果，有 7 种是初版，5 种是再版。有些是前辈大家早年出版的重要作品，比如牟钟鉴先生的《〈吕氏春秋〉与〈淮南子〉思想研究》、班班多杰先生的《藏传佛教思想史纲》、赵士林先生的《心学与美学》等，出版多年，图书市场上早已难觅踪影；有些是前辈多年研究的重要成果，比如著名的世界突厥语专家耿世民先生的《西域宗教研究》，虽然是一个文集，但主题十分集中，学术价值极高。其他 8 种，大多是在他们博士论文的基础上进一步修改而成的，既有对传统哲学问题的深入研究，也有对当代重大问题的深刻思考。现在汇编、出版这套文库的目的，主要是借此积累学术成果，表达对我们所生活的这个时代、这个家园"感恩的心"。

我们这个群体，不自觉地遇上了一个伟大的时代！近现代的中国，置身于"数千年未有之大变局"中，表现为"剧烈的社会转型"。进入 21 世纪以来，随着全球化、信息化的进一步加快，文明冲突与文明对话联袂上演；随着改革开放的深入推进，难以回避的各种深层次矛盾日益凸显。当前，如何完整、准确地表述"中华民族共有精神家园"？如何完整、准确地理解中国特色社会主义的核心价值观？在"中国特色"与"普世价值"的纠结中，能不能找到真正的"中国价值观"的标签，在推进社会保障与婚姻立法、家庭伦理建设的过程中，面对家庭本位与个体本位的艰难抉择，社会改革的"顶层设计"究竟应该何去何从？剧烈的社会变革，无疑是激发思想原创的最直接动力。广泛而深刻变革的社会舞台，为理论工作者提供了可以充分施展身手的广阔天地。生活在这样时代的哲学社会科学理论工作者，无疑是幸运的！理论工作者未必能够完全承担起"修身、齐家、治国、平天下"的社会实践，但本着求真、务实的态度，积极推进哲学社会科学的"大发展、大繁荣"，本来就是理论工作者义不容辞的光荣使命。

我们这个群体，非常幸运地生活在一个温馨的大家庭里！中华民族是一个伟大的民族，之所以说她"伟大"，除了勤劳勇敢、自尊自信之外，开放、包容，更能彰显出她的美德。"五十六个民族，五十六枝花"，共同构成了一个温馨和谐的多民族共存共荣的大家庭。中央民族大学得天独厚，是国内极少的 56 个民族聚集最为齐全的单位之一。在这里，无论是节日饮食，还是宗教信仰，都呈现出"多元通和"的良好氛围。民族、宗教方面的研究，也一直是这个国家级民族教育机构、"985 工程"院校教书育人、科学研究的核心任务，它也始终扮演着民族、宗教等方面国家级智库的重要职能。费孝通先生所说的"中华民族多元一体格局"的历史与现实，构成了中央民族大学哲学、宗教学研究的基本对象；费孝通先生提出的"各美其美，美人之美，美美与共，天下大同"的文化自觉，也奠定了新时期中央民族大学哲学、宗教学研究的基本方向。新校训"美美与共，知行合一"，准确、深刻地概括出了中央民族大学独特的精神风貌和办学理念。

实际上，中央民族大学高度关注民族、宗教、哲学问题的"文脉"，完全可以向前溯源到中央民族大学的前身——延安民族学院，乃至蒙藏学校教学和研究的重点。诞生于 1913 年的蒙藏学堂（不久即更名为蒙藏学校），初办时只有中学班，后来又增设专科。增设了专科以后，说明蒙藏学校就具有了大学的性质。在历史上，蒙藏学校不仅培养了一批民族革命干部，而且也造就了一部分了解民族宗教问题的知识精英。乌兰夫、奎璧、多松年、朱实夫、佛鼎等，都出自蒙藏学校。1941 年，由于边区建设的需要，中国共产党在陕北公学民族部的基础上，成立了独立的延安民族学院，当时担任教学和研究任务的人员有孔飞、克力更、牙含章、马寅、高鲁峰（董英）、关起义（刘元复）、海明等人。当时出版的《回回民族问题》等，都是极有代表性的研究民族宗教问题的力作。在蒙藏学校和延安民族学院的基础上，1951 年新中国中央人民政府正式批准成立了中央民族学院，中国民族宗教问题的研究，才开始进入到了一个新的历史时期。

我们深知，学术需要创新，而学术创新的不断累积，才能使学术变得更加厚重，更加具有历史的穿透力！"中央民族大学'985工程'哲学宗教学文库"（甲种 12 册）的出版，既体现着我们每个研究个体"进德修业"的具体内容，也寄托着我们这个学术团队对中央民族大学"晖光日增"的美好愿望。希望这套文库的出版，能够对新时期中国的新文化建设发挥一点儿积极的作用。

刘成有

2012 年 11 月于中央民族大学

目　录

序

赖 品 超

　　一位古希伯来智者曾如此提问："人一切的劳碌，就是他在日光之下的劳碌，有什么益处呢?"（《圣经·传道书》3 章 10 节）

　　工作是无疑是人生一个十分重要的部分，也是很多成年人都有的经验。吊诡的是，没有工作的人，很想找到它；但不少有工作的人，却又相当厌恶自己的工作。情况有如钱钟书先生所说的婚姻——"婚姻是一座围城，城里的人想逃出去，城外的人拼命想进去。"在现代社会事事讲求效率与纪律，工作变得机械化，使人较难在刻板及/或压力甚大的工作中找到任何乐趣或满足感，再加上感到在待遇上的潜在剥削，很容易对工作产生厌倦。然而，没有工作的人，却又容易出现经济困难，因此为了谋生，也就只好把工作视为一种必要的恶来接受。对不少人来说，工作就只不过是为了糊口或金钱而已，此外再也没有别的意义。

　　如要思考或寻找工作的意义，一个值得探讨的问题是，那些具有某种"终极关怀"的宗教徒，又会否对工作的意义有某种另类的观点呢?在芸芸宗教中，最先受到工业革命影响的，要算基督宗教，尤其是处身西方社会的罗马公教（一般称天主教）及基督新

1

教（一般称基督教）。那么，它们的宗教领袖及/或神学家，是如何看工作、如何教导一般信众面对工作？

高喆博士这部专著，脱胎自他的博士论文。本书一方面交代马克思（Karl Marx）、韦伯（Max Weber）和阿伦特（Hannah Arendt）等，如何从人文及社会科学的视角，探讨近现代社会中工作所出现的种种奴役及/或异化及其出路。另一方面，本书更仔细交代罗马公教及基督新教的神学家，如何从宗教的角度讨论工作的意义。当中包括路德（Martin Luther）、加尔文（John Calvin）、教宗教若望保禄二世（John Paul II）以至当代新教神学家沃弗（Miroslav Volf）等，尤其集中在他们如何以"呼召"（vocation）、"礼物"（gift）及"合作创造"（co-creation）等概念来解释工作的意义。最后，本书更尝试将不同的洞见，加以比较、分析、批判和整合，继而提出自己的观点。

本书也许是迄今为止，对相关问题最能深入而全面地探讨的中文论著。除了有助学者了解西方学界尤其包括宗教界对工作的讨论外，或许也会有助于一般读者思考工作的意义。

序于香港中文大学梁銶琚楼 317 室的办公桌上

时为 2015 年 2 月 18 日（农历除夕）下午五时正

（作者系香港中文大学文化及宗教研究系教授、文学院副院长）

导　论

"人一切的劳碌，就是他在日光之下的劳碌，有什么益处呢？"

——《圣经·传道书》1 章 3 节

现代社会中的人在很大程度上是以工作标记自身及他人的。人们羡慕那些"好的"工作，例如演艺明星、广告精英、投行高管、高级猎头等，因为这些工作能创造更高的市场价值且薪酬高。相反，当遭遇失业时，很多人便自觉低人一等，甚至在贫穷的状态中失落了自我。我们称此现象为现代社会对工作的偶像化。然而与此同时，今天似乎鲜有人对自己的工作状态表示满足或愉悦。他们抱怨说在目前的职位上无法发挥自己的才能、压力太大、疲于奔命、没有满足感等，而对薪酬的不满有时只是其中的一部分——甚至不是最重要的部分。对他们来说，工作不过是提升工作之外的生活质量的手段，它与闲暇（leisure）是两件截然不同的事情，是后者的预备。很多人将发生这种状况的原因归结为目前的工作与自己的特长或爱好相去甚远或干脆无关——我的很多朋友就是这样认为的。

然而令他们感到失望的是，当他们经过不懈的努力终于将工作换成"自己擅长或喜欢的"之后，情况似乎并未发生很大的改善。于是，"生活在别处"的剧本一次又一次地在工作世界中重演。

为何会有这种关于工作的悖论发生？现代以来的学者和思想家们绞尽脑汁为此提供答案和解药——从马克思（Karl Marx）、韦伯（Max Weber）到马尔库塞（Herbert Marcuse）和阿伦特（Hannah Arendt），再到当代的人文和社会学者；从经典的马克思主义到法兰克福学派（批判理论），甚至到精神分析学与后结构主义，不一而足。这些理论与观点均在某种程度上是有效的，但面对关于工作的悖论至今仍然存在的事实，我们却不应拒绝在更多的思想传统中探求对人类工作的模式与意义，及其在现代世界中之状况的理解，这其中便包括了那些伟大的宗教传统。

在本书中，你将看到来自基督教传统①对人类工作的言说，且它们中的许多特别地指向了对现代经济领域中人类工作的讨论——这里正是关于工作之悖论的发源地。由于这些讨论均出自基督教传统内部，所以我们称其为"工作神学"（theologies of work）。以神学人类学的角度看来，人作为上帝的形象（the image of God）包含了人是工作者这一维度，工作是人类尊严及命运的重要组成部分；而这进一步意味着在基督教对人的理解中，工作具有本体论的（ontological）意义。这也许能够部分地打消那些对基督教谈论人类工作的必要性与合法性有所疑虑者的担心——毕竟，工作神学的许多"世俗同路"，同时也是重要的现代社会理论，都是将人类工作视为核心来构建其人类学与政治理论的，例如自由主义和马克思主

---

① "基督教传统"在这里指向的是基督宗教（Christianity），即包括了基督新教、罗马天主教、英国国教会以及东正教在内的所有基督教宗派，而非仅指基督新教（Protestantism）。

义的政治经济学。

当然，某个宗教传统对人类工作的讨论能否结出丰厚的成果，或更具体地说——这种讨论能否帮助我们克服现代世界中关于工作的悖论，并不由其对人的定义中是否包含工作这一维度决定；更重要的是，在这一传统中是否存在能够赋予人类工作以恰当的目标、意义及模式的思想资源。基督教传统拥有这样的资源吗？这恰恰是本书试图回答的问题。这种回答是通过各种方式的结合而进行的，这其中既包括反思性的阐释，也包括建构性的论述，既有神学的独语，亦有同世俗社会理论的对话，既围绕三一论、救赎论、终末论等传统的神学主题进行，又将重点讨论"礼物"、"合作创造"等时常被人忽略，然而却有着重要神学意义的概念。

一、人类工作的定义

对任何一部讨论人类工作的学术论著而言，在一开始便给出关于工作的标准定义，似乎是一个不言自明的基础性任务。然而，由于诸多原因，这一任务事实上并不易完成，并且包含了某种逻辑上的危险。尽管如此，我仍然会尝试在这篇"导论"中对工作下一个定义——然而是以一种谨慎的方式。这一过程将包含某些有关这种定义之局限以及造成这种局限之原因的说明。这样做的目的，并非是为了提出一种普遍适用的关于人类工作的定义，而是为了尽可能避免争议地为本书的论述规定一个范围。

定义之困难的根源之一，是定义本身在形式上的多样性。对某种事物的定义，既可以指向它的内涵，又可以是对其外延的规定。然而无论是使用其中的哪一种形式，都会不可避免地在定义的过程中产生某种困难。对前者而言，一方面，一种指向工作之内涵的定义必然会涉及工作的属性及特征，甚至是它的目标，而这些因素中的一部分，本应只能作为结论出现在全书的最后。由此，一种陷入循环论证的风险便出现了。另一方面，后现代哲学已经排除了对某种事物之"客观"定义的可能性。这意味着作为一种诠释（interpretation），工作的定义也必然与其提出者的历史、政治、经济、社会及文化处境紧密关联，正如米尔斯（C. Wright Mills）所言："工作一词并无内在的（intrinsic）含义"①。这样，关于工作的诸定义在拥有相互一致的部分之同时，也必然存在着与定义提出者之不同处境相关联的有差异的部分。而这些差异的根源，往往来自人们彼此间某些无法调和的、非科学的认知结构（如不同的世界观、形而上学或宗教信仰等）。综合这两方面的原因，在本书的开头便提出一种对人类工作之充分的内涵性定义作为论述的前提，势必会引起质疑与争议。对工作之外延的规定同样很难统一。这不仅是因为对外延的认识与对内涵的认识之间存在着一种不可分割性，甚至在某些情况下后者直接影响或规定了前者，亦是因为在不同的历史处境中，人类活动的多样性影响了我们对工作之范围的划定。因此，对究竟何种活动属于人的工作，不同的人也必然会有不同的解释。

定义人类工作之困难的另一个根源，在于可参考项的复杂性，因为在定义工作时，我们除了依据经验，还必须参考并使用讨论工作问题的诸传统所使用过的语言。而这些传统在定义人类工作时，显然同样受到前述与工作定义相关的诸因素的影响，因而表现出相当程度的复杂性。对人类工作的本质及其意义的论述，在西方思想传统中是作为一个古老的议题而存在的。这些论述大致包含了三种形式。其一是体现在文学作品中的、对人类工作的描述（descrip-

---

① C. Wright Mills, Fred Best(eds), "The Meaning of Work throughout History", in *The Future of Work*, N.J.: Prentice Hall, 1973, p. 6. 本书引文如所引材料为西文，则全部由作者自己翻译。

tion），它们往往包含在对某一时期、某个地方的人类生活的文学刻画中，以叙事（narrative）的形式表现出来，其最早的代表可以追溯到荷马史诗。第二种形式是对工作之有意识的哲学阐释（philosophical interpretation），往往偏重于规定性（prescription）的方面，古希腊哲学家（苏格拉底、柏拉图及亚里士多德）最早实践了这样一种论述。第三种形式同时具有上述两种论述的特征，如我们在《希伯来圣经》的许多章节中所看到的那样。

在这里，我们必须将目光集中在第二及第三种论述上，因为只有在它们之中，我们才更容易找到对工作问题的明确阐述，从而发现它们的复杂性。在这些阐述中，除了前述中影响对工作的内涵及外延之诠释的因素外，还有一个特征尤其值得我们注意，即这些论述通常缺乏一种对工作的实然与应然的区分。换句话说，人们时常将工作的现状等同于工作所应该是的样子，并据此来理解工作。柏拉图和亚里士多德对手工工作的消极诠释①，便是其时奴隶工作之现状的某种反映。亚当·斯密（Adam Smith）关于人类工作是消极与必须忍受的手段（means）之解释②，亦是混淆了应然与实然的工作。这种区分的缺乏造成了两个后果：首先，它进一步增加了对工作之定义的复杂性，使我们在不同的传统的定义中既可看到不同处境所施加的影响，亦可看到实然与应然的工作诠释交织的状况；其次，它使得许多对工作的诠释既缺乏一种规范性（normative）特征——即告诉人们工作应该是什么样的，又缺乏一种转化性（transformative）特征——即包含一种向着工作的应然状态改变其

① Herbert Applebaum, "The Concept of Work in Western Thought", in *Meanings of Work: Considerations for the Twenty-First Century*, ed. Frederick C. Gamst, Albany: State University of New York Press, 1995, pp. 48–49; Aristotle, *The Politics*, trans. Ernest Barker, New York: Oxford University Press, 1946, pp. 1328b.37–1329.2.

② Adam Smith, *The Theory of Moral Sentiments*, New York: A.M.Kelly, 1966, p. 297.

实践的思考。因此，在给出关于工作的定义之前，除了必须考虑传统上的工作之定义的复杂性外，还必须意识到这样一种区别。现代以来对工作的论述，特别是工作伦理，延续了从马克思而出的对这种区别的关注。在马克思那里，这种应然与实然的区别，是以区分工作与异化（alienated）工作的形式体现出来的。我们将会看到，这种区分的方法以及对"异化"这一概念的使用，对建构一种恰当的工作"神学"而言同样必要。

在将上述所有因素纳入考虑的范围后，本书尝试将工作定义为这样一种人类活动：它是一种人类独有的、有目的的、创造人类环境的活动；它应同时产生内在及外在的价值（或同时满足内在和外在的需要）。请允许作者用一定的篇幅解释一下这个定义：

首先，这个定义的前半部分是一个较为一般性的论述，它表明了工作是人类所特有的活动这一最重要的特征。具体而言，这意味着人作为理性的存在（homo sapiens），只有在人作为生产的存在（homo artifex）中才是可以理解的①，反之亦然。换句话说，工作绝非仅仅是一种生物性活动，它包含了人类心灵与理智的参与。阿伦特（Hannah Arendt）在《人类的境况》（The Human Condition）一书中，以区分工作（work）与劳动（labor）的方式表达了极为类似的观点。在她看来，劳动是人体的生物过程，是对身体的无差别使用；而工作则是人类实存的非自然性，是用身体与心灵的结合来创造具有持久性的人的世界。② 而在马克思那里，这种区别则被表达为抽象劳动与具体劳动之间的区别。

这一定义的后半部分则具有更强的伦理含义，它部分来自麦金

---

① M.D Chenu, *The Theology of Work*, Dublin: Gill, 1963, p. 7.

② Hannah Arendt, *The Human Condition*, Garden City, N.Y.: Doubleday, 1959.

泰尔（Alasdair MacIntyre）关于实践之外在价值（external goods）
和内在价值（internal goods）的观点。① 对于人类工作来说，外在
价值即是由工作创造并提供的产品、服务、知识、艺术等外在成
果，而内在价值则包括在工作中形成的富有创造性的技艺、和睦的
人际关系以及日益完善的人性等。仅仅产生内在价值的人类活动，
如阅读，无法创造人类环境；而仅仅产生外在价值的人类活动则在
相当程度上妨碍了人类心灵与理性的参与。因此，一种真正的工
作，必须同时具有这两个维度。

　　显然，这样一种对工作的定义指向了工作的内涵；同时，它亦
是标准性的，反映了工作的应然。但如果是这样的话，它如何才能
够避免前述中关于内涵性定义的困难？首先，这一定义虽然包含了
对工作之内涵的阐释，但它同时又是一种一般性的阐释。换句话
说，它虽然出现在了一本基督教神学论著的开头，但却避免了将明
显的神学立场纳入其中。这一方面意味着在这篇论文中，读者将不
会看到一个关于工作的循环论证——工作在神学上的目标及意义只
是在论证的过程中才会逐渐显明；另一方面，这样的定义也能为一
种具有公共性的神学讨论奠定基础。其次，通过检验当代论述工作
问题的文献我们可以发现，这一定义所具有的一般性使得它能够为
大多数探讨这一问题的学者所接受，无论他们来自哪个领域——经
济学、政治学抑或哲学。最后，它以明确表明工作之应然的方式避
免了混淆工作的实然与应然；同时，这种应然的一般性使得它既能
够在一开始就为对工作异化之批判提供一种标准，又能够与从神学
角度提供的进一步的批判以及一种神学上理想的工作模式相关联。

----

① Alasdair MacIntyre, *After Virtue: A Study in Moral Theory*, Notre Dame, Ind.: University
of Notre Dame Press, 2007, pp. 181-203.

二、工作的历史与现状

这个小标题包含了一种方法论的指向，它意味着今天对工作的神学反思不应再在一种静态的唯心主义（idealist）框架下进行；相反，新的时代要求我们有能力回应新的处境，要求我们深入时下的工作经验，即它在不断变化的现实之中的方法、模式及目标。这种方法论的要求也许对劳动经济学家来说是不言自明的，因为其自身研究的领域要求他们必须关注人类工作中出现的新因素，如新的科技、新的管理方法、新型的工会组织以及新的就业模式等。① 然而，对神学而言，在 19 世纪末之前，却鲜有神学家在工作的变迁中重新诠释后者。要知道，此时历史早已进入现代，工业革命业已发生 1 个世纪，工作的模式在世界很多地方已经发生了巨大的改变。神学作出改变的标志是教宗良 13 世（Leo XIII）的《新事物》通谕（*Rerum Novarum*）。正如它的标题所表明的那样，这份通谕关注的焦点即是那些在经济领域中出现的新事物，这其中当然也包含了新的人类工作方式。而在这之前，正如谢努（M. D Chenu）在其《工作神学》一书中提到的，神学对工作的讨论基本上是在一种静态的道德主义框架内进行的——尽管其道德要求各不相同——而这种方法在新的处境下已经不适用了。②

幸好，对今天的工作神学而言，对"新事物"的关注已经成为其方法论的标准之一。因此，发现并正确地诠释这些工作领域的"新事物"便自然地成为神学的后继任务之一。在这方面，神学不仅可以借助哲学和社会科学来发现当下工作的新特征，甚至可以在一定程度上接受自这些学科而来的、对工作中异化现象的诠释——

---

① See Robert Perucci and Carolyn C. Perrucci eds., *The Transformation of Work in the New Economy*, Los Angeles, Calif.: Roxbury Pub.Co., 2007.

② M.D Chenu, *The Theology of Work*, pp. 1-17.

前提是，这些诠释也应符合基督教神学自身的传统。

那么，当下的工作究竟包含了哪些新的特征呢？从下面这个关于工业革命前和工业革命后人类工作在一些重要维度上之变化的粗略的对比表格中，我们可以很清晰地看到其中一些重要的特征：

	工业革命前	工业革命后
工作的形式	自雇佣	雇佣工作（工资作为报酬）
生产的目的	自给自足为主	商品（及服务）的生产
工作方法	手工	大机器及电脑控制
工作规模	家庭生产或小工场	工厂、公司
管理方式	自我管理	官僚体系、科学管理
人际关系	合作	合作、竞争、对立并存

通过这个表格所提供的比较，我们很容易看到一些改变。然而，反映在其中的这些改变，仅仅为我们提供了一种关于事实（或现象）的信息，更重要的则在于如何诠释这些改变。事实上，表格中的这些维度彼此关联，反映了其背后两种完全不同的经济结构，即工业革命前以农业生产为主导的、自给自足的产品经济，以及工业革命后以工业、服务业为主导的资本主义市场经济。而这种经济结构的变迁，带来的是工作模式本身的巨大变化。不可否认的是，这种变化有其积极的方面；但更重要的是，它同时亦使工作异化问题更为突出。这种突出，与其说是程度或规模上的，倒不如说，它是以一种与以往任何社会的情况都不尽相同的方式体现出来的，而其根源，便是在今天的世界中占主导地位的资本主义市场经济体系。

支撑今天这种经济结构的，一方面是商品的生产，另一方面则是消费。二者的关系既是彼此对立，又是相互支撑的。一方面，它们是两个彼此相反且分离的过程：生产增加市场上的商品数量，而消费则导致后者的减少；由于分工的细化、商品种类的急剧增加，生产者无法亦不满足于直接消费自己生产的产品，而是必须寻求额外的消费产品。但另一方面，恰恰是这种商品生产与消费的分离，又使二者成为了一个相互支撑的结构，从而维持着整个资本主义经济结构的运转：正因为人们从工作中获得的补偿不是产品而是工资，他们才必须在消费市场上购买由商品生产所提供的商品，而这种消费又反过来为新商品的生产提供动力。

　　商品的生产与消费，这是塑造今天人们工作形态的两种根本的力量，亦是产生异化的根本原因。传统生产是一种产品（product）的生产，是用来满足生产者的需要，换句话说，被生产出来的是产品的使用价值（use-values）。相反，资本主义经济体系中的生产转变为一种商品（commodity）的生产，是为了在市场上通过交换以赚取利润，因而被生产出来的是一种交换价值（exchange-values）。利润代替需要成为生产的核心价值，或者说，"需要"为了利润的缘故被制造出来。作为这种生产的基础，科技在现代社会的飞速进步，一方面使得社会分工的激增与商品的生产成为可能；另一方面，科技日益成为自我决定的，甚至反过来决定了人的需要与目标。① 作为结果，工作在现代世界中不再为人所控制，而是由利润及市场所控制，并继而控制了人本身。换句话说，人不再是工作的主体，反而变成了工作的客体。正如马克思所言："根据古代的观点，人，……毕竟始终表现为生产的目的，在现代世界，

---

① Jacques Ellul, "The Technological Order", in *Philosophy and Technology: Readings in the Philosophical Problems of Technology*, ed. Carl Mitcham and Robert Macker, New York: The Free Press, 1983, pp. 86 - 108; Langdon Winner, *Autonomous Technology*, Cambridge, MA: MIT Press, 1977, p. 234.

生产表现为人的目的，而财富则表现为生产的目的。"① 这种人类工作的全面客体化，只是在现代的工作世界中，才成为一个独特的标记。

这一基本的异化结构具体表现在以下几个方面：第一，由于人成为工作的客体，多数情况下工作的目的仅在于获得报酬、最大限度地占有和控制财富，工作对人而言便成了一个既是自利的同时又是异己的过程。这样，工作对多数人来说即便不是痛苦的或必须忍受的，亦是一个没有内在满足的过程。换句话说，工作的内在价值在很大程度上丧失了。第二，科技与机械化、自动化的发展，在减轻人们劳动强度的同时，也带来了去技术化的后果，从而导致人的主动性和创造性无从发挥，进一步削弱了工作的内在价值。第三，现代企业的科学管理体系和官僚体系的控制同样限制了人作为主体在工作中的实存②，并用一种精确的权力机制实现了对人的控制。③第四，工作中人与人的关系也存在着异化。分工的细化加强了工人之间的合作，而市场机制同时令这种关系成为竞争性的；另一方面，工作者同管理者或资本所有者的关系则是对立的，这同时也是工作与资本之对立关系的一种反映。第五，剥削与不公平报酬的情况始终存在。在这些因素的共同作用下，现代世界中的工作日益模糊了自身与阿伦特所说的劳动之间的界限，或者干脆如她所言，工作在现代世界中正在为劳动所代替。这一现实同时也

① Karl Marx, *Grundrisse: Foundations of the Critique of Political Economy*(rough draft) , trans.Martin Nicolaus, Harmondsworth, Middlesex; New York: Penguin Books, 1973, pp. 487-488.

② Harry Braverman, "Scientific Management", Richard Edwards, "Bureaucratic Control", in *The Transformation of Work in the New Economy*, pp. 20-33, 34-44.

③ Michael Foucault, *Discipline and Punish: The Birth of Prison*, trans.Alan Sheridan, New York: Vintage Books, 1995.

反映在当今世界的消费主义意识形态中，因为在阿伦特看来，消费品是劳动而非工作的产物，它不具有属于人之工作成果的相对的持久性、稳定性与真实性。① 因此，劳动—消费的结构主宰着现代世界的运作，人在其中部分遗失了自身作为人的本质，而这正是一种异化。

在肯定了工作之异化在现代世界中的普遍存在及其在经济结构中的根源后，仍有几个与此相关的问题是我们必须在此讨论并澄清的。首先，对工作在现代社会中的异化之批判，并不意味着本书意欲建构一种简单的二元论——即一方面是对传统工作形态的浪漫主义诠释，另一方面是对当代世界中的工作的全面否定。工作的异化是一个在任何社会都存在的现象，并非为现代社会所独有。剥削与宰制的关系，以及工作之内在价值的缺乏，对人类历史的绝大多数阶段来说都不陌生。同样，在当今的工作世界中，也并非找不到非异化的工作经验。但与此同时我们也必须承认，工作的异化问题因其在经济结构中的根源，在历史中从未像在今天的社会这样，表现得如此深刻且不容置疑。其次，不少学者会认为，当今社会已经由所谓的工业社会进入了后工业社会，二者之间无论在经济、政治及文化上都有着根本性的不同，而这意味着诸如马克思、韦伯和阿伦特等人对现代世界中工作异化的批判已经不再有效了。事实上，从两个不同角度可以证明这样一种观点既不审慎，亦缺乏说服力。从空间分布来看，当今世界各地区间经济发展并不平衡，一些发达国家的经济已经是服务业及信息经济占主导，而另一些地方（如中国大陆以及绝大多数发展中国家）仍体现着典型的工业社会的特征。因此，不能简单地认为当今社会已经是后工业社会。从时间维

---

① Hannah Arendt, *The Human Condition*, Chapter Ⅰ, Ⅲ, Ⅳ.

度看，当今的多数学者认为，工业社会与后工业社会之间既存在着改变所带来的差异，又存在着一种延续性。① 而一个更重要的事实在于，后工业社会尽管在产业类型、科技水平、管理方法、就业模式等方面较之工业社会有了很大的改变，但前述中产生工作在现代社会中的异化的根源——由商品生产与消费主义共同支撑的资本主义市场经济结构——在后工业社会中依然存在，甚至在很多方面被加强了。最后，也有学者认为，随着工作时间在世界范围内的普遍缩短，今天的工作伦理不应再过多地关注工作本身，而应将目光集中在闲暇（leisure）对于自我实现的价值这一问题上。然而，正如我们在前文中已经看到的那样，现代资本主义经济是通过分离商品的生产与消费来维持自身之高速运转的，而工作与闲暇的分离（以及工作与娱乐、工作与文化的分离）则是生产与消费之分离在一个侧面的反映。因而，除非找到一种方式能够克服这种商品之生产与消费的二元对立，否则，单纯谈论工作之外的闲暇，并不能从根本上改变工作在现代世界中的异化。

三、工作神学：必要性与方法

对工作的言说并非神学中的 *rerum novarum*（新事物）；相反，在犹太—基督教传统中，最早关于工作的阐释在《希伯来圣经》中就已经能够被发现。就严格意义上的基督教神学而言，最早对工作的神学理解则是从教父时期开始的。这些早期教会的教父们，如亚历山大的克莱门特（Clement of Alexandria）、德尔图良（Tertullian）、奥古斯丁（St. Augustine）等，均对工作持一种积极的态度。他们首先肯定工作对于人类生活的重要性，继而亦强调勤勉的工作对于人

---

① Mike Noon and Paul Blyton, *The Realities of Work*, Houndmills, Basingstoke, England: Macmillan Business, 1997, pp. 34-54, 99-120, 203-209.

之道德及属灵维度的积极意义。① 类似地，圣托马斯（Thomas Aqui-nas）亦肯定工作在上述方面的积极意义，但他同时将作为 *vita activa*（实践活动）的工作，置于次要于 *vita contemplative*（沉思生活）的地位——这里工作是一种手段，是为沉思生活服务的。②

总体而言，现代之前神学对于人类工作的诠释，在两方面存在着致命的不足。首先，尽管这些基督教思想家们对工作持有一种相对肯定的态度，然而这种肯定却是有限的。其有限性体现在，工作的积极意义只是对此世维度而言的，而对于救赎而言，工作只能通过它对道德及属灵生活的增进与助益而间接地发生作用。换句话说，工作自身在上帝国（the Kingdom of God）中并不占据一席之地。其次，这些神学家均以一种静态的观点来看待人的工作，因而亦未能注意到工作自身是否存在异化的问题，当然也就不会去思考是否有转化工作模式的必要性以及如何转化的问题。因此，尽管传统神学对于工作的论述在今天仍能提供给我们许多有益的启发，但可以肯定的是，今天的工作神学需要一个新的神学框架来讨论工作问题。一方面，这种新的神学框架本身便要求一种工作神学的出现；另一方面，它又为这种工作神学提供了方法论的基础。因此，探讨这一新的神学框架，既是肯定现代工作神学的必要性，又在相当程度上规定了后者的方法论。

这一神学框架并非完全是现代神学的产物，相反，它在相当程

---

① Miroslav Volf, *Work in the Spirit: Toward a Theology of Work*, New York: Oxford University Press, 1991, pp. 71−73; Herbert Applebaum, "The Concept of Work in Western Thought", in *Meanings of Work*, pp. 51−52.

② Thomas Aquinas, *Summa Theologiae*, II-II, Q. 179, A. 2; Q. 182. A. 2, 3, 4. Latin text and English translation, introductions, notes, appendices, and glossaries, vol. 46, Cambridge: Blackfriars; London: Eyre & Spottiswoode; New York: McGraw-Hill Book Company, 1966, pp. 6−11, 72−84.

度上是向奥古斯丁—托马斯神学传统的回归。因此，它的出现并非紧随启蒙运动和现代性的兴起，而是现代神学对自身的更新，在这个意义上，它应该被归为"后"（post-）现代的。现代性的诸多重要特征中，与基督教关系最为紧密的是"世俗化"（secularization），其含义可以概括为两个关键的因素：其一是世界的理性化，体现为科学主导的世界观之形成；其二是宗教的私人化，体现为宗教从社会公共领域的逐渐退出。世俗化的这两个特征，与现代神学中的某些潮流是相互配合的：新教神学中被误解了的路德关于两个国度（*Lehre von den zwei Reichen*）的教导，以及 19 世纪末 20 世纪初天主教神学中的新托马斯主义（Neo-Scholasticism）对自然与恩典的分离①，均在不同程度上加速了世俗化的进程，其后果体现为神学对世界和自然事物的神圣化、对其自治权利的认可以及神学与社会公共议题的分离。

在这之后，无论是在新教神学抑或在天主教神学中，都出现了一种"拨乱反正"的神学思潮。新教神学家朋霍费尔（Dietrich Bonhoeffer）坚决反对那种将实在分割成两个独立领域——即一个神圣领域和一个世俗领域——的观念。相反，他主张根本不存在两种实在的分离，即世界的—基督的、自然的—超自然的、世俗的—神圣的、理性的—启示的，而是只有一种实在，即"在世界的实在中显示于基督之中的上帝的实在"②。正因如此，神学须重新把世界、自然、世俗及理性的领域纳入基督之中上帝的实在，亦即重新令超自然的恩典进入并容纳世界。而在天主教神学中，以卡尔·

①　在基督教神学中，"自然"（nature）并非意指与人类世界相对的自然界，而是指向了整个被创造的实在。

②　朋霍费尔（Dietrich Bonhoeffer）：《伦理学》，胡其鼎译，汉语基督教文化研究所（香港）2000 年版，第 168 页。

拉纳（Karl Rahner）和德吕巴克（Henri de Lubac）为代表的超验的托马斯主义（transcendental Thomism）及新神学（*nouvelle théologie*）运动，则以另一种方式走向了与朋霍费尔相同的结论。新神学的神学家们通过历史及神学的研究，重新发现了一个与新经院主义所描绘的托马斯形成鲜明对照的、更为真实的托马斯·阿奎那。这个被重新发现的奥古斯丁—托马斯传统拒绝新托马斯主义神学的观点，即认为恩典是人之有意识的、属灵的和道德生活之上的超自然结构，是一种超越意识范围之外的上层建筑，以及由此带来的自然与启示、恩典的分离，成为纯粹自然（pure nature）——其作为自身可以在其自己的领域内获得完善，即一种纯粹自然的终点。相反，诸如拉纳和德吕巴克等学者均认为：作为一种历史事实的自然从来就不是纯粹自然，而是一种被安置于人无法离开的超自然秩序中的自然。他们以圣托马斯的观点解释恩典，认为恩典行动必然为人带来一种不同的形式目标（*telos*），一种全然不同的终极视野，进而影响着我们有意识的生活、我们的实存和我们在世界中生活的方式。①

　　通过新教神学和天主教神学中重新整合恩典与自然的努力（包含了社会公共领域的），世界重新被纳入神学的思考范围中，而这一努力的成果又因莫特曼（Jürgen Moltmann）、古铁雷斯（Gustavo Gutiérrez）等神学家在基督教终末论方面的贡献，而得到了加强。这些神学家关于终末（eschaton，即"最后的事"）之言说的共同特征是，它们都指向了对一种个体主义终末论（individualist eschatology，以新教神学家、圣经学者布尔特曼为代表）的批判。这意味着，

---

① Karl Rahner, *Theological Investigations*, Darton, Longman & Todd Ltd., 1974; Henri de Lubac, *The Mystery of the Supernatural*, trans. Rosemary Sheed, New York: Crossroad Pub., 1998.

由基督之复活所预表了的更新并不仅仅停留在每个孤立的个人之层面；相反，人是作为一个紧密联合的群体被更新的，社会、政治的内涵深蕴其中，爱与公义的关系是这一群体的最大特征，而《圣经》中的上帝国则是这一终末景象的有力象征。[①] 因着这一终末论的复兴，恩典与自然（世界）的关联不仅有了基础，更具备了目标——即上帝国的最终实现。由此，政治、经济等社会公共领域中的事物重新成为神学必须思考的议题，这其中也必须包括人的工作，因为工作既然是属于人之本性（nature）的一部分，那么它就必须同时是因道成肉身将自然超自然化（supernaturalize）而被改变的部分，以及最终将以完善的形式出现于上帝国之中的部分。

因此，当代神学对工作的探讨，必须基于这一重新整合了恩典与自然的神学框架。[②] 更具体地说，这要求当代的工作神学既不能再以一种静态的观点来看待人的工作，漠视工作的异化问题，又不能将工作仅仅诠释为一种道德要求，而错失其在一个更广阔的神学框架中的重要性。相反，基于恩典与自然的重新整合以及一种历史的终末论，工作的神学意义不止存在于世俗领域，更存在于救赎—终末论的维度——工作作为世界或自然的一个组成部分、作为人类生活的一个重要方面，影响着救赎的历史，其自身亦将在上帝国中得到救赎与成全。正因这种救赎—终末论上的重要性，对工作在当代世界之现状的诠释、对异化工作的批判以及新工作模式的提出，均应属于当代神学必须实践的使命。与此同时，在救赎—终末的神

[①] Jürgen Moltmann, *The Coming of God: Christian Eschatology*, trans. Margaret Kohl, London: S.C.M. Press, 1996; Gustavo Gutiérrez, *A Theology of Liberation: History, Politics and Salvation*, trans. and ed. Sister Caridad Inda and John Eagleson, Maryknoll, N.Y.: Orbis Books, 1973, pp. 153–238.

[②] 这一神学框架对本书的讨论具有某种程度的基础性意义，因此，有兴趣的读者可阅读第三章第一节对此问题的详细讨论。

学框架下讨论工作也确实已经成为当代工作神学的主流。

以神学的方法讨论一个公共性议题，势必涉及神学与社会科学之间的关系，而这正是工作神学在方法论上必须关注的另一个重要问题。在这方面，神学不能漠视社会科学对工作问题的讨论。不同的社会科学，如政治经济学、心理学等学科，在其长期的发展中，形成了各自行之有效的分析问题的工具。具体到人类工作而言，这些工具的重要作用在于，它们能够帮助人们发现工作中存在的异化问题，而这些发现在相当程度上则可以成为神学批判的基础。这并不是拒绝神学在发现工作异化问题上的能力，而是对社会科学对其研究领域之熟悉程度以及以科学理性的方法分析事物之能力的尊重。不仅如此，社会科学在某些时候甚至可以帮助神学发现自身之中存在的问题。例如，马克思对工业社会之工作异化现象的批判，即可帮助神学家发现以路德（Martin Luther）及加尔文（John Calvin）为代表的新教工作观在面对资本主义的工作模式时缺乏批判性的问题。

与此同时，当代的工作神学亦不能完全认同社会科学对工作的诠释以及它们所提出的规划。这意味着：在否定及消极方面，神学有能力批判社会科学关于工作的规划；而在肯定和积极的方面，神学亦有能力依据自身的传统提出关于工作的规划，以期转化异化的工作模式。神学在这两个方面的能力，来源于其自身所包含的、关于世界或自然之目标（telos）的叙事，而这一叙事则须通过基督教神学所特有的三一论、基督论、救赎论及终末论等语言表述出来。因此，神学自身中就包含了作为一种社会科学的能力。换言之，通过建基于耶稣基督之启示的特殊的神学语言，神学能够尝试令自然的经济事物重新与超自然的真、善、美之神圣目标建立关联，并以此为基础批判当今世界中的工作异化，以及提出转化工作模式的新规划。在这一方法论基础上，神学也许会赞同社会科学所提出的规划的某个方面，但这一赞同的基础仍是神学的。正像默茨（Johannes Baptist Metz）在言及新政治神学时所说的那样："一种政治神学的政治倾向，只有当它的神学倾向正确的时候才会正确，而非相反。"① 这一结论在讨论包括工作在内的经济议题时同样有效，即意味着神学在讨论工作问题时对某种社会理论之赞同的依据，并不来自于这种社会理论本身，而是来自耶稣基督的行动所带来的信息。

四、呼召与合作创造：现代的工作神学

本书的目标是给予现代世界（特别是经济领域这一绝大多数现代工作的实践场所）中人类工作的本质与意义以一种恰当的神学理解，并尝试为现代经济世界寻找一种恰当的工作模式。而这一目标的达成，在相当程度上则必须通过梳理、诠释及批判现代以来基督教神学对人类工作的讨论才能够实现。事实上，绝大多数将会或不会为本书所详细讨论的现代工作神学理论，都采纳了"呼召"（vocation）及"合作创造"（co-creation）这两种神学范式中的至少一种作为言说人类工作的基础。换句话说，对现代工作神学中的经典文本之讨论，即是对"呼召"与"合作创造"这两种工作神学进路的讨论。

现代神学对工作的理解诞生于新教神学，特别是路德（Martin Luther）和加尔文（John Calvin）对"呼召"观念的诠释。尽管严格地说，宗教改革家们提出这一对人类日常工作的神学诠释时，历史尚未正式进入我们通常所指的现代，然而从这一范式在现代社会中保持的长久生命力来看，它确实可以称得上是现代工作神学的起

① 默茨（Johannes Baptist Metz）：《历史与社会中的信仰——对一种实践的基本神学之研究》，朱雁冰译，三联书店1994年版，第66页。

点。事实上，20 世纪的新教工作神学直至 90 年代之前，仍是以路德和加尔文的观点为基础的——这些以"呼召"观念为基础的讨论包括了尼尔森（John Oliver Nelson）所著的《工作与呼召》（*Work and Vocation*）①，哈迪（Lee Hardy）的《世界的结构》（*The Fabric of This World*）②，以及克鲁格（David A. Krueger）的《在工作中信仰》（*Keeping Faith at Work*）③ 等。这种基于"呼召"的工作观较之中世纪经院神学而言，大大提升了对人类日常工作之价值的肯定——将其由工具性（instrumental）的维度提升至伦理道德的维度，并且提出了一种以神学美德为核心的工作模式。尽管如此，受路德及加尔文的整体神学框架所限，这种工作神学的进路却无力抵御由资本主义经济在世界范围的胜利而带来的普遍的工作异化，甚至还在一定程度上加剧了这一异化。

然而，当现代基督教神学中尚未诞生指向对工作异化之批判的神学进路时，诸如卡尔·马克思（Karl Marx）、马克斯·韦伯（Max Weber）等学者，却从社会科学的角度先于神学展开了对现代社会中工作异化的批判，而这种批判也在相当程度上成为了对路德及加尔文之工作伦理的批判。在这种情况下，便产生了关于工作神学之"范式转换"（paradigm shift）的需要。一种新的工作神学进路之雏形诞生于天主教神学家谢努（M. D. Chenu）的《工作神学》（*The Theology of Work*）④。在这本著作中，谢努拒绝了传统神

---

① John Oliver Nelson, *Work and Vocation: A Christian Discussion*, Harper: New York, 1954.

② Lee Hardy, *The Fabric of This World: Inquiries into Calling, Career choice, and the Design of Human Work*, Grand Rapids, Mich.: W.B.Eerdmans, 1990.

③ David A.Krueger, *Keeping Faith at Work: The Christian in the Workplace*, Nashville: Abingdon Press, 1994.

④ M.D Chenu, *The Theology of Work*.

学对工作之静态的唯心主义（idealist）阐释，主张应重视马克思关于历史中经济制度的演变对人类工作造成的影响之分析，以在现代工业化这一新处境中处理工作及其异化的问题；不仅如此，他还第一次将作为自然秩序的人类工作置于超自然（恩典）框架中，从而使对工作异化的伦理批判具有了神学上的基础；最后，也是谢努首先提出以“合作创造”（co-creation）这一概念诠释人类工作——尽管他并未就此展开详细的讨论。

　　为在谢努那里作为一种雏形存在的工作神学新进路提供了更完整形式及内容的，在天主教神学中是教宗若望·保禄二世（John Paul Ⅱ）于 1981 年颁布的《人类工作》通谕,① 在新教神学中则是沃弗（Miroslav Volf）的著作《在圣灵中工作》（*Work in the Spirit*）。② 由此二人正式开启的这一工作神学的新进路，不再将路德及加尔文所使用的“呼召”概念作为诠释人类工作的基础，而是围绕着（与上帝的）“合作创造”这一核心观念展开对工作的讨论。这种基于“合作创造”的概念所建构的工作神学，其所依托的全面整合了自然与恩典的神学框架，令其在相当程度上克服了路德和加尔文的工作神学对资本主义的工作异化缺乏批判力的缺点，并同时赋予了人类工作以较之“呼召”而言更为重要的神学意义。尽管如此，教宗及沃弗在尝试以“合作创造”的观念克服“呼召”进路中存在的问题之同时，却忽略了恰恰是在“呼召”的观念中，包含着一种从基督教神学自身语言出发的、关于具体工作模式的谈论——即一种关于“礼物”的神学叙事。正是以这一关于礼物的

----

① John Paul Ⅱ, *Laborem Exercens*, in *Catholic Social Thought: The Documentary Heritage*, ed. David J. O' Brien and Thomas A. Shannon, New York: Orbis Books, 2000, pp. 301–346.

② Miroslav Volf, *Work in the Spirit: Toward a Theology of Work*.

叙事为基础，基督教神学才可能建立一套对于克服工作异化、令工作真正指向真、善、美的目标而言不可或缺的、关于工作的神学——经济学。

事实上，在教宗的通谕和沃弗的著作出版后，另一些基督教神学家也相继加入到以"合作创造"的观念为基础的、对人类工作的讨论中来。这其中影响较大的著作包括圣公会神学家莱里弗（Armand Larive）于 2004 年出版的著作《主日之后》（*After Sunday*）①，以及考斯登（Darrell Cosden）于同年出版的《工作神学》（*A Theology of Work*）②。前者一方面几乎完全接纳了沃弗对工作与"合作创造"之间的关联所做的诠释，另一方面也较之沃弗更具体地谈及了工作之中所应包含的美德；而在后者之中，考斯登则对基于"呼召"的工作神学以及教宗和沃弗的观点均作了重要的反思，与此同时，他仍沿着"合作创造"这一进路，更全面地提出了关于人类工作之三重意义——工具性（instrumental）、关系性（relational）、本体论（ontological）——的神学诠释。概括而言，无论是莱里弗抑或考斯登的工作神学，都以各自的方式，在一定程度上修正了基于"合作创造"的工作神学在教宗及沃弗的表述中存在的问题。这种修正特别体现在二者均不再只将注意力置于提升工作的神学意义或对工作异化的消极批判上，而是尝试将神学的美德注入工作的实践。尽管如此，二者对基于"合作创造"的工作神学之修正，仍然不够彻底。其根本原因在于，谈论克服工作在现代世界中的异化所需要的一种包含基督教美德的经济实践，只有在对经济领域内一种具体工作模式的谈论中才是可能的，而这种谈论还必

①　Armand Larive, *After Sunday: A Theology of Work*, New York: Continuum, 2004.
②　Darrell Cosden, *A Theology of Work: Work and New Creation*, Carlisle: Paternoster Press, 2004.

须包含对现存的资本主义经济结构中的工作模式的批判。换句话说，神学在这里必须部分承担起一种作为社会科学的职能，进入对一种具体经济结构的讨论，以期令工作的实践能够真正反映出上帝的启示中所包含的爱、公义及和平的图景。

在这一探讨现代工作神学的语境中，本书仍会将注意力集中于对路德和加尔文神学中的"呼召"观念以及若望·保禄二世和沃弗的"合作创造"观念的分析与批判，因为当代沿着这两条进路所进行的对工作的神学讨论，在很大程度上仍未脱离上述四位神学家所搭建的框架，同时也仍未彻底突破这两条进路各自所具有的局限。因此，只有通过对"呼召"及"合作创造"这两种范式内最经典的神学文本的讨论、比较、批判，我们才能够更清晰地发现它们各自的优点及缺陷，以期同时达致对两者的更新与超越。具体而言，本书将尝试证明基于"呼召"以及基于"合作创造"的工作神学并非两种相互对立的范式，亦不是两种非此即彼的选择：一方面，"合作创造"并不能完全代替基于"呼召"的工作神学，仅仅基于"合作创造"所建构的工作神学虽然直接指向了对资本主义之工作异化的批判，但这种批判却在很大程度上空具形式性，缺乏具体的神学内容；另一方面，路德和加尔文对工作的理解也确实需要在"合作创造"的观念中被更新，以期能够在一个彻底整合了自然与恩典、世界与上帝国的神学框架下，令"呼召"的观念重新产生对资本主义的批判力。换句话说，这两种工作神学的进路或范式之间完全能够相互补充，以达至一种辩证的平衡，实现二者相互之间的修正。

因此，本书在反思"呼召"及"合作创造"这两种不同的工作神学范式之基础上，尝试以"礼物"（gift）这一神学观念为基础，建构一种对现代人类工作的神学理解。在这里，"礼物"不仅意指工作本身即是上帝赠予人的礼物，更指向工作应该成为一种将由上帝而来的礼物转而赠予他人的行动。而在对这样一种对工作的神学诠释中我们将会发现：一方面，一种作为"礼物之赠予"的工作模式，事实上已经被包含于"呼召"的观念之中；这一工作模式是依据基督教神学自身的叙事（而非社会科学的假设）而建构的，且作为经济结构中的一个重要环节而存在，而当缺乏对这种工作模式的讨论时，"合作创造"的框架中便会缺少一种与真、善、美的目标相关联的重要神学内容，同时也会因此而缺乏对作为现代社会工作异化之根源的资本主义经济制度的批判；另一方面，缺乏由"合作创造"的观念所提供的神学框架，礼物模式的工作便会失去其作为一种公共伦理的基础，从而同样会在相当程度上失去对资本主义工作模式的批判性。正因如此，本书对人类工作的神学诠释最终指向了一种"作为礼物之赠予的合作创造"（或"作为合作创造的礼物赠予"）。而这一诠释本身，则是通过在"呼召"与"合作创造"这两种神学范式之间建立一种辩证的平衡得以完成的。

五、本书的结构

以达至上文所提到的神学目标为前提，本书的第一章首先指向了对"呼召"概念的批判性讨论。在这一章中，笔者将尽可能准确地描述、阐明路德与加尔文之基于"呼召"的工作观，并围绕着它同现代资本主义工作模式之间的关系展开对这一进路的批判。第二章的内容是对社会科学关于工作问题之观点的神学研究。本章将分别检验两位现代思想家（马克思和韦伯）对现代工作的理解、描述或批判，并以神学为基础反思他们的观点——即一方面肯定他们对现代社会中工作的异化、偶像化与处于危机中的工作观念之揭示，另一方面以基督教神学作为后设叙事，分析、批判其观点中的不足之处。第三章将再次进入神学的论域，讨论两位现代神学家——已故的罗马教宗若望·保禄二世（John Paul Ⅱ）以及新教神学家沃弗（Miroslav Volf）——基于"合作创造"的观念所建构的工作神学。这其中既包括对二者工作神学之共同点的论述，也包括对二者各自观点中独特部分的分析。在此过程中，我们将完成对"合作创造"这一现代工作神学之最主要进路的详细考察——特别是这一进路中的缺点与不平衡，从而为下面的讨论奠定基础。

第四章的任务是提出以"礼物之赠予"作为现代世界中人类工作的新模式，以克服资本主义经济中存在的工作异化现象，同时令人们的日常工作成为一种指向真、善、美之目标的、包含美德的实践活动。在这一章的开始，我们首先将从理论与实践两个维度，检验礼物在由"稀缺的形而上学"（metaphysics of scarcity）主导下的现代社会中所面临的困境。然而通过论及路德和加尔文的礼物叙事，特别是二者对呼召的诠释以及当代的礼物神学，我们将会看到，基于基督教神学中作为赠予的三一上帝之叙事，世界中礼物的赠予得以重新成为可能，甚至成为一种要求。在这一礼物神学之基础上，人类工作可以成为一种赠予的实践，同时亦是一种回应上帝、转化社会以朝向上帝之国的实践。最后，我们将把这一"作为礼物之赠予"的工作模式，置入"合作创造"的神学框架中，以一种互补的方式克服两种进路单独存在时所面临的困难，从而令这一经过扬弃后的工作神学既能对资本主义的工作异化提出有力的批判，同时又包含一种以神学自身叙事为基础的、非异化的工作模式。

第 一 章

作为 "呼召" 的工作

"个人蒙召的时候是什么身份，仍要守住这身份。"

——《圣经·哥林多前书》7 章 20 节

在基督新教的传统中，长期以来占主导地位的对人类工作的理解，是从马丁·路德（Martin Luther）和约翰·加尔文（John Calvin）对"呼召"（vocation）这一概念的理解中诞生的。事实上，"呼召"的观念在路德和加尔文的思想中，总是受到人们特别的关注。其原因在于：一方面，对基督教神学而言，神学家们很容易发现"呼召"对于路德及加尔文之整个神学体系的重要性；换言之，通过对"呼召"这一神学观念的理解，我们得以更好地把握宗教改革家们在当时的处境中所建构的新的神学范式，是如何将自身与中世纪经院神学体系区别开来的。此外，两人对"呼召"这一古老概念所作的、不同于以往的新诠释，本身亦足以激发出相当多的神学热情。另一方面，今天人们在讨论宗教改革时所持有的共识是：这场改革所带来的绝不仅仅是神学或信仰的巨大改变，更在某种程度上为其后数百年整个欧洲乃至世界在政治、经济及文化上的巨大变迁奠定了基础。正因如此，路德和加尔文的思想在社会科学领域所引发的兴趣是可想而知的。而作为宗教改革者们（特别是路德）讨论世俗社会的基础之一，"呼召"的概念尤其为社会科学所关注。以这一概念作为线索，人们得以发现路德及加尔文对政治、经济等重要社会维度的看法与理解。

对本书的研究而言，将上述两方面的因素一并加以考虑，是避免一种方法论上的偏颇的重要条件。具体来说，一方面，将人类工作当作研究的对象，使得对"呼召"这一观念的讨论无法只停留在神学领域，我们必须尝试去发现呼召观念对现代工作世界乃至整个经济领域所产生的影响；另一方面，我们必须注意不能脱离宗教改革者们各自整体的神学体系来讨论"呼召"的观念，否则对这一观念的理解便很容易发生扭曲。因此，本章的讨论将会从神学出发，以便首先充分理解在路德和加尔文的神学中，"作为呼召的工作"意味着什么；接着，我们将尝试分析这样一种工作观念可能对现实的工作世界产生什么样的影响，并以此为基础提出批判。

第一节 马丁·路德的观点

一、呼召观念的演变

"呼召"（vocation）是一个拉丁文词汇，*vacatio*，来自于其在拉丁文中的动词形式，*vocare*，即"召唤"（call）的意思。因此，在英语世界，"呼召"（vocation）与"召唤"（calling）是作为同义词而存在的。当然，在路德的著作中，"呼召"一词是以其德文

形式 *Beruf* 出现的。而这个词在今天的德语世界中几乎已经完全失去了它的宗教色彩，成为一个泛指人之日常工作或职业的中性词。在某种意义上，正是路德对这一术语的神学解释，为其后来的世俗化提供了基础（我们将在下面的论述中看到这一悖论产生的原因）。

"呼召"的概念并非是路德或宗教改革运动的发明，相反，它在基督教神学中是一个古老的概念，其含义在历史发展过程中亦几经变化。在《新约圣经》中，"呼召"（*klēsis*）一词在绝大多数情况下意指召唤人们悔改，转向上帝，并接受由耶稣基督带来的拯救——换言之，即成为一名基督徒。在这里，"呼召"并没有包含某种世俗生活甚或工作模式的含义。当然，唯一的争议来自对《哥林多前书》7章20节中"呼召"一词的诠释。正是从这节经文出发，路德才将"呼召"与人的工作关联在了一起。然而，除去这一存在争议的例外，新约时代对"呼召"一词的使用之基本的含义是十分明确的：它指向了一种"信仰的召唤"。

直到公元四世纪之前，"呼召"的含义仍然与其在《新约圣经》中的使用保持了一致性。在基督教刚刚诞生的数百年中，她只是一个少数团体，基督徒必须面对来自社会的压力、排斥甚至是迫害。在这种情况下，基督徒所面对的呼召直指实存之中的基本选择：是否成为基督徒，是否公开宣信。① 然而，做这样一种基本决断的需要，在基督教成为罗马帝国的国教（四世纪末）后便逐渐消失了——因为在此之后每个人都是基督徒，甚至（因为婴儿洗礼的普遍施行）一生下来便是。在这样一种环境中，"呼召"逐渐

① William C.Placher ed., *Callings: Twenty Centuries of Christian Wisdom on Vocation*, Grand Rapids, Mich.: W.B.Eerdmans Pub.Co., 2005, p. 6.

失去了它与"是否成为基督徒"这一问题的关联，转而指向了
"应该成为何种基督徒"或"怎样的生活才是真正意义上的追随基
督"这类问题。随着修道制度的兴起，"呼召"的含义开始转变为
成为修士，并加入修道生活。然而，在修道院兴起之初的几百年
里，其含义所涵盖的范围并未缩小太多。虽然此时"呼召"开始
与某一种具体的生活相关联，但这种生活本身的含义并不狭窄。当
然，它一方面固然指向一种离世的状态，但它同时并未摒弃世俗的
工作。奥古斯丁（St. Augustine）、大巴西尔（Basil the Great）、圣
本笃（St. Benedict of Nursia）及教宗额我略一世（Gregory I）都不
约而同地肯定了修道生活中的工作对于成为一个整全的基督徒之重
要意义，甚至将工作的要求以教规的形式确立下来。①

　　历史进入中世纪后，"呼召"这一神学观念的含义被窄化了。
造成这一结果的社会原因是当时以等级制和贵族阶级为特征的新的
封建制度，而神学上的原因则主要来自于圣托马斯（Thomas Aqui-
nas）的神学。中世纪社会里，早期修道院制度中对工作的积极态
度逐渐消失了，取而代之的是懒惰之风的盛行和对属灵生活之优先
性的过分强调。同时，为了追求"完善"（perfection）这一高层次
的基督徒之美德，闲暇（leisure）变得越来越重要，而工作则被相
对次要化了。② 另一方面，托马斯的神学代表了中世纪教会中静态
的等级制，这种等级制亦反映在了他对工作的理解中。在他看来，
工作（特别是手工劳动）虽然是必要的，但却次要于沉思活动
（*vita contemplative*），因为后者才是通向完善或成圣（sanctification）
的道路；而日常工作，因其与闲暇这一沉思活动之必要条件的冲

---

① Robert L.Calhoun, "Work and Vocation in Christian History", in *Work and Vocation: A Christian Discussion*, ed.John Oliver Nelson, New York: Harper, 1954, pp. 90–96.
② Ibid, p. 96.

突，则在某种程度上成为了完善或成圣的阻碍。① 在这样一种背景下，"呼召"的观念很自然地仅仅指向了成圣，而将人的日常工作排除在外。

马丁·路德对"呼召"的理解，恰恰是对中世纪以来一种仅与属灵生活紧密关联的"呼召"观念的反动。在他那里，"呼召"的世俗意义被重新恢复了。路德认为，对每个基督徒而言都存在着双重呼召，一种是"属灵的呼召"（*vocatio spiritualis*），另一种则是"外在的呼召"（*vocatio externa*）。简单地说，前者即接受上帝恩典并成为基督徒，亦即"呼召"在《新约圣经》中所具有的原初含义；而后者则意指上帝呼召每个基督徒在其自身的职业中服侍上帝及邻人，换言之，每个人的工作便是他的呼召。而我们在这里将要讨论的，主要是路德关于"外在呼召"的观点。乍看之下，路德在此不过是恢复了早在奥古斯丁和圣本笃那里就已经存在的一种神学传统。但如果仅仅这样理解的话，便无法看到路德之"呼召"观念的革命性。这种革命性在于，对路德而言，"外在呼召"的确具有世俗意义，但它同时亦只具有世俗意义。换言之，在早期教父那里被肯定的呼召与成圣的关联，在路德这里则被完全摒弃了。为了能更清晰地把握这一点，接下来我将尝试在路德的整个神学体系中，详细阐释这种"呼召"的独特含义。

二、"呼召"与因信称义

严格地说，对"呼召"的理解在路德的神学中并不是以一套关于"呼召"的教义呈现的。路德的一生并未写过一部类似系统神学的著作，但他几乎所有的神学著述都是围绕着改革当时的教

---

① Thomas Aquinas, *Summa Theologiae*, Ⅱ-Ⅱ, Q. 179, A. 2; Q. 182. A. 2, 3, 4. Latin text and English translation, introductions, notes, appendices, and glossaries, vol. 46, pp. 6–11, 72–84.

会、恢复福音中作为核心的恩典信息、重新确立人与上帝之间的恰当关系这一系列议题所展开的。而对"呼召"的理解，事实上在路德的神学中并没有一种严格意义上的独立性，它只是作为路德对其所关注的核心神学议题之讨论的一个部分而存在的。因此，我们必须进入路德神学的核心，并在那里找到理解其"呼召"观念的依据。既然如此，"因信称义"（justification by faith）作为路德神学中最为重要与基础的部分，其与"呼召"的关联便是我们首先需要探究的。

路德重新提出并强调"因信称义"，在理论上是为了恢复真正的福音传统，清除希腊哲学对基督教神学的侵蚀（在路德看来这主要体现在晚期经院哲学中），而在实践上则是为了更新教会的实践，并建立一种新的社会伦理。路德认为，经院神学将称义与成圣分离成两个不同的阶段，正是受到了希腊哲学的影响；后者在他看来，是赞成一种自我中心的、为了功劳（merits）而进行的努力。而在经院神学的体系里，成圣或者获得荣福（beatitude）的条件除了恩典之外，还必须包括人自身的努力。正如托马斯所说的："人获得幸福，乃是通过许多被称为功劳的行动而达成的。"① 在这样一种观念的支配下，经院神学肯定了过一种特殊的、有德的生活是成圣的有效途径，而这种肯定便集中体现在了中世纪的修道制度及其对沉思活动的强调和对日常工作的贬低中。在这里，"呼召"一方面指向了修道或圣职，另一方面又指向了成圣，它自身作为一个中介将二者关联了起来。不仅如此，这种观念亦在当时的社会中造成了一种属灵阶层（spiritual estate）与世俗阶层（temporal estate）的划分，前者包含了神职人员与僧侣，而后者则是除了这些人之

---

① Thomas Aquinas, *Summa Theologiae*, II-I, Q. 5, A. 7.Ibid, vol.16, p. 139.

外、一切在世界之中有其各自不同身份的人；前者的层次高于后者，因为他们的实践能够积攒功劳、导向成圣，而后者所从事的日常工作则没有这种功效，因此也就意味着他们属于一个相对较低的阶层。

相对于这种观念与实践，路德的"因信称义"教义则描绘了一幅完全不同的图景。通过阅读使徒保罗的作品，路德的结论是，救赎纯然在乎恩典，而与人的行为无关；"信赖行为……等于把荣誉从上帝那里拿走，并给予自己"①。换言之，得救是上帝的工作，而非人的；在这件事上，人们除了以信仰的方式接受恩典，别无其他可做。因此，"……我们在基督中因信称义，无需任何律法的行为，他彻底取消了一切行为……"② 在这里，路德以一种基进的方式维护了上帝的超越性及绝对主权。不仅如此，在路德看来，称义与成圣并不是分离的两个过程，好像称义是上帝的工作，而成圣则是人的回应。他认为，这两者是同一过程中两个相互依赖的方面，二者都由恩典而来，无一例外。然而，如果救赎不能被分为一高一低的两种层次，那么，也就意味着没有两个阶层的基督徒。无论是成为神职人员还是做一名修道士，都对救赎没有任何帮助，因为是上帝在耶稣中临到人们，而非人们依靠自身的努力去接近上帝。因此，路德对"因信称义"的诠释，事实上宣告了修道制度的不合法——修道生活不仅对救赎而言是无效的，甚至是一种恶，因为它背离了信仰、自由、理性以及上帝关于爱的诚命。在其中，人们不仅试图将自己抬升至上帝的位置，更由于其目的是自我中心的，因

---

① Martin Luther, "Heidelberg Disputation", in *Luther's Works*(LW), vol.31, Philadelphia: Fortress Press, 1966, p. 46. Abbreviated hereafter as LW, vol.pp. 31, 46.

② Martin Luther, "On Translating: An Open Letter", *Works of Martin Luther*, six volumes, Philadelphia, the United Lutheran Publication House, 1915–1932, vol.5, pp. 15–22.

此无法以这种生活服侍邻人，其结果反而是抛弃了世界，遗忘了邻人。① 因而，在一种离世的修道生活中，人们无法正确回应上帝赋予人的使命，换言之，这种生活并非呼召。

那么，真正的呼召其位置在哪里呢？路德的"因信称义"教义取消了属灵阶层与世俗阶层的划分，取消了神父、修道士与手工业者、农民之间的分野。在上帝面前，一切基督徒无论其身份如何，都是一样的。然而，在这样做的时候，路德并未取消属灵阶层，相反，他取消的是所谓的世俗阶层："这纯粹是个发明，即教宗、主教、神父以及修道士被称为属灵阶层，而王子、领主、工匠和农民则被称为世俗阶层……一切基督徒都真确地属于属灵阶层，他们之间除了职责不同，没有任何区别……我们都是一样的基督徒；因为唯独洗礼、福音和信仰使我们属灵并成为一个基督徒。"② 每个人都是属灵的，这意味着每个人都有自己一个特殊的、来自上帝的呼召，那就是在世界之中，通过从事自身的工作或履行自身的职责，服侍他的邻人以及整个群体。无论是君王之于臣民的责任，还是丈夫之于妻子及儿女的责任，抑或一个鞋匠之于顾客的责任，都属于这一"呼召"的范围。人的工作，自然也属于"呼召"之重要的组成部分。

路德的这种理解其结果是：一方面，"呼召"所涵盖的范围较之中世纪经院神学的理解大大地扩展了，"呼召"不再仅仅与某一种属灵生活有关，它被赋予给了所有的基督徒；另一方面，"呼召"的意义被严格地限制在了世俗世界之中。人们在呼召中所作

---

① Martin Luther, "The Judgment of Martin Luther on Monastic Vows", LW, vol.44, Philadelphia: Fortress Press, 1966, pp. 251-400.

② Martin Luther, "To the Christian Nobility of the German Nation", in *Three Treatises*, trans.C.M.Jacobs, Philadelphia: Muhlenberg, 1943, 1960, p. 14.

的一切都不是为了上帝，亦对自己的救赎没有任何作用；能达到上帝面前的除了信仰，别无其他。凭着信仰，我们每个人都是属灵的，也因着信仰，我们每个人都在世界之中拥有了一份呼召，它以爱的行动体现出来，并指向我们的邻人。信仰令呼召之中的行动具有神圣性，它同时阻止我们认为这一行动反过来能够影响我们的救赎；换言之，呼召并非救赎的原因，相反，它是信的结果。正如林博格（Carter Lindberg）所概括的那样："对路德而言，救赎不是生命的过程或目标，而是生命的前提……"① 这里，我们便到达了路德那著名的命题：信仰活在爱之中（Faith is active in love）。

事实上，这一命题完全可以看作是对路德之"呼召"观念的最简洁概括，因为上帝对人的呼召，在路德看来就是将由信而出的爱带给世界中的邻人。"因信而爱"与"因信称义"并非是两个彼此无关、分离的行动，相反，它们是基督徒之整全生命中同时存在的两个维度，是同一事物的两种不同形式的表达。路德自己这样概括："一个基督徒并非活在他自身之中，而是活在基督和他的邻人之中……通过信仰，他生活在基督中，而通过爱，他生活在邻人中。"② 因此，因信称义与因信而爱实际上是一致的，概括而言，即信上帝，爱邻人。必须注意的是，在路德那里，信与爱并非是因与果、潜能与实现的关系。虽然路德坚定地主张信是爱的前提和基础，爱必须从信仰处获得力量，且只有在信仰更新了我们内心的前提下，才可能有爱的伦理行动出现，然而这并不意味着他将二者拆分成一种因果关系。相反，他主张信与爱是统一的，爱以自身为目

---

① Carter Lindberg, "Luther's Struggle with Social-ethical Issues", in *The Cambridge Companion to Martin Luther*, ed. Donald K. McKim, Cambridge, UK; New York: Cambridge University Press, 2003, p. 166.

② Martin Luther, "The Freedom of a Christian", LW, vol.31, p. 371.

的，从信仰中自然流出，而信则通过爱而生效，通过爱这一工具而工作："从信仰之中流出爱和在主之中的喜乐，而从爱中则流出喜悦的、自愿的及自由的心灵，它乐于服侍邻人，而不考虑感激或忘恩，赞许或责怪，所得或失去。"①

因此，基督徒应在其日常工作中实践这一由信而出的爱，将信以爱的方式实践出来，以服侍他的邻人。这是他的呼召，是上帝的诫命，同时也是从信仰结出的果实。在这一呼召中，基督徒唯一应实践之事便是耶稣口里两条最大的诫命之一：爱人如己——当然，这条诫命（爱）在路德看来，已经包含在了爱上帝（信）的诫命之中。事实上，路德所要求的爱不仅是"如己"，更是"舍己"之爱。这种爱应以基督的爱为原型，全部指向邻人而非自我。"如己"（as yourself）按照路德的理解，其意是呼召人们以希望别人对待自己的方式对待别人，但事实上的自爱却是被禁止的。② 因此，被呼召意味着像基督一样，为了邻人的需要而舍己、背负十字架，而在日常工作中，这意味着将我们从上帝那里接受的礼物赠予他人——正如基督曾经做过的一样："从基督那里，好的事物曾经并正在流入我们之中……从我们这里，它们流向那些需要它们的人……这是真正的爱和一种基督徒生活的真正准则。"③ 在这里，正是因信称义为这样一种呼召的实践提供了可能和条件：一方面，信仰令我们从基督那里得到了一切，因此我们毋需将工作视为自身称义或成圣的工具，从而能够将注意力放在服侍邻人上；另一方面，工作虽无法对信仰发生影响，但信仰却可注入工作之中，为工作提供意义。

---

① Martin Luther, "A Treatise on Christian Liberty", in *Works of Martin Luther*, vol.II, p. 338.

② Martin Luther, "Lectures on Romans", LW, vol.25, St.Louis, Mo.: Concordia, 1958, pp. 513-514.

③ Martin Luther, "The Freedom of a Christian", LW, vol.31, p. 371.

作为"呼召"的工作，其核心便在于在对邻人的舍己之爱中，将信仰实践出来。在这个意义上，每个工作只要其自身是善的，它们之间便没有差别，而都是关于信仰的工作。因此，重要的不是工作本身，而是工作的人。换言之，人们是否可以将一项工作视为上帝对其的呼召，令其成为服侍邻人的实践，这才是最重要的。而决定这一点的是信仰，亦仅仅是信仰。工作的种类虽有不同，但那是上帝自己的意愿，用来更有效地传递祂所赠予的礼物。因此，每个人都应遵从上帝的意愿，认真照看自己的工作，而无须羡慕或追求他人的工作，更无须忧虑、怕有不足，因为上帝之创造是丰盛的。

很明显，以其"因信称义"的教义为基础，路德对"呼召"一词扩展性的使用，较之中世纪经院神学而言，大大提升了人们日常工作的价值与意义。日常工作不再只是为一种更高级的沉思生活提供条件，甚至有时还会成为后者的妨碍，而是作为"信上帝，爱邻人"的一部分，成为信仰的核心内容。然而另一方面，路德神学的基本方向——对恩典和上帝主权的强调——却反过来又在某种程度上极大地限制了人类工作的意义。关于这一点，上文已经为我们提供了一些暗示，而为了更清楚地说明这一问题，我们还需在与路德神学另一个重要教义的关联中，讨论作为呼召的工作。

三、呼召与两个国度

两个国度（*Zwei Reiche*）的教义是路德神学中引起最多争议与误解的问题之一，而争议的焦点往往集中于这两个国度（或领域）之间，究竟是一种怎样的关系。一种典型的误解认为，在路德的神学里，天上的国与世俗国度或属灵领域与世俗领域是截然分离的。这种误解可能来源于路德对自然秩序之相对独立性的认可，及其对福音信息应用于社会改革的悲观态度——特洛尔奇（Ernst Troeltsch）

对路德这一教义的诠释便显示出这种倾向。① 事实上，这种争议与误解所带来的影响甚至不仅限于学术领域，在朋霍费尔（Dietrich Bonhoeffer）看来，西方新教国家在被误解的路德关于两个国度的教训中"找到了世界和自然事物的解放和神圣化……宗教改革派的《圣经》的上帝的信仰，曾彻底地将上帝赶出世界，从而为理性和经验科学的繁荣准备了土壤"②。如果朋霍费尔没有夸大事实的话，这意味着对路德这一教义的误解，直接推进了西方世俗化的进程及基督教从公共领域的退出。

然而，在对这一误解的纠正中，却存在着走向另一个极端的危险，即认为路德完全整合了自然与超自然，令二者合二为一了。但事实上，路德对因信称义的基进性诠释，令他几乎不可能以"新神学"和朋霍费尔那样的进路去解释自然与超自然的关系。因此，在同两个国度的教义之关联中解释"呼召"时，我们首先需要注意的是避免上述两种对这一教义的误解，这样我们才可能通过它帮助我们进一步理解作为"呼召"之工作的含义。

首先需要肯定的是，路德确实肯定了"自然秩序"（natural orders）的存在，这些秩序包括政治、家庭（社会）和经验中的教会，它们为上帝所设计（但并非一种先于人类历史性实存的先验），是为了保存这个世界，防止它为罪的力量所毁灭。③ 构成这些自然秩序之运作准则的，在路德看来是理性和自然律。然而，由这些自然秩序所构成的世俗领域，并不是我们现代社会所理解的绝对意义上的世俗，"自然"亦不同于现代自然主义对这个词之内涵

---

① See Ernst Troeltsch, *The Social Teaching of the Christian Churches*, trans.Olive Wyon, London: George Allen & Unwin; New York: The Macmillan Company, 1931.

② 朋霍费尔（Dietrich Bonhoeffer）:《伦理学》，胡其鼎译，第 82 页。

③ Martin Luther, LW, vol.13, St.Louis, Mo.: Concordia, 1958, p. 358.

的理解。相反，"由上帝所设计"意味着世俗领域为上帝所立，上帝拥有对其最终的主权，其背后存在着上帝的行动与权威。正如弗雷尔（George W. Forell）所言："对路德来说，自然永远是上帝的自然。"① 就这个意义上而言，它们是神圣的（holy）。

然而，如果自然秩序仅仅这样作为自身存在着、以理性和自然律为规则运作，那么尽管它在为上帝所设立的意义上是神圣的，它和属灵领域之间仍然是分离、无关的。如此一来，特洛尔奇对路德的诠释就是正确的。但事实上并非如此。在路德那里，仅仅作为自然秩序存在的工作还不能算是呼召，相反只有基督徒的工作才是作为呼召存在的——因为唯独基督徒才将信仰带至其工作之中，并在工作中致力于服侍他的邻人。与此同时，在这个世界上，即便是圣徒也依然是有罪者，因此，他也仍然属于世俗领域，仍受理性与自然律所限制，在这个意义上，每个基督徒都同时生活于属灵领域和世俗领域、天上的国和世俗国度。② 以这种方式——通过个体基督徒的信仰，两个领域（国度）被关联起来了。换言之，个体基督徒在上帝安置他们所在之处服侍邻人，实践信仰，将超自然的秩序带入自然秩序之中。

另一方面，路德在这两个领域之间所作的关联却并不彻底，这是因为他同时对这种关联作出了严格的限定。而正是这些限定，严重削弱了作为"呼召"的工作所具有的神学意义。正如我们讨论上一个主题（"呼召与因信称义"）时已经看到的那样，路德将工作的意义严格限制在了世俗领域内，而在他关于两个国度的讨论

---

① George W. Forell, *Faith Active in Love: An Investigation of the Principles Underlying Luther's Social Ethics*, Minneapolis: Augsburg Pub. House, 1959, p. 131.

② Martin Luther, "Epistle Sermon, Third Sunday after Easter", in *A Compend of Luther's Theology*, ed. Hugh Thomson Kerr, Jr., Philadelphia: The Westminster Press, 1943, pp. 118–119.

中，我们同样可以发现这种限制。

在新神学对自然与恩典的整合中，以及在新政治神学和解放神学的讨论中，我们所发现的是自然与超自然之间一种彻底的整合与关联。换言之，超自然不仅能够以某种方式内在于自然的世界中、影响其中某些个体的伦理行动，其自身更作为整个创造的目标（*telos*），规定了整个历史的前进方向及最终命运。超自然的恩典带来一种转化性力量，这种转化性力量不仅通过个体被表达，更体现在世界之罪的普遍结构已经因着基督的受难和复活而被克服这一事实中。因此，世俗领域不仅通过个体基督徒为属灵领域所渗入，而且最终将作为整体得到救赎。用终末论的语言来说，那将成为上帝国的是"这个"世界，上帝并没有否定创造，而是最终成全了创造。正如拉辛格（Joseph Ratzinger，即不久前荣休的罗马教宗本笃十六世，Benedict XVI）所言："整个创造都被预定成为上帝荣耀的器皿。"① 在这样一种神学框架下，人在恩典之下所作的、朝向超自然目标转化世界的努力，将不会为上帝所废除，相反得以为祂所成全。而这种努力之中自然也包含了人的工作。

但在路德的神学中，我们所发现的却是另外一幅不同的图景。对他来说，属灵领域只能通过个体的基督徒对世俗领域产生影响，前者的转化性力量只对基督徒个人有效，但作为整体的世界并不因此改变它的方向。换言之，自然受到超自然的影响，但它并不因此便指向超自然的目标。工作、家庭、政府等自然秩序虽然在其为上帝所设立的意义上是神圣的，并且能够借着个体基督徒的信仰而令自身成为服侍邻人的工具，但这并不意味着它们最终可以作为被拯

---

① Joseph Ratzinger, *Eschatology, Death and Eternal Life*, trans. Michael Waldstein, Washington, D.C.: Catholic University of America Press, 1988, p. 237.

救的部分出现于上帝国。在这里，我们仍然要从路德对"因信称义"的诠释中，找到他对这一问题的理解的根源。他的"因信称义"教义，把上帝的恩典与人的努力置于一种极不平衡的对比之中。人的任何行动，即便是在爱中实践信仰以服侍邻人，仍只具有"次终极的"（penultimate）的意义①，而与上帝国没有任何关联。信仰虽然通过基督徒个人而进入（in and through）自然秩序，但同时它仍居于任何自然秩序之上（above）。② 最终，除了信仰本身之外，没有任何自然秩序可以进入上帝国，包括工作自身及其成果在内。

尽管我们并不能因此便得出结论说，路德关于上帝国的观念是一种个体的终末论。但至少，从其对因信称义的理解出发，路德所设想的上帝国已经在相当程度上排除了在世界之中通过自然秩序所建构的人类关系。事实上，在路德关于两个国度的理解中，我们所能发现的二者之间的对立远远多过它们之间的统一。对世界而言，自然秩序之罪的结构在基督到来之后仍是决定性的，它们所起的作用只能是消极地维护和平，阻止罪的力量将世界摧毁。③ 即便是个体基督徒在其呼召中实践信仰，也只是协助上帝维护并巩固自然的秩序，而并非转化自然秩序，因为与呼召相关联的是律法，它们共同属于世俗的国。④ 诚然，路德提到过人与

---

① Carter Lindberg, "Luther's Struggle with Social-ethical Issues", in *The Cambridge Companion to Martin Luther*, p. 166.

② Gustaf Wingren, *The Christian's Calling: Luther on Vocation*, trans. Carl C. Rasmussen, Edinburgh: Oliver & Boyd, 1958, p. 133.

③ Martin Luther, "Gospel Sermon, Twentieth-second Sunday after Trinity", in *A Compend of Luther's Theology*, p. 208.

④ Martin Luther, "Whether Soldiers, Too, Can Be Saved", LW, vol.46, Philadelphia: Fortress Press, 1966, pp. 87−138; see also Gustaf Wingren, *The Christian's Calling: Luther on Vocation*, pp. 123−142.

上帝的合作（*cooperatio*），但在他的神学体系中，这种合作仅限于世界之中，换言之，只是为了维护自然秩序。因此，路德神学中人与上帝的合作，与后文我们将要看到的、由教宗若望·保禄二世及沃弗所提出的“合作创造”观念，有着截然不同的含义。在后两者那里，工作作为与上帝的合作创造指向了上帝国的新创造（new creation）；而对路德而言，合作创造只是保存上帝已有的创造，亦即这个有罪的自然——在路德眼中，它只是作为朝圣者的基督徒客居的陌生之地，其最终命运是毁灭，而非被成全。

因此，路德对两个国度的理解虽与现代世俗社会令世界完全自治的理解不同，但实际上它们并未相差太远——在救赎论和终末论的意义上，路德的自然秩序和自然主义的自然作为整体，最终都并非救赎的对象，亦不是上帝国临在之处。路德的神学一方面强调属灵领域与世俗领域都在上帝的主权之下，另一方面又处处凸显出二者之间的距离，这一张力是贯穿其神学始终的。因此，两个国度在路德那里既非完全分离、又未完全统一，而是“半分离”的。正是这样一种关系，决定了人们的日常工作可能具有的意义：一方面，对个体基督徒而言，工作不是一个与信仰无关的、完全自然的领域，好像工作的人和祈祷的人之间存在着一种二元对立，或一种心理学意义上的精神分裂（schizophrenic）。相反，他内在的信仰能够为其外在的工作提供一种指向邻人的动力与目标，从而在一定程度上改变他在工作中的行动以及从这一行动中获得的经验。另一方面，对于作为整体的世界而言，除了其自身的秩序为上帝所设立、所维护这一事实之外，属灵领域并不能为一种真正的社会改革及转化实践提供任何动力与目标。具体到人的工作，无论是工作模式，抑或工作的成果，在路德的整体神学框架下，“呼召”观念所能带给它们的神学意义以及具有公共性的批判力都是十分有限的。

四、批判

毫无疑问，较之他以前的时代，路德对工作作为呼召的诠释，极大地提升了日常工作的意义及地位。以"因信称义"的教义为基础，他消除了之前社会中存在的一种等级制。甚至可以说，他颠倒了原来的等级——世俗世界的工作反而变得比神职人员或修道士的生活神圣得多。就此而言，路德的工作观念在一定程度上配合了当时社会中出现的一些变化，这其中包括了贵族阶层地位与财富的衰落以及商业、手工业中产阶级的兴起。① 尽管路德对财富的累积仍持一种极为谨慎甚至是消极的态度（如他对高利贷的批判）②，但他对工作作为呼召的理解必然能够为社会经济的发展提供相当的动力。

从神学的观点看，路德将恩典至于福音信息的核心，并拒绝任何人的行为与救赎的关联，这样的进路确实有助于使工作摆脱一种以个人救赎为目标的自利或自我中心的模式。同时，路德以肯定上帝创造之丰盛的方式，进一步为一种他者指向（服侍邻人）的工作提供了基础。虽然路德将工作及其他自然秩序一起，视为一种对罪的惩罚，因此是一种消极的经验③，但他对上帝创造之丰盛的肯定，还是有助于消除一种后来在资本主义工作世界中普遍存在的为生存而焦虑的工作经验，而后者正是一种利己的工作模式产生的根源之一（这一点在后文中还将被详细地讨论）。在这里，路德对工作的诠释符合"主祷文"中"我们日用的饮食，今日赐给我们"一句所传达出来的信息。因而在相当程度上，他对工作的理解亦符

---

① Robert L.Calhoun, "Work and Vocation in Christian History", in *Work and Vocation: A Christian Discussion*, pp. 104–105.

② Martin Luther, "Trade and Usury", LW, vol.45, Philadelphia: Fortress Press, 1966, pp. 231–310.

③ Martin Luther, LW, vol.1, St.Louis, Mo.: Concordia, 1958, pp. 203–219.

合基督教神学关于如何看待并使用上帝之创造的叙事。

尽管如此,路德对工作的理解还是带来了一些明显的问题。这一点部分地反映在一个现实之中,即宗教改革后,社会经济领域(包括工作世界)的发展进程,在很多地方都是与路德当初的设想背道而驰的。资本主义生产方式中的工作模式,很难与路德对工作的设想联系起来。究其根源,路德的神学——特别是"因信称义"和"两个国度"的教义以及在此基础上的"呼召"观念——中存在着某些原则上的限制,它们决定了他的工作观无力对抗其后逐渐发展并最终主宰整个世界的资本主义经济结构所带来的工作异化,甚至还在某些方面加强了这一异化。这些限制主要体现在以下几个方面:

首先,路德以其对"因信称义"的诠释,激烈地反对将某种特定的工作与救赎关联起来,因为这既不符合恩典的信息,又同时将工作化约为一种自利的手段。这样做的时候,他确实使工作摆脱了成为人自我救赎之工具的可能,而使其重新指向了他者。然而事实上,在他自己对工作的理解与他试图反对的观点之间,并不存在一种根本性的不同。在二者那里,工作都是作为手段出现的,只不过一种指向的是自己,另一种则指向了邻人;相反,工作自身的内在价值都未得到肯定。正如我们在上文中已经提到的,对路德来说,工作和其他自然秩序一道都是作为罪的惩罚而出现的,因而它和其他自然秩序一样,其自身并不具有一种内在的价值,而仅仅是一种必须忍受的负担。在这种观念的主导下,路德对工作的理解无力发现或者批判表现为工作的内在价值之丧失的异化现象。在现代工业社会中普遍存在的去技术化、无自由、无创造性以及恶劣的工作环境等问题,在路德的神学框架下很容易被忽视。

第二,路德关于"两个国度"的教义,取消了作为整体的世界（创造）自身朝向一种超自然目标转化的可能性。因此，在他那里，属灵领域与世俗领域（或基督教伦理与自然律伦理）之间的关联，只存在于个体基督徒之中。这也就意味着，服侍邻人的呼召最多只能通过基督徒个人在工作中的伦理实践来完成，而无法通过建立或改革社会经济结构来促进这种实践（也不存在这种需要）。但事实上更为现实的问题却是，当整个社会经济的形态发展为一种与呼召的实践相对立的结构时，则意味着即便是基督徒有意为之，也很难或根本不可能在其个人的工作中，将信仰以爱邻人的方式充分实践出来。在这里，我们发现路德的神学中存在着一种内在的矛盾。一方面，他关于两个国度的教义及以此为基础的社会伦理，单方面强调在基督受难、复活之后，作为整体的世界之中罪的结构仍然是无法克服的，而忽视了它的反面，即向一种真、善、美的目标努力的可能性。另一方面，尽管路德认识到基督徒在称义之后仍然是有罪的，但他同时似乎过于相信个体的基督徒可以克服自己身处其中的一种有罪的社会结构，从而在自身的工作中完成服侍邻人的呼召——我们可以从他对一项工作本身以及从事这项工作的人之间所作的区分中清楚地看到这一点。对路德来说，一项工作自身只要不指向某种恶的目标（如抢劫、偷窃等），那么它就是善的，且总是善的。在这种情况下，从事这项工作的人本身的善、恶，便将决定这项工作所具有的价值。① 换言之，路德完全认可这样一种可能性，即个体基督徒本身的善便能够带来善的实践。然而，他却并未考虑到在现实的工作中，除了工作本身的目标及工作的人这两个因素之外，经济机构、生产方式及合作关系等领域中存在的异化现象，却并非是个体基督徒的实践等能够改变的。事实

---

① Martin Luther, "Whether Soldiers, Too, Can Be Saved", LW, vol.46, pp. 94–96.

上，在今天的工作世界中，我们能够发现的主要矛盾并非无罪的工作与有罪的人之间的对立，而是异化的结构与无力的工作者之间的对立。正是后者，使得工作中呼召的实践变得异常艰难，而这正是路德的社会伦理所无法解决的问题。

第三，在当前的神学研究领域，学者们普遍指出的路德的“呼召”伦理中存在的一个重要问题，是其所持的一种静态的工作观，即认为人的工作作为呼召，是为上帝所安置的，因此他应自始至终从事同一项工作，而不应试图去改变它。① 在伊安·哈特（Ian Hart）看来，路德的这一观点在其神学中有三个根源，第一是路德对《哥林多前书》7章20节中 *klēsis* 一词所作的诠释；第二是路德关于特殊护佑（special Divine Providence）的理解，正是这一理解令他倾向于认为人之包括具体工作在内的生活细节皆由上帝的意志所决定；第三是路德相信终末即将来临，因此他认为包括改变工作在内的一切社会改革都即将瓦解，所以是无意义的。② 在我看来，这三点确实是造成路德持一种静态工作观的原因所在，但却并非最根本的原因。关于这一原因，我们仍需在路德对“因信称义”的诠释中去寻找。

以提出因信称义的方式，路德瓦解了不同的工作在救赎面前的差异性。换言之，对救赎而言，所有的人类工作都是平等的，因为救赎所凭的只是信仰，而不是人的行为。因此，对路德来说，不同工作之间的差异只是一种表面差异，是上帝为了使呼召的实践指向邻人之不同的需要所作的安排，而在上帝面前，它们都是平等的，

---

① Martin Luther, "Sermons on the First Epistle of St. Peter", LW, vol.30, St. Louis, Mo.: Concordia, 1958, pp. 124–126.

② Ian Hart, "The Teaching of Luther and Calvin about Ordinary Work: 1. Martin Luther", *Evangelical Quarterly*, vol.67, No.1(1995), pp. 44–45.

这些表面的差异之间，实际上并不存在冲突。这样一来，如果每项工作对救赎而言都没有决定性的影响，同时每项工作又都能完成对邻人的服侍，那么，人们只需照看好目前自己所从事的工作就足够了，而没有必要改变现状，去从事其他人的工作，而这正是路德对《哥林多前书》7 章 20 节所作的诠释之根据所在。可是很显然，路德所主张的这种静态的工作观念再次忽略了前面提及的两个重要问题。第一是关于工作的内在价值：对工作之静态的理解看不到不同的工作有其不同的内在价值，而这些差异对工作而言绝非一种表面差异，相反，它暗示了不同种类的工作所要求的完全不同的天赋、技艺、方法等因素，而这些因素则对应着不同的人因先天及后天原因所形成的、在从事不同种类的工作时的能力差异。换言之，不同的人往往适合从事不同类型的工作，从而更好地发挥自身的天赋与能力，但一种静态的工作观则在相当程度上阻止了这种选择的发生，从而增加了产生消极的工作经验之可能性。第二，无法变更工作的事实，意味着人们面对工作的异化时缺乏一种改变现状的动力，相反只能忍受异化的现实。而这一方面便于经济领域中的意识形态对人的控制，另一方面也纵容了剥削、去技术化等异化现象在工作世界的持续存在。

最后，从神学的角度而言，路德对工作之意义的限定，同样存在不小的疑问。特别是在当代神学对自然与超自然的充分整合以及一种历史的终末论的框架下，路德将工作的意义严格限制在世俗领域，严重地削弱了其社会伦理的公共性以及在社会经济领域进行改革的必要性。如果历史与上帝国之间是一种断裂的关系，如果最终进入上帝国的只有个人的信仰，如果个体所存在于其中的社会形态、自然秩序最终都将毁于一旦，那么，我与身边万物在未来的命运如何、我在其中当如何行动以便转化这个世界等问题，相当程度上便无法再激起神学的兴趣。换言之，路德的神学框架无法说服人们超越个体维度，为争取一个公义、和平的世界而有所行动，亦无法推动包括工作伦理在内的社会伦理的产生与实践，反而令后者显得多余。弗雷尔精确地概括了路德的"因信称义"神学中存在的这一问题，对他来说："信仰是路德之社会伦理的来源……但也正是信仰，使得对路德而言不可能在终极意义上严肃地采取任何社会改革。"①

第二节 约翰·加尔文的观点

人们也许会很自然地认为，基于前文对路德之"工作神学"的讨论，理解加尔文（John Calvin）对这一问题的看法将会成为一件相对容易完成的任务，因为二者之间存在着一种明显的延续性。在某种程度上而言，这种观点当然可以说是正确的。作为与路德并列的另一位伟大的宗教改革者，加尔文的神学在很多方面确实与路德保持了相当的一致性。特别是二者在对"因信称义"教义的阐述以及对中世纪天主教经院神学和修道制度的批判中所分享的许多重要的观点，决定了两人对人类工作的理解在很多方面也是相似的。

但与此同时，我们所面对的另一个事实是：加尔文的"呼召"观念在过去以及直至今日所引发的讨论与争议，远远超过了路德。这一事实集中体现在韦伯（Max Weber）、特洛尔奇和托内（R. H.

---

① George W. Forell, *Faith Active in Love*, p. 162.

Tawney）等人在加尔文的神学与资本主义经济之间所作的关联①、以及后人对这种关联的批判中。实际上，时至今日，人们对这一关联的性质仍然缺乏统一的看法。然而，无论加尔文的神学及其工作伦理是否曾推动过资本主义在具体历史中的发展，一个不可回避的事实在于：促使韦伯去探索宗教伦理与资本主义之关系的，是清教徒而非路德宗基督徒的工作实践。当然，影响这一实践活动的因素，包括了所谓的"加尔文主义"（Calvinism）对加尔文神学的改革与发展，以及具体的社会、经济发展状况等非神学条件。然而在思考这些因素时，将加尔文本人的神学排除在外是不明智的。换言之，我们在这里感兴趣的是，在与其整体的神学框架及其对某些重要教义之阐释的关联中，加尔文之作为"呼召"的工作观，是否并不仅仅重复或延续了路德的观点，而是有其自身的独特性？这种独特性与资本主义经济世界中工作模式的关系是怎样的？较之路德的观点，它是否能够对资本主义中工作的异化现象产生更强的批判性，抑或只能在某种程度上加强这种异化？

为了回答这些问题，我们首先将一般性地阐述加尔文关于"呼召"与工作的观点，在这一过程中，我们将会看到他对工作的理解如何与路德的神学之间具有一种延续性，同时也会涉及二者之间存在的某些差别。在这之后，我将尝试在与加尔文神学某些核心观念的关联中，探讨其工作伦理的独特之处，特别是其与资本主义经济体系之间存在的关联。

---

① See Max Weber, *The Protestant Ethic and the Spirit of Capitalism*, trans.Talcott Parsons, New York, 1958; Ernst Troeltsch, *The Social Teaching of the Christian Churches*, trans. Olive Wyon, Harper: New York, 1960; R.H.Tawney, *Religion and the Rise of Capitalism*, New Brunswick, N.J.: Transaction Publishers, 1998.

一、作为“呼召”的工作

加尔文将人的工作理解为上帝对人在世俗世界的呼召，这一点他与路德是一致的。不同的是，“呼召”同时作为属灵的（spiritual）及外在的（external）这种双重性，在路德的著作中体现得非常彻底——换言之，路德曾拿出大量的篇幅专门讨论工作作为人的外在呼召所具有的含义；而在加尔文那里，“呼召”的这种双重性体现得并不明显。较之路德，他并未给予“呼召”这两种含义以相同的重视，在大多数时间里，加尔文所谈论的呼召所指向的都是“呼召”的属灵含义，而非其在世俗世界或经济世界中的含义。

对加尔文而言，“呼召”的双重含义首先并非是属灵与世俗之间的分别，而是一般（general）与特殊（special）的差别，这种差别的基础，是其关于拣选（election）的教义。在他对《马太福音》22 章 14 节——“因为被召的人多，选上的人少”——的解释中，加尔文区分了两种“呼召”。一种是“一般的呼召”，“借着它，上帝通过话语的外在宣讲平等地邀请一切人朝向祂”；另一种是所谓“特殊的呼召”，“在很大程度上被祂所设计用来单独给予信仰者，借着祂的圣灵的内在光照，祂令被宣讲的圣言居住在他们的心里”[1]。因此，在加尔文看来，很多人都曾受到上帝之一般性的呼召，因此“被召的人多”，但其中只有那些真正被天父所拣选者，才能借着圣灵自由的工作，从而与基督联合，得到拯救，亦即所谓“选上的人”。

同路德一样，加尔文所关注的首先并非伦理，而是神学；首先并非人应该如何行动，而是上帝已经怎样行动。这种在强调上的顺

---

[1] John Calvin, *Institutes of the Christian Religion*, Book 3, Chapter XXIV. 8, in *The Library of Christian Classics*, ed. John T. McNeill, trans. Ford Lewis Battles, Philadelphia: Westminster Press; London: SCM Press, 1953–1966, vol. XXI, p. 974.

序来自于加尔文神学的核心叙事，即上帝自由的恩典在先，而人之善的行动总是上帝救赎工作的结果，而非相反。因此，呼召对加尔文来说首先必须是属灵的，是上帝全然主动的行动，而后才可能是人在世俗世界的行动。然而，仍然同路德一致，信仰在加尔文那里也并非孤立存在的，而是要求正确的伦理行动成为上帝恩典的自然结果。对他来说，我们不仅为基督所拯救，更因圣灵的工作而生活于基督之中。基督不仅是人的称义（justification），更是人的成圣（sanctification）。因此，被上帝所拣选不仅意味着人将来会在上帝的国中有一席之地，也意味着他要在世界之中荣耀上帝、服侍邻人。在恩典之中，律法不再是人为了称义而必须承受的负担与约束，而是已经获救的人的一种喜悦、援助与指引。① 在加尔文看来，十诫的先后顺序便指明这种恩典与伦理行动的因果关系。在诠释"我是主你的上帝"（《出埃及记》20：2）一节经文时，加尔文这样说："主（Lord）一词意味着，以色列已经被从悲惨的束缚中释放出来，得以在顺从与甘愿中服侍、崇拜作为其自由之创造者的上帝。"② 换言之，信仰（恩典）带来了理解并实践上帝之正确道德秩序的可能。

基于这样一种神学理解，加尔文的"呼召"观念便不能仅仅是属灵的，而是如路德的双重使用一样具有了外在的维度，而这与人在世界之中正确的伦理行动紧密相关。因此，加尔文也将人的日常工作视为上帝对人的一种呼召，即便这种呼召与人的救赎没有任何关系。同路德一致，加尔文对"呼召"在这个意义上的使用也

---

① I.John Hesselink, "Calvin's Theology", in *The Cambridge Companion to John Calvin*, ed.Donald K.Mckim, Cambridge, UK; New York: Cambridge University Press, 2004, p. 82.

② John Calvin, *Institutes of the Christian Religion*, Book 2, Chapter Ⅷ. p. 15.

来自《哥林多前书》7 章 20 节，他说："基督命我们每个人，在一切生命活动中注视祂的呼召……祂已经为所有人安排了他们在不同生活领域中的特殊职责。"① 既然工作是上帝的呼召，那么其中必然包含着某种作为恩典之结果的伦理要求。借着恩典在与基督的联合中，人的罪得以因着基督的受难在上帝面前被抹去；同样，在与基督联合中，人借着与基督一同新生而具有了"基督的形象"，这意味着他能够在其生活之中模仿基督，实践上帝的道德秩序。在加尔文看来，这样一种实践其核心便是人的"自我拒绝"（self-denial）。这种自我拒绝的含义是：每个基督徒都应认识到，我们并不属于自己，而是属于基督，而这进一步意味着在生活中不以自我为中心，而是以上帝和邻人为中心。因此，在生活中，基督徒不应凭着自己的意志行动，而应让上帝的智慧引导我们的行动；不寻求那些利己的事物，而是寻求上帝的意志，服务于祂的荣耀，令自我关注服从于上帝的诫命。当这种自我拒绝表现在我们与他人的关系中，便意味着放弃自我中心的思想，投身于爱的行动，将上帝在创造中所赠予的一切礼物与邻人分享。② 由此，这样一种自我拒绝便可以被正确地理解为加尔文对一种"作为上帝之呼召的工作"的伦理要求。换言之，加尔文与路德一样，其对工作的理解亦指向了对邻人的服侍。

　　这样一种对工作作为呼召的理解，当其与加尔文对行为称义的拒绝及在其神学体系中占据重要地位的护佑（providence）教义相结合时，便指向了一种与路德类似的平等且静态的工作观，这一点可以通过下面这段话清晰地表达出来："……祂为每个人在其特定

---

① John Calvin, *Institutes of the Christian Religion*, Book 3, Chapter X. p. 6.
② Ibid, Book 3, Chapter VII. pp. 1–5.

的生命道路中指派了职责。没有人可以不假思索地僭越他的限制……每个人都有上帝为其安排好的他自己的生活……因此，不要离开他被上帝所安置的那个身份……当他相信这重担乃是由上帝加在他身上，每个人都将承担并忍受其生命道路中的不适、烦恼、厌倦以及焦虑……没有任何使命是肮脏及卑贱的……"①。正因如此，只要所从事的职业本身不是与上帝的意志相对立的（在加尔文看来这类职业包括修道士、妓院管理人、盗贼等）②，每个人都应该始终停留于自己的工作，而无须违背上帝为其所作的安排，为了某种自我关注去改变自己的工作。当然，正如伊安·哈特所正确指出的，较之路德，加尔文提供了一种更灵活的框架，他并不完全拒绝改变工作的可能性。③ 然而在本文看来，这种灵活性却为其同时主张的一种相对路德而言更为严格的关于护佑的教义（但绝非一种哲学上的宿命论）所抵消了。因此，如果将加尔文的神学当作一个整体来看的话，我们并不能够说他的工作观较之路德更具一种动态性。

　　加尔文对工作的理解与路德相比，在服侍邻人这一根本目标上是一致的，但就通过工作创造财富这一目标而言，两人的态度却有着明显的差别。在路德那里，服侍邻人并不是通过竭尽所能地创造财富而达成的，相反，他将工作的成果严格限制在能够满足人们的直接需要的范围内。除此之外，正如上文已经提到的那样，路德将人的工作视为堕落之后的一种诅咒及惩罚，它只是被上帝用来消极地维护及保存这个世界。因此，在以将工作理解为服侍邻人之呼召

①　John Calvin, *Institutes of the Christian Religion*, Book 3, Chapter Ⅹ. p. 6.

②　John Calvin, *Calvini Opera*, vii, p. 211, cited from Georgia Harkness, *John Calvin: The Man and His Ethics*, New York: Abingdon Press, 1958, p. 212.

③　Ian Hart, "The Teaching of Luther and Calvin about Ordinary Work: 2.John Calvin", *Evangelical Quarterly*, vol.67, No.21995), p. 125.

的方式提升了日常工作之意义的同时，路德实际上对人作为工作的主体所能创造的价值作出了严格的限定。

然而在这一问题上，加尔文显示出了他较之路德更为开放的一面。首先，他强调人们使用上帝所赠予的礼物时要合乎他的目的，而这一目的是什么呢？加尔文的回答是：“祂为了我们的益处、而非我们的毁灭而创造它们……如果我们想知道上帝创造食物的目的是什么，我们将会发现祂并不仅仅是为了提供必需品，更是为了提供喜悦与欢乐。”① 显然，较之路德而言，加尔文对通过工作产生的物质财富，持一种更为肯定的态度。第二，作为一位对人的有罪和无助的状态有着极为深刻认识的奥古斯丁主义者，加尔文当然不会忽视工作与罪之间的关联。在他看来，在人堕落之后，工作对他而言便成为了一种负担，以帮助人在工作之中认出他有罪的境况，并转向悔改②——在这一点上他仍与路德保持着一致性。但是，加尔文对罪与工作之关联的解读并未止步于此，因为对他来说，人的有罪与无助总是同时彰显出三位一体上帝之伟大的救赎工作，而对人的工作而言，这意味着因堕落而变得有罪的工作也在某种程度上为上帝的救赎工作所治愈了。在加尔文眼中这一治愈主要体现在两个方面：首先，因着基督的恩典，日常工作对人来说不再仅仅是负担，而是可以在一定程度上包含愉悦，从而使得信仰者可以享受其工作。③ 其次，人因堕落而失去的管理世界的权利，已经在基督中

---

① John Calvin, *Institutes of the Christian Religion*, Book 3, Chapter Ⅹ. p. 2.

② John Calvin, Commentary on Genesis 3: 19, in *Calvin's Old Testament Commentaries: The Rutherford House Translation*, ed. D. F. Wright, D. F. Kelly, N. M. de S. Cameron, Grand Rapids, Mich.: W.B.Eerdmans, 1993, vol.1.

③ Ian Hart, “The Teaching of Luther and Calvin about Ordinary Work: 2.John Calvin”, *E-vangelical Quarterly*, vol.67.No.2(1995), p. 122.

被恢复了——通过与基督的联合，人再次成为地球的管理者。① 换言之，在加尔文那里，人再次被给予了作为上帝之管家的身份："我们是上帝所赠予我们、以令我们能够帮助邻人的万物之管家，并被要求为我们的管家之职负责。"②

因此，我们在加尔文对工作的诠释中，看到的是一种较之路德更为积极的工作观。无论是对物质财富的生产，抑或对人在工作之中能力和创造性的发挥，加尔文所持的都是一种基本肯定的态度。这样一种工作伦理，显然更符合当时欧洲社会的政治、经济发展趋势。然而，我们决不能因此便认为加尔文的工作观是一种对工作的偶像化。事实上，我们在加尔文的著作中，很容易发现他对偶像化工作活动的反对，这种反对的根源仍然来自加尔文对护佑及上帝掌管一切之主权的严格坚持——换言之，在加尔文看来，工作之所以能够有成果，是上帝的恩典和祝福使然，而不应归功于人的努力。而另一方面，加尔文又坚决肯定人的自由意志。正是这两种教义之间所形成的张力，塑造了加尔文所谓的"中产阶级道德观"，即一方面肯定懒惰是一种恶，而人应当勤奋工作；另一方面，人又应在工作中保持审慎，避免过度，以免为贪婪所控制，滥用上帝所赐予的礼物，或陷入此世的物质享受无法自拔而忽视了思想天国的生活，将自我关注置于荣耀上帝与服侍邻人之前。③ 当然，加尔文所竭力维持的这种对工作之理解上的平衡，在基督徒的实践生活中是否仍能够被很好地维持，抑或有被颠覆的危险，仍需我们进一步思

---

① John Calvin, Commentary on 1 Tim. 4: 5, in *The Second Epistle of Paul the Apostle to the Corinthians and the Epistles to Timothy, Titus and Philemon*, trans. T. A. Smail, Grand Rapids, Mich.: Eerdmans, 1980, pp. 241–242.

② John Calvin, *Institutes of the Christian Religion*, Book 3, Chapter Ⅶ. p. 5.

③ Georgia Harkness, *John Calvin: The Man and His Ethics*, pp. 157–177.

考。但就加尔文自身的观点——不可过分工作以及积累过多的财富——而言，其与现代资本主义意识形态对工作的偶像化之间，还是存在着相当的距离。

二、加尔文的工作伦理与资本主义精神

正如我在本节的开头已经提到的那样，讨论加尔文的工作伦理，就意味着无法回避其与"资本主义精神"之间的关联这一颇具争议性的议题。换言之，我们在这里仍需尝试回答，在加尔文的工作伦理与资本主义意识形态之间，是否如韦伯所设想的那样存在着某种关联，如果有，这一关联又是什么性质。而在回答这些问题之前，有两点需要作为讨论的前提澄清一下：

首先，也许有学者会反对说，进行这一讨论是没有必要的，因为作为韦伯之论证基础的，是加尔文主义者或曰清教徒的伦理，而非加尔文本人的观点，且事实上，加尔文主义者的神学与加尔文本人之间，有着相当大的距离，正如巴西尔·霍尔（Basil Hall）的著名观点"与加尔文主义者对立的加尔文"（Calvin against the Calvinists）所主张的那样。① 不可否认，加尔文主义者的神学与加尔文本人的神学之间，确实存在着差异；抑或如特鲁曼（Carl R. Trueman）所认为的那样，根本没有什么"加尔文主义"，因为改革宗神学从未将加尔文神学作为其唯一的神学权威，其身份是建立在诸如第一及第二瑞士信条（the First and Second Helvetic Confessions）、海德堡要理问答（Heidelberg Catechism）以及威斯敏斯特信条（the Westminster Confession of Faith）等公共认信文献上的。②

① Basil Hall, "Calvin against the Calvinists", in *John Calvin*, ed. G. E. Duffield, Appleford, England: Sutton Courtenay Press, 1966, pp. 19–37.

② Carl R. Trueman, "Calvin and Calvinism", in *The Cambridge Companion to John Calvin*, pp. 225–226.

然而同样不可否认的是，对包括清教徒在内的诸改革宗传统来说，加尔文本人的思想是其神学的重要来源，也许是最重要的来源。换言之，改革宗神学在很大程度上是加尔文神学的再发展。因此，即便韦伯在《新教伦理与资本主义精神》一书中探讨的是清教徒的伦理，我们仍有足够的理由返回加尔文本人的神学中，去寻找其与资本主义之间的关联。

其次，将加尔文的工作伦理与资本主义之间的关联放在这里进行讨论，不意味着作者想要证明韦伯之结论的正确性，亦即证明加尔文的神学事实上曾对资本主义经济在当时欧洲历史处境中的成长起到过某种推动作用。相反，我所关注的是加尔文关于工作的思想在其整体神学框架下可能对资本主义经济结构中的工作产生何种影响——特别是前者与现代工作世界中的异化之间究竟能够建立起怎样的关联。如韦伯自己所承认的那样，无论新教伦理是否在资本主义产生的初期对其起到过推动作用，一旦这种理性的资本主义经济成熟地运转起来，则是市场而不是其他东西（如某种宗教伦理）决定了经济主体必须以这种理性精神作为自己的行为准则，否则它就会在竞争中失败。因此，从某种意义上说，在当今世界中资本主义这台巨大机器的运转，已经无须某种宗教伦理为其提供动力或支持，我们更关心的，毋宁说是加尔文的工作观能否为今日世界中工作的异化提供一种批判的资源，抑或它自身只能适应或加强这种异化。

具体到韦伯在《新教伦理与资本主义精神》一书中提出的命题，首先需要明确的是，资本主义精神有很多个层面，这是毋庸置疑的。然而，这并不能成为后来的学者们诟病韦伯的理由，即认为他仅指出了资本主义精神之极其有限的部分，因为韦伯在书中已经清楚地指明了自己理论的局限性，即"根本没有必要把资本主义精神理解成仅仅只是我们这里所说的那种东西……"①，另一方面——尽管韦伯没有在书中明确指出——他也确实认为，新教伦理绝不是令近代资本主义出现的唯一原因，甚至不是最主要的那个原因，而只是在一定程度上推动了资本主义的成长。归根结底，韦伯所提出的命题仅仅是：禁欲主义新教的诸分支——尤其以加尔文宗为代表的实践伦理，在很大程度上为以获取利润本身为唯一目的、以严格的核算为基础、"合乎理性地使用资本和按照资本主义方式合乎理性地组织劳动"② 为代表的资产阶级精神的出现，提供了一种宗教的来源。

当然，这种特定的实践伦理必然要倚赖于某种神学根基。在这里，韦伯提出了他所认为的加尔文神学中最主要的一些教义——包括人与上帝之间的绝对界限、人的存在是为了荣耀上帝以及在其论述中最为重要的"预定论"——即"恩宠"或"得救"的观念。韦伯认为，加尔文神学的这种强调，使得人在俗世中唯一关心的事情即确知——而非令得——自身得救。因为预定论强调了上帝在永恒中决定了只有一部分人可以得救，他们即是在这个尘世中上帝的选民。那么，人们如何知道自己是否是上帝的选民呢？加尔文对此的基本态度是，人不应尝试在这个问题上去抓住上帝的智慧③，但无论如何，上帝的选民却一定具有真正的信仰。那么在韦伯看来，"加尔文教徒凭借什么样的成果认为自己有能力辨认真正的信仰呢？答案是：凭借一种有助于增添上帝的荣耀的基督徒行为"④。具体来说，这种行为应尽量远离感官享乐，实践实实在在的善行，

---

① 马克斯·韦伯（Max Weber）：《新教伦理与资本主义精神》，于晓、陈维纲等译，三联书店 1987 年版，第 33 页。

② 马克斯·韦伯：《新教伦理与资本主义精神》，第 41 页。

③ John Calvin, *Institutes of the Christian Religion*, Book 3, Chapter XXI. p. 1.

④ 马克斯·韦伯：《新教伦理与资本主义精神》，第 87 页。

认真履行自己在尘世的职业并努力取得成就等。此外，这种行为在人的一生中应保持有系统的一致性。于是，基督徒在这样的世俗行为中可以获得一种关于自己具有真正信仰的确信，也即是取得了自身得救的"保证"。对加尔文教徒来说，他们在俗世生活的唯一目标就是获得这种保证。也正因如此，他们的整个生活都受这一目标的支配，竭尽所能地践行这种有助于增添上帝荣耀的基督徒行为，从而将自己全部的现世生活置于一种理性化的禁欲主义框架内。韦伯认为，正是这样一种实践伦理观为近代资本主义的出现及壮大所需要的理性化、获利的合法化以及现代劳动工人的产生提供了强大的精神资源。

事实上，韦伯之所以能在新教伦理与资本主义精神之间建立这种关联，主要基于他对加尔文神学中两个重要教义的强调，一是人应通过自己的呼召，即日常工作，来完成荣耀上帝的义务；二是加尔文关于双重预定（double predestination）的教义，而这一教义在韦伯看来必然会令加尔文教徒产生一种在工作中寻找得救之证据的心理强迫。然而，就加尔文本人的神学而言，他在这两个问题上的教导是否真能如韦伯所愿那样，产生一种推动资本主义发展的精神动力呢？对今天的资本主义工作世界来说，它们又意味着什么呢？

我们首先来考察加尔文在第一个问题上的教导。正如我们在前文中已经提到过的，加尔文的确主张，人应在包括其工作在内的世俗生活中达成一种自我拒绝，换言之，即从自我关注转向对上帝之荣耀和邻人利益的关注。然而即便如此，如果将加尔文的神学作为一个整体来看，其关于工作作为呼召的教导实际上并不能提供韦伯所主张的那种工作的动力。我们已经看到，加尔文的神学在护佑和人的自由之间所形成的张力，使得他对人的工作持一种相对平衡的观点，即一方面谴责懒惰，另一方面亦谴责为了获利而过分劳动。

可以说，加尔文对作为"呼召"的工作之诠释，其重点并不在于鼓励人们在世俗的呼召中努力工作，而是令人们认识到工作的真正目标是服侍上帝与邻人。换言之，加尔文所关注的并非工作之勤奋程度的改变，而是工作目标的改变，即工作通过信仰转化为服从上帝之表达。不仅如此，在加尔文看来，上帝是掌管一切的主，财富从根本上说并非来自人的努力及勤奋，而是来自上帝的恩典，因此："起早贪黑、节衣缩食都是徒劳的；这些都不能增加一个人的财富，除非上帝给予援助与慷慨。"① 因此，我们完全可以下结论说，在加尔文自己的神学框架内，我们找不到一点偶像化工作的倾向；他所提供的工作伦理，与资本主义意识形态所需要的"工作狂"之间，有着不可逾越的鸿沟。正因如此，乔治亚·哈克内斯（Georgia Harkness）才认为："如果加尔文主义自身在已然支配西方世界的狂热的紧迫精神之发展中，曾是一个首要因素的话，那么这真是一个奇怪的悖论。"②

那么，韦伯之结论的第二个基础，即加尔文的预定论教义，能否指向韦伯所希望达致的结论呢？事实上，这是韦伯在《新教伦理与资本主义精神》一书内所陈述的命题中，最微妙也最难以辨析的部分，伊安·哈特甚至干脆下结论说，这是个既无法证真、也无法证伪的理论。③ 然而，事实上的无法证真也无法证伪，不意味着我们不能从加尔文的神学中发现其能够为符合资本主义意识形态的工作实践提供一种精神资源的可能性。我们将会看到，加尔文的预定论学说，能够产生一种令信仰者的工作实践偏离他原初教导的

---

① John Calvin, *Calvini Opera*, ⅩⅩⅥ, p. 627, cited from Georgia Harkness, *John Calvin: The Man and His Ethics*, p. 169.

② Ibid, 171.

③ Ian Hart, "The Teaching of the Puritans about Ordinary Work", *Evangelical Quarterly*, vol.67, No.3(1995) , p. 209.

动力，而这种偏离，恰好是资本主义经济及其工作模式所需要的。

三、得救的"稀缺"与资本主义经济

加尔文的预定论能否影响到信仰者的工作？这一问题必须从两个不同但又相互关联的角度来回答：第一，加尔文自己的神学是否在预定与工作之间建立了一种关联？第二，加尔文关于预定的教导，是否有可能在基督徒的实践中，被无意识地建立起其与工作的关联？我们必须清楚的是，韦伯所给出的肯定的答案，是对第二个问题的回答。换言之，他所关心的，不是作为理论本身的加尔文的工作伦理，而是后者在实践中可能产生的影响，而这也正是我们对加尔文的讨论所欲达到的目标之一。如同在前文中分析路德时，我们并未停留在路德所设想的一种理想的伦理模式上，而是希望看到它在具体的历史及社会处境中，是否对实践产生了某种影响，抑或其受具体的历史条件所限制，无法产生充分的改变实践的动力。正因如此，在分析加尔文的预定论教义与日常工作的关联时，我们既需澄清他本人在这一问题上的教导，又应尽可能地分析并说明他的神学在实践中可能产生什么样的效果，并由此判断韦伯的命题是否有其可取之处。

首先，一个重要的也是经常为人所忽略的事实在于，加尔文教导预定论的目的，并不是想传达给基督徒一个令人焦虑的现实（尽管这个现实确实包含在他对预定与拣选的描述中），即等待他们的是或永生、或永罚这两种非此即彼的命运，且究竟哪一种命运才是他们最后的归宿，并不由他们自己决定。加尔文在教导这一教义时所期待的，也绝非是韦伯眼中的加尔文主义者所具有的那种心理反应——他们在俗世生活的唯一目标就是获得关于拣选的保证。按照加尔文的设想，预定及拣选的教义带给基督徒的，绝不是帕斯卡尔（Blaise Pascal）面对永恒时所产生的恐惧与无助感，而应是

一种与前者完全相反的对自身之实存的确证，即上帝无偿的恩典通过耶稣基督自由地临到人，并将人从他完全无力改变的罪与死亡的境遇中拯救出来；它令人们得以满怀喜悦与希望地看待自己的生命，并给予人们面对苦难与不幸的勇气。简言之，在其整体的神学框架中，加尔文的预定论所带来的不是一种对自身命运的忧虑与不确定，而是一个关于救赎的好消息。同时，正如许多加尔文的研究者所正确指出的那样，预定论绝非加尔文神学的中心和基础①；相反，加尔文小心地将其置于了"救赎"的教义之下，而不是像他在日内瓦教会的继承者贝日（Théodore Bèze）那样，将预定论置于"上帝与护佑"的教义之下来讨论。② 换句话说，加尔文讨论预定与拣选的目的，是为了指向上帝的救赎这一恩典性的事实，而非为了制造一种对上帝的恐惧与不安。

其次，关于人的工作与拣选的保证，可以肯定的是，加尔文本人从未在这两者之间建立过任何必然的关联。那么，加尔文眼中拣选的保证位于何处呢？他的回答是，这一保证就位于对福音的信仰中，在那里上帝的意志向人们敞开。③ 事实上，加尔文正是为了解决"为何听到福音的人中有人接受它而有人拒绝它"这一困扰他的实际问题，才找到了预定论，而这反过来恰好证明了对加尔文而言，信仰（接受福音）才是拣选之真正的保证。与此同时，加尔文认为基督徒怀疑并探求自己是否是被拣选者，乃是撒旦的工作造成的结果。④ 由此可见，他对寻找拣选之保证的尝试持一种否定的态度。

---

① I. John Hesselink, "Calvin's Theology", in *The Cambridge Companion to John Calvin*, p. 83.

② Basil Hall, "Calvin against the Calvinists", in *John Calvin*, pp. 26-27.

③ John Calvin, *Institutes of the Christian Religion*, Book 3, Chapter XXIV. p. 3.

④ Ibid, Book 3, Chapter XXIV. 4.

因此，在加尔文自己的教导中，我们看不到预定论教义能够为基督徒的日常工作提供任何特别的动力。然而，这是否就意味着韦伯的结论是完全错误的呢？诚然，对加尔文自己来说，预定与工作并没有什么特殊的联系，但这并不意味着他关于预定与拣选的教义中没有包含某些特征，而这些特征可能会令他的读者或基督徒在其实践中，有意或无意地将自身之拣选的保证与自己的工作活动联系起来——尽管这种联系并非加尔文所希望的。当然，即使这种假设成立，也并不说明韦伯的结论便是正确的，因为他所欲建立的，是一个历史进程中真实存在的关联；而本文所感兴趣的，并非这种关联是否真实存在，而是加尔文的神学能否为这一关联提供某种基础，从而使得其确实有可能发生于现实之中。

对此，本书给出的答案是肯定的，而这一结论是依据以下两点得出的：首先，对加尔文来说，确实只有真实的信仰才是拣选的保证。然而我们不可忽略的是，在加尔文那里，信仰绝不仅仅意味着圣灵在基督徒的内心之中所激发出的悔改与信心，它甚至不仅仅意味着称义这一事实。对路德而言，信仰与爱的实践是统一的，信仰被实践于爱之中，而加尔文也以与路德略有不同的方式强调了同样的事实。对他来说，信仰不仅意味着为基督所救赎，更意味着人可以因信生活在祂（基督）之中；基督不仅是人的称义，更是人的成圣，信仰便统一在这两者之中。因此，信仰对加尔文来说不仅意味着在圣灵的恩典行动中转向上帝，也意味着在生命中实践自我拒绝，在行动之中荣耀上帝、服侍邻人。在谈到拣选的保证时，加尔文曾明确地说："基督……是那面在其中我们必须且可以不带任何自我欺骗地注视我们自身之拣选的镜子。"① 而基督作为在历史中

---

① John Calvin, *Institutes of the Christian Religion*, Book 3, Chapter XXIV. p. 5.

实存的上帝之道成肉身，是一个信心与实践、内心与行动的统一。换句话说，这种统一才是被拣选者的完美标准，信仰必须揭示自身于信仰者的行动之中。

第二，在加尔文的神学里，信仰（而非拣选）并不是一劳永逸的。加尔文肯定了这种可能——即很多人曾经看上去是属于基督的，但后来却背离了祂。[1] 在解释《马太福音》22 章 11—13 节中那个没穿礼服的人为何被王所驱逐时，加尔文认为，那个没穿礼服的人就是进入教会认信，但却未蒙基督所成全的人。[2] 因此，对加尔文而言，信仰者和他自身的拣选之间，并不存在着一种一览无余的透明性，换句话说——信仰者不可能拥有一种关于拣选的绝对保证。

以上两个事实在加尔文神学中的存在，使得他的预定论中包含了一种奇特的张力。一方面，加尔文在救赎的教义下谈论预定与拣选，是为了向基督徒传达一种关于救赎的好消息，以令他们接受上帝之无条件的恩典这一事实。另一方面，关于"救赎与恩典是否确实临到我"这一问题的答案，对于任何基督徒来说都是永远无法确知的。这一张力对加尔文自己来说也许并不存在，因为他如此富有激情地教导关于上帝的知识并诠释《圣经》这一事实已经说明，他确信自己就是被拣选者；但对于他的读者以及接受其神学的基督徒来说，对这种张力的感知则是可以预想的。正因如此，我们完全可以合理地设想，对于接受了其预定论的加尔文教徒来说，由于这种张力的存在，他们在自身的生命中很难完全摆脱加尔本人并不曾有过的那种怀疑与焦虑，因为对任何一个信仰者来说，有关自

---

① John Calvin, *Institutes of the Christian Religion*, Book 3, Chapter XXIV. p. 7.

② Ibid, Book 3, Chapter XXIV. p. 8.

己是否会被救赎的最终命运，都必然是其最关心的事情之一。而这样一来，则意味着为加尔文所禁止的对自身之拣选的探求，便有可能在基督徒的生活中成为一种现实。

那么，这种探求有可能通过工作来完成吗？哪怕后者只是作为诸多寻找拣选之保证的方式之一存在？如果答案是肯定的，它会对基督徒的日常工作产生何种影响？是否如韦伯所设想的那样？我们已经说过，加尔文自己并未对在工作中寻找拣选之保证这一议题有过任何描述。然而，我们还是能从其神学中推论出在工作中寻求这一保证的可能性。加尔文的神学要求信仰体现于外在的行为中，这本身就已经为在工作之中发现信仰提供了一种可能的基础。换言之，如果基督徒在工作中能够行出荣耀上帝、服侍邻人的实践，那么则可在相当程度上印证他的信仰，亦即他的拣选。但是，具体到这种荣耀上帝的实践本身，我们通过前文的讨论已经看到，它在加尔文自己的论述中保持着相当程度的平衡性：他既认为工作应能履行上帝赋予人们的管家之权，创造财富，以令人们享受上帝所赠予的礼物，同时又强调不可过分工作以及积累过多的财富。因此，显而易见，如果基督徒在他的工作中能够遵守并维持这种平衡的伦理原则，并通过它来印证他的信仰，进而在一定程度上获得关于自身拣选之保证的话，那么严格禁欲的资本主义工作狂（如韦伯所观察到的那样）便很难在正统的加尔文门徒中出现。

然而我们必须牢牢记得，加尔文神学的平衡是建立在明显张力之基础上的。正是这些张力的存在，使得人们在阅读他的神学时，很容易失去在他自己那里可以维持的那种平衡；也正是由于这种张力的存在，拥有一部"系统神学"（虽然并非现代神学意义上的系统神学）著作的加尔文，却反而承受了比没有系统性神学著作的路德更多的误解——如对加尔文神学中护佑教义的强调而忽略了他对自由意志的坚持、认为他的神学中心是关于上帝的教义而看不到他事实上是个彻底的三位一体主义者以及称加尔文的伦理原则来自旧约的律法而忘记他将律法建基于基督的恩典之上等。造成这种理解上之不平衡的，部分是读者自己的问题，部分却是加尔文神学的内在特征使然。

事实上，我们很容易发现加尔文之工作伦理的平衡性也是通过张力才达成的，其中最明显的当属同时存在于工作中的上帝的护佑与人的自由意志，以及财富会给人们同时带来享受与益处以及诱惑与危险。这些张力所带来的平衡是微妙而脆弱的，所以它也很容易因为某种原因而被打破——例如，当人的工作与他的拣选之间产生了某种关联时。换言之，我们将会发现，由于加尔文的预定论中存在着某些不可改变的事实，所以当基督徒更多关注的不是关于工作的伦理要求而是工作作为证明自身之拣选的手段时，加尔文所精心维护的工作伦理之平衡，便面临着被打破的危险。而这种失衡的结果，是造成工作实践在某些方面恰好与现代资本主义工作世界中所包含的意识形态相吻合。

什么是上文所说的加尔文的预定论中所包含的不可改变的事实呢？本书的回答是：一种得救的稀缺性（scarcity）。换言之，加尔文的上帝预先规定（而不是预知）了只有一部分人能够得救。[①] 和奥古斯丁一样，加尔文的预定论是刚性的（rigid）——也就是说，不仅是在事实上只有一部分人最终得救，而是即便就可能性而言，也只有一部分人能够得救。阿米尼乌派（Arminianism）所持的主张即是前者，在他们看来，上帝提供给所有人得救的可能性，但是人可以凭其自由意志拒绝上帝的恩典，因而最终的结果是只有一部

---

① John Calvin, *Institutes of the christian Religion*, Book 3, Chapter XXI. 5.

分人得救。然而其神学并不拒绝这样一种可能性，即如果所有人都愿意接受上帝救赎的恩典，那么所有人便都能够得救。因此，阿米尼乌派的神学是一种或然性意义上的普救论（universalism）。而加尔文的预定论则截然不同，所有人皆能获救的可能性在他的神学中没有任何立足之地。在他那里，上帝所提供的得救的名额是有限且固定的，因而是一种稀缺的"资源"。举个极端的例子来说：如果世界上只有甲、乙两个人，那么如果甲是被上帝预定得救的那位，则乙必然是为上帝所拒绝的那位，反之亦然。

这种救赎的稀缺性对相信预定论的基督徒的实践有何影响呢？这意味着他们不仅需要通过实践或行动来获得关于自身信仰的确证，而且需要在这些实践中尽量发现自己与他人的不同——因为预定论所传达给他们的信息是：只有一部分人可以得救，而这一事实意味着被拣选者的实践必然能够至少反映出他与被拒绝者的差异（如果不是对立的话）。换言之，仅仅做到（荣耀上帝）是不够的，信仰者需要知道的是他比其他人做得更好。正因如此，加尔文的预定论无意中在人们之间造成了一种竞争关系，尽管这种竞争的原初目标是指向善的。

当这种竞争关系出现在人的日常工作中时，加尔文本人的工作伦理所具有的平衡便极有可能被打破。因为如果所有人都自觉地遵循这一平衡，即一方面勤劳地创造物质财富，而另一方面又严格地限制工作与财富的创造，那么凭什么证明我比他人做得更好呢？因此，人们迫切地需要在工作之中找到一种可见的、容易衡量因而也容易加以比较的"标记"，来佐证自己——或至少是给予自己更多的信心——属于那稀缺的得救"资源"的占有者，而外在的、可以量化的财富或者利润，显然十分适合成为这一标记。事实上，加尔文的神学为这样一种实践提供过根据——在他那里，工作所创造的财富指向了上帝所给予人的关于永恒祝福的记号。尽管加尔文对工作的论述也指出，努力工作不一定能够带来更多的财富，因为财富的创造最终来自上帝的祝福；然而在逻辑上，这却并不意味着努力工作一定不能够带来更多的财富。在获得拣选之证据这一动力的推动下，信仰者完全可以尽可能地辛勤工作，而一旦因此获得了更多的利润，那么他们便很自然地认为自身的工作是为上帝所祝福的、是上帝的意愿，因而并非是一种过度（的工作）。这样，一种以竞争为基础的、尽可能追求财富（不是为了享受，而是为了作为可量化指标的财富本身）的工作实践便在信仰加尔文神学的基督徒中间成为了可能。

在这里，我们发现了这种实践其背后的神学观念与资本主义经济背后的意识形态之间的一种惊人的一致性，即一种关于稀缺的形而上学（a metaphysics of scarcity）。在加尔文的预定论中，得救是稀缺的；而在现代西方经济学中，其基本假设同样指向了经济资源的稀缺。而以加尔文的神学为基础，二者却有可能奇妙地统一在基督徒的工作实践中，换言之，在信仰者冀期通过追求财富来获得关于自身之拣选的确认这一意义上，信仰者对稀缺的拣选之证据的追求与资本主义经济中理性的经济人对利润的追求便成为了同一件事。以此为前提，信仰者的工作便会遵循资本主义经济运作的基本模式，后者以竞争、效率、分工、机会成本、商品生产与消费的循环等作为其核心观念，而这些正是现代世界中工作异化的根源。

这种得救的稀缺与经济资源的稀缺，在无法以利润作为其工作活动之直接目标的被雇佣者身上，同样可以达至一种统一。这是因为，在资本主义经济中，被认为是稀缺资源的不仅是利润，工作（或者说职位）本身亦属于稀缺的资源。换言之，并非所有人都能在工作市场中谋得一份理想的工作。而在加尔文的神学中，有一份可以荣耀上帝、服侍邻人的工作，本身就意味着上帝的祝福。此外，加尔文的伦理要求信仰者面对不公和消极的环境时，应采取耐心和隐忍的态度，并且原谅冒犯者。[①] 这一伦理要求是和加尔文对护佑的理解关联在一起的，换言之，信仰者应相信不幸是上帝的安排。这样，他们便可以在对未来生命的盼望中忍受现世的不幸并相信基督终将战胜一切邪恶与不公，而不是去反抗处在更高位置、拥有更多权力的人。对人的工作而言，这意味着受雇佣的工作者应服从企业的管理者，接受其领导，并且在受到剥削以及其他不公的待遇时，接受这种不幸的现实，而不是去尝试改变自身的状况。做到这些对信仰者而言，意味着一种揭示出其信仰的行动，因而亦可成为拣选的证据。因此，在雇佣工作者身上，我们仍然能够找到信仰与资本主义经济之间的一致性，它体现在得救的稀缺与工作资源的稀缺以及现代资本主义中官僚制度对工作者的控制及剥削的一致性上。

四、批判

单就加尔文的工作伦理而言，其与路德对作为"呼召"之工作的阐释并没有什么本质的区别。与路德一样，加尔文将工作理解为"呼召"的进路，首先是为了反对中世纪的经院神学及修道制度，将人的得救与他的行为彻底分离；与此同时，肯定工作是上帝对人们在世俗世界中荣耀上帝、服侍邻人的呼召，并以此方式提升了日常工作的意义与价值。

与路德不同的是，加尔文对待物质生产及财富的态度相对而言更为积极，工作对他来说不再仅仅指向生活必需品的生产，相反，

---

① John Calvin, *Institutes of the Christian Religion*, Book 1, Chapter XVI. p. 8.

它应令人们能够充分享受上帝的创造，并在其中拥有喜悦与满足。这样一种工作伦理不仅能够在数量上增加物质财富的生产，更重要的是，当工作的成果不再被限制在生活必需品的范围内时，它势必要求扩大工作世界的范围和分工的种类，而这是与资本主义经济逐步发展的要求相吻合的。与此相应的是，加尔文将路德所厌恶的贸易和商业活动，视为一种有益的经济活动；除此之外，他亦肯定符合公平原则的借贷活动是合法的，这种肯定亦有助于经济活动的开展。加尔文对工作的诠释中，另一个值得注意之处在于，他认识到了工作自身所能够具有的内在价值。换言之，工作对他而言不仅是一种手段，一个必要的负担，相反，人们可以从工作本身获益。这样一种观点的积极之处在于，它能够在一定程度上激发人们关注工作之中的异化现象，令人们意识到工作之中消极的经验并非不可避免的、合理的存在，进而产生改变这种情况的动力。所有这些教导，较之以往基督教神学对工作的诠释而言，无疑大大提升了工作及以工作为代表的经济活动在人类生活中的重要性，并进一步将工作的意义带入工作自身之中；同时，这样一种工作观亦能够推动人们更充分地发挥上帝所给予人的理性、天赋与创造力，并将之实践于自身的工作之中。

然而，同路德一样，加尔文对工作的神学诠释其最大的问题在于，它也无法提供一种克服现代工作世界中异化现象的动力与资源。虽然他未像路德一样明确提出一种关于两个国度的教义，但其神学对自然与超自然的整合同样并不充分。对他来说，此生仅仅是来生的预备，人们只是作为客居者生活在这个世界上，世界对上帝国而言（而非相反）几乎是无关、断裂的，甚至在某种意义上是对立的。事实上，加尔文对财富的限制以及对简朴的要求亦来自于他的这种观念——换言之，不可让此世的事物妨碍人们对天国的思考与对改善灵魂的关注。① 工作的属灵意义仅仅在于荣耀上帝与服侍邻人，而无法对世界朝向超自然目标的转化产生任何可能的影响——因为在加尔文的神学中，根本不存在这种转化。正因如此，加尔文的神学与路德一样，在根本上缺乏一种从社会整体结构上转化包括工作在内的自然秩序的诉求。尽管他的伦理学在一定程度上具有发现工作中的剥削、去技术化等异化现象的资源，但其关于世界与上帝国之关系的诠释，限制了改变这种现象的可能性。加尔文强调应以耐心和隐忍面对消极与不公的境遇，而不是尝试去改变它，也是因为这种改变不会对上帝国产生任何影响。当然，在这方面，其关于护佑的诠释亦从另一个方面敦促无力的工作者对其自身的异化状况采取消极接受的态度。

事实上，较之路德将伦理实践仅仅建基于个体信仰者这一事实而言，加尔文意识到了群体对于伦理实践的重要性，这体现在他对教会在塑造基督徒伦理生活方面之重要性的关注。对他来说，基督徒的伦理角色和生活由教会所塑造——在基督的肢体中，他们学会关心他人的福利，使用各自的礼物服侍邻人，并为彼此祷告。② 当伦理实践以教会群体为基础时，其确实能够比仅由基督徒个人实践的伦理更有效地克服社会结构中存在的恶；而具体到人类的工作而言，一种具有群体维度的工作伦理亦能更有效地克服经济结构带来的异化现象。然而问题在于，现代社会中的经济群体却并非以教会作为其单位，而是在多数情况下体现为以公司为形式的现代企业，所有这些企业，又在全球市场中被紧密关联在了一起。因此在某种意义上，当今这个全球化时代只存在一个统一的经济群体——所有

① John Calvin, *Institutes of the Christian Religion*, Book 3, Chapter Ⅹ.p. 4.
② John Calvin, *Institutes of the Christian Religion*, Book 3, Chapter Ⅶ. 4; Book 4, Chapter Ⅰ. 2, 5; Book 4, Chapter Ⅺ. 3–5.

人都在一个统一的全球性市场中被关联在一起，相互合作，同时亦相互竞争。然而，在加尔文为世界的终极命运所设置的框架中，这种以教会作为基础的群体伦理却无法进一步扩展至自身之外，即扩展至普遍的社会结构，而其关于预定论的教义更进一步加强了这种限制。因此，当加尔文的这种教会的群体伦理欲实践自身于现代的工作世界时，它会发现自身根本是无从实践的：一方面，它找不到实践的基础或载体；另一方面，即使教会自己就能够作为经济群体参与经济活动，但由于为资本主义意识形态所统一的全球性经济群体的存在，异化事实上已经成为一种普遍的结构，因而其工作伦理很难在这种普遍的异化结构中实践，同时它亦缺乏一种将自身工作伦理的实践普遍化至整个经济结构的动力。在这里，加尔文的整体的神学框架再次限制了他关于工作的神学诠释。换言之，在现代经济社会中，他的工作伦理无力抵抗由整个资本主义意识形态导致的结构性的异化，更遑论克服这种异化。

最后，加尔文对工作的神学诠释中最致命的问题，恐怕来自于其神学自身所包含的一对矛盾。呼召的工作观，其基础在于肯定上帝之创造的丰盛，只有在此基础上，一种服侍邻人的实践才是可能的。然而在加尔文的神学中，得救却与上帝的创造相对，是一种稀缺的资源。我们通过前文的论证已经看到，这一矛盾完全有可能在信仰者的工作实践中造成这样一种结果，即由于信仰者对自身之得救的关注，从而使得其工作实践偏离了加尔文原本的伦理要求，而这种偏离了的实践恰好与资本主义经济所要求的工作实践相一致，这种一致来自两者背后意识形态的一致性，即一种关于稀缺的形而上学。换句话说，当稀缺的得救必须通过工作和其创造的物质财富加以确证时，经济资源也就会被视为是稀缺的，由此，上帝创造的丰盛便被稀缺所替代了，而这恰好是资本主义经济所需要的基本假设。

尽管如此，"加尔文的"伦理是否真的带来了（即便不是作为唯一来源）资本主义精神——如韦伯所认为的那样，仍是一个无法证明的命题。然而，我们至少可以在他的神学中发现这种可能性。这种可能性意味着，加尔文的工作伦理在基督徒的实践中可能因其作为整体的神学中所包含的内在矛盾与张力而偏离他原初的教导，这种偏离后的工作观不但无法为现代世界中工作的异化提供一种批判的资源，反而只能适应甚至是加剧这种异化。从这个角度来说，加尔文关于工作的神学教导是失败的，或者更严谨地说——它自身因极易被错误地实践，而包含了一种失败的危险。

小　　结

我们将路德与加尔文视为现代工作神学的起点，并非因为是他们首先将工作与呼召关联起来。正如我们在前文中已经指出的，这种关联并非是路德与加尔文的创造；从某种程度上说，他们只是恢复了在奥古斯丁那里就已经存在的一种传统。然而，作为"呼召"的工作在二人的诠释中，因其对恩典及因信称义的强调，第一次彻底脱离了与救赎（特别是成圣）之间的关联，从而成为只具有此世意义的人类活动。工作在路德和加尔文神学中的这种此世性，并非现代意义上纯粹自然、自治的世俗性。因此，这种此世性并不拒绝工作具有一种属灵意义，即作为荣耀上帝和服侍邻人的信仰实践，因而世俗工作仍须遵循上帝的律法——这正是路德和加尔文之工作伦理的基础。但与此同时，人类的世俗工作也失去了其与上帝国的关联。在这个意义上，二者对工作的诠释同现代世俗观点是一致的，因为工作在二者那里失去了它与超自然目标的关联，至少在部分上，工作被让渡给了世俗世界。

在路德和加尔文看来，他们的神学并未将世界丢给世界自己，尽管它只是人们的客居之所，但它仍在上帝的掌管之下，基督徒在其此世的生命中亦仍必须遵循上帝的律法，等待上帝国的到来。然而，其身后的世界并不这么认为。启蒙运动和科学的发展带来世界的理性化——它体现在科学主导的世界观之形成。而伴随着理性化之发展的——或者说，作为这种理性化之反映的，是资本主义在世界范围的逐步胜利，正如韦伯所概括的资本主义最主要的特征即"合乎理性地使用资本和按照资本主义方式合乎理性地组织劳动"①。而宗教呢？它从社会公共领域中逐渐退出，变成了一种私人的事物。世界的理性化与宗教的私人化作为世俗化最明显的两个特征，彼此间是相辅相成的。

基督教信仰与神学中，有没有抵御世俗化的力量或资源呢？答案或许是肯定的，虽然我们无法在路德和加尔文的神学中找到它们。这其中最主要的原因在于，二人的伦理学在某种程度上来说都均缺乏一种社会的、整体的维度。也许有人会对这个结论提出反对，因为在日内瓦，加尔文的伦理就是通过一种制度化的社会结构实现的。② 然而，我更愿意把这种实现看成是一个特例。正如前文已经提到的，加尔文伦理的群体维度是建基于教会的，而在日内瓦，制度化了的社会伦理事实上是以日内瓦教会为基础的，教会与社会在这个城市中是统一的。然而，当我们将视野扩大至整个世界

---

① 马克斯·韦伯：《新教伦理与资本主义精神》，第 41 页。

② Jeannine E.Olson, "Calvin and Social-ethical Issues", in *The Cambridge Companion to John Calvin*, pp. 153-172.

时，这种统一性无论是在加尔文的神学中，还是在现代世界的现实中，都是无法实现的。对于前者而言，整个世界都是教会的情况是不可能发生的，其预定论的教义首先便杜绝了这种可能性；而对后者来说，政教合一的情况在世界大多数地方都已经成为了过去。因此，加尔文的伦理事实上并不具有一种真正意义上的社会性——一种将作为整体的世界当作其目标的社会性，而这样一种基督教伦理，在资本主义所带来的力量巨大的结构性的异化面前，是无能为力的——这当然也适用于两人的工作伦理。不仅如此，在路德和加尔文的"呼召"观念以及两人的整体神学框架中，还存在能够帮助塑造资本主义的工作模式，或是会令工作异化加剧的因素，例如为两人共同持有的一种静态的工作观念、路德关于通过工作服侍邻人的观念中所包含的自我牺牲、加尔文神学中与资本主义之资源稀缺性观念相呼应的关于得救的稀缺性。

面对资本主义的兴起并逐渐成为主宰世界的意识形态及其所带来的工作异化时，不仅路德和加尔文的工作伦理是无能为力的，甚至整个基督教神学都曾陷入过沉寂。当然，神学自身并不缺乏发现及批判工作异化的资源，但我们亦必须承认，是社会科学的研究者们首先对现代世界中的工作异化的现象作出了批判。而神学不得不等待，等待自身中出现新的方法与范式，以克服信仰被私人化的局面，重新获得在公共领域、对公共世界发言的权利。到那时，神学将以自身的叙事接纳、重释、补充、修正这些批判，并提供它自己的关于克服工作异化的方法。

现代世界中的工作：社会科学的观点

> "耶和华如此说：'以色列人三番四次地犯罪，我必不免去他们的刑罚；因他们为银子卖了义人，为一双鞋卖了穷人。'"
>
> ——《圣经·阿摩司书》2 章 6 节

路德和加尔文的宗教改革，无疑是令历史步入现代的重要推动力量之一，且其影响不仅局限于属灵及文化维度，更延伸至政治、经济及社会领域，这其中也包括了人的工作。然而，一种完整意义上的现代世界——即今天的人们观念中的"现代性"（modernity），却是在路德和加尔文死后的数百年间才逐渐形成的；作为现代性之最重要的组成部分之一的现代资本主义经济体系，也是在这段时间中才逐渐具有了自身成熟的形式与结构。对人类的工作而言，现代资本主义所带来的是人类工作模式的巨大转变，而这种转变的后果之一，便是具有现代特征的工作异化现象的出现。关于这一异化，本文的导论部分已经对其进行过粗略的描述，而在这一章中，我们将借助两位现代学者——马克思（Karl Marx）与韦伯（Max We-

ber）——从社会科学的角度对这一问题的理解以及对其观点的神
学批判，来详细地考察工作在资本主义经济世界中的异化。

选取这两位社会学者作为考察对象的原因首先在于，他们二人
都有着共同的问题意识——即现代资本主义经济结构中现代人的生
活及其在这一生活中所面临的困境及其产生的原因，以及究竟应该
如何摆脱这一困境；而在他们对这些问题的研究中，人的工作是作
为其中的重要维度被包括在内的。对于这些问题，两个人分别给出
了各自不同的回答，而这种差异，在相当程度上来自二者之学说的
后设叙事（metanarrative）的不同——马克思继承自黑格尔的历史
辩证法以及韦伯的新康德主义。正是这一点，为神学在吸收其诠释
中的合理之处的同时，以自身作为后设叙事展开对其的批判提供了
可能。需要说明的是，本书在这里对这二人之学说的考察，并不意
味着基督教神学自身的叙事中缺乏发现工作异化问题的资源。毋宁
说，神学家们必须承认一个事实，即神学确实曾在历史中忽视过对
工作异化问题的批判，这一忽视甚至在一段时间内引致基督教信仰
的危机（来自马克思对基督教的批判，下文将论及）。因此，本章
之论述的目的，除了开放地接受来自社会科学的对工作之异化问题
的恰当表述并从神学的角度对其加以批判之外，亦是为了能够令我
们看到为何当代神学需要超越路德及加尔文的工作伦理，重新建立
能够回应现代处境的对工作的新诠释。

第一节　卡尔·马克思与异化的工作

很多人认为，马克思对资本主义的批判是以其关于剥削的理

论，即劳动价值理论（labor theory of value）为基础构建的；而在今日这一理论饱受质疑并几乎已为当代西方经济理论中占主导地位的边际主义理论（marginalist theory）所替代的今天，马克思对资本主义生产方式下人类工作的批判已经失效了。然而，这一判断显然是鲁莽的，原因在于：第一，边际主义理论和剩余价值理论并非在任何情况下都是对立的。在有较高的技术含量及附加值（技术密集型）、可替代性较低、市场竞争不甚激烈的商品生产中，剩余价值理论确实已无用武之地；然而在那些技术含量和附加值都较低（劳动力密集型）、有很强的可替代性且市场竞争非常激烈的商品生产中，剩余价值理论则仍有其适用性。第二，在马克思对资本主义"雇佣工作"的解读与批判中，比剩余价值理论更为基础亦更有价值的，是其对异化（alienation）和意识形态的批判。因此，马克思的批判在今天对一种关于工作的神学讨论而言仍具有重要的意义：一方面，神学对人类工作的首要关注之一便是公义问题，特别是分配的合理性的问题；另一方面，神学的关注又绝不能停留于此，因为在神学看来，人类工作的真正意义的丢失（马克思所言的"异化"），除了不公与剥削外，还包含许多其他更重要的维度，而这正是神学可以和马克思达成相当程度共识的地方。

然而，尽管马克思确实深入细致地观察到了一种异化的现象，但由于其后设叙事与基督教神学之间显而易见的差异，导致两者在对这种现象出现的原因、深层含义以及如何克服异化等方面，有着相当不同的理解。正因如此，我们一方面需要肯定马克思对工作之异化现象的发现与分析对建构工作神学的重要意义，另一方面亦需以神学自身的叙事和语言、以神学本身所具有的作为一门社会科学的能力重新诠释马克思的发现与分析，对其观点中由辩证唯物主义世界观对三位一体的上帝之拒斥而产生的致命缺陷，进行神学的批判与弥补。

一、马克思关于人类工作的一般观点

在《资本论》（*Capital*）第一卷中，马克思给出了关于人类工作（*Die Arbeit*）① 的一般定义，即一种"专门的、使特殊的自然物质适合于特殊的人类需要的、有目的的生产活动……作为使用价值的创造者……是不以一切社会形式为转移的人类生存条件，是人和自然之间的物质变换"②。如果将劳动视为一个过程，那么其中包含了三种简单要素，分别是"有目的的活动或劳动本身，劳动对象和劳动资料"③。这三者之中，劳动对象必须通过劳动而发生变化，而劳动资料则是作为劳动和劳动对象之媒介，因而劳动本身才是劳动过程的中心要素。通过这一对工作的定义，我们可以发现马克思眼中人类工作所具有的四个重要特征：首先，工作是一种有目的的活动，这是人作为一种理性的存在和动物所谓的"劳作"之间的本质上的区别；其次，人作为工作的主体，与作为工作之对象的自然之间的对立，即一种主体与客体的关系；第三，作为劳动和劳动对象之媒介的劳动资料，即工具；最后，工作所创造的应该是适合人类需要的使用价值，这是工作的基本目的。

通过上述概括，我们很难看出马克思对人类工作的理解有何特别之处，但如果进一步分析他的观点我们则会发现，较之其同时代

---

① 马克思并未像阿伦特一样，准确地区分劳动（*Die Arbeit*）与工作（*Die Handeln*）之不同。通常情况下在谈及工作时，马克思所使用的均为 *Arbeit* 一词，而在谈及异化的工作时，他会在工作一词前加上"异化的"、"抽象的"等定语。在中译本的马克思著作中，通常将 *Arbeit* 译为"劳动"。

② 卡尔·马克思（Karl Marx），《资本论》（一），《马克思恩格斯文集》第 5 卷，人民出版社 2009 年版，第 58 页。

③ 同上书，第 208 页。

的思想家而言，马克思给予了工作以特别重要的意义。对他来说，作为一种手段（means）维系人的实存，只是工作的意义之一。然而工作绝非仅仅是手段，其自身即是作为目的（end）。具体而言，只有在工作之中而非仅仅是通过工作，人们才得以改变人性，即"改变他自身的自然……使自身的自然中沉睡着的潜力发挥出来"①。在某些主观的和客观的条件下，"作为真正自由的劳动……会成为吸引人的劳动，成为个人的自我实现"②。这样一种观点明显与其时所流行的对人类工作的解读——如来自亚当·斯密（Adam Smith）的解读——截然不同，因为在后者看来，工作自身不是目的，而只是作为满足人类需要的手段；因而工作是一种消极的、须被忍受的活动，其最终目的是为了取得财富从而进行消费；反之，取得财富则是为了避开工作。正如马克思自己所言："亚当·斯密正是把劳动看做诅咒……一个人'在通常的健康、体力、精神、技能、技巧的状况下'，也有从事一份正常的劳动和停止安逸的需要，这在斯密看来是完全不能理解的。"③

　　在《1844 年经济学哲学手稿》和《德意志意识形态》中，马克思基于其历史唯物主义的世界观，赋予了人类工作到他那个时代为止最重要的意义——即以工作定义人的存在。他将劳动就等同于人的生命活动本身，更进一步而言，劳动本身作为人的生命活动即是作为类的存在物的人之本质。④ 因此，"正是在改造对象世界的

---

①　卡尔·马克思：《资本论》（一），《马克思恩格斯文集》第 5 卷，人民出版社 2009 年版，第 202 页。

②　卡尔·马克思：《政治经济学批判（手稿）》，《马克思恩格斯全集》第 46 卷下册，第 113 页。

③　同上书，第 112 页。

④　卡尔·马克思：《1844 年经济学哲学手稿》，《马克思恩格斯文集》第 1 卷，人民出版社 2009 年版，第 162—163 页。

过程中，人才真正地证明自己是类存在物"①；"他们是什么样的，这同他们的生产是一致的——既和他们生产什么一致，又和他们怎样生产一致"②。这样一种对工作之意义的阐明或曰对人的定义，意味着：首先，人是其工作的产物，工作对人而言具有本体论的意义，即人是作为 *homo creator*；第二，历史中人的发展由相应阶段的物质生产特点决定——人类之存在并非静态的，其本质随着所有制的改变所带来的工作形态的变化而改变；③ 第三，通过工作，人不仅定义自身，亦令自身之存在扩展至自然界，通过生产，"自然界才表现为他的作品和他的现实。因此，劳动的对象是人的类生活的对象化……人……在他所创造的世界中直观自身"。④ 这种对自然的人性化，令自然成为人的自我之延伸，亦是工作的目的之一。

在马克思之前，从没有一位哲学家或政治经济学家将人类工作置于如此显著的、基础的位置上。在某种意义上，对马克思而言，对人的谈论即是对人类工作的谈论，对历史的谈论亦是对人类工作之历史发展的谈论，对未来理想社会的谈论是对一种理想状态下人类工作的谈论。在马克思的"词典"中，异化、经济基础与上层建筑、资本主义、共产主义、阶级、剥削、意识形态等其思想体系中的核心概念，都必须围绕着人类工作才能被展开讨论。因此，工作的异化是一切异化所产生的根源，亦是铲除一切异化、建立美好社会的入手点。而这些异化中就包含了宗教的异化，即马克思眼中

---

① 卡尔·马克思：《1844 年经济学哲学手稿》，《马克思恩格斯文集》第 1 卷，人民出版社 2009 年版，第 163 页。
② 卡尔·马克思：《德意志意识形态》（第一卷），《马克思恩格斯文集》第 1 卷，第 520 页。
③ 参见上书，第 520—525 页。
④ 卡尔·马克思：《1844 年经济学哲学手稿》，《马克思恩格斯文集》第 1 卷，第 163 页。

的"商品拜物教"——而这直指对基督教的批判。哪怕仅仅就此而言，基督教神学也应该重视马克思关于人类工作的言说。如果基督教神学坚持基督信仰的叙事是建基于上帝所启示的真理，那么它就应该有能力在自身的框架内扬弃马克思关于工作的理论，即证明自身非但是异化工作的产物，相反却是克服异化的"钥匙"。换句话说，马克思曾经"雄辩地"将黑格尔哲学的体系颠倒过来，将绝对精神的运动转变为世俗的经济运动；而如果神学欲重新将经济史转变为救赎史（并非意指一种单边的唯心主义），那么讨论马克思关于工作——特别是关于异化工作的理论，便是其不可逃避的任务之一。

二、马克思的批判：资本主义与异化的工作

对马克思而言，工作的异化是一个历史事实，它普遍存在于各个历史阶段与生产方式中，因为迄今为止的任何一个社会都是阶级社会，都存在着压迫者与被压迫者、剥削者与被剥削者之间的对立。用他自己的话说，"迄今为止的一切社会的历史都是阶级斗争的历史"，即自由民和奴隶、贵族和平民、地主和农奴、行会师傅和帮工——压迫者和被压迫者之间相互对抗的历史。① 不过在马克思看来，资本主义社会与任何之前的时代都不同，除去它使阶级对立简单化为资产阶级和无产阶级的最终争执外②，在其中人类工作的异化亦达至顶峰。

资本主义社会的生产较之从前诸社会的生产最大的不同是什么？在马克思看来，古代世界的生产较之现代社会（资本主义社会）崇高得多。因为在前者那里，"人……总是表现为生产的目

---

① Karl Marx, and Frederick Engels, *Manifesto of the Communist Party*, Peking: Foreign Languages Press, 1965, pp. 30-31.

② Ibid, p. 31.

的，在现代世界，生产表现为人的目的，而财富则表现为生产的目的"①。因此，在狭隘的资本主义形式下，财富不是为着个人的需要、才能，不是为了人之创造天赋的发挥、人的全面发展而被生产出来，而只是作为自身被生产出来；在资本主义经济中，人之内在本质的发挥"表现为完全的空虚化；这种普遍的对象化过程，表现为全面的异化，而一切既定的片面目的的废弃，则表现为了某种纯粹外在的目的而牺牲自己的目的本身"②。

那么，这种全面的异化具体表现为什么，它又是如何发生的？概括而言，由于资本主义社会最终分裂为资产阶级和无产阶级的对立，从而使生产成为商品的生产，而工人自己也仅仅表现为商品的出售者——即成为自由的雇佣工人，而其劳动（同时也就是社会劳动）则全面转变为"雇佣劳动"。这一工作的过程同时也是异化过程，始于劳动者自由、平等地进入市场，成为交换的主体，即成为出卖劳动力以换取工资的雇佣工人。但在马克思看来，这种自由与平等本身就是不自由和不平等。这是因为，"交换价值作为整个生产制度的客观基础这一前提，从一开始就已经包含着对个人的强制"③，劳动者由于不掌握生产资料，因而"只有作为交换价值的生产者才能存在，而这种情况就已经包含着对个人的自然存在的完全否定，因而个人完全是由社会所决定的"。④ 正是在这里，马克思较之其同时代的资产阶级经济学家甚或当代许多自由主义经济学家更为敏锐地意识到了资本主义经济形态的偶然性。在他看来，

---

① 卡尔·马克思：《政治经济学批判（手稿）》，《马克思恩格斯全集》第 46 卷上册，人民出版社 1979 年版，第 486 页。
② 同上。
③ 卡尔·马克思：《政治经济学批判（手稿）》，《马克思恩格斯全集》第 46 卷上册，人民出版社 1979 年版，第 200 页。
④ 同上。

"交换价值这个前提决不是从个人的意志产生，也不是从个人的直接自然产生，它是一个历史的前提"。① 这意味着如果没有资本的原始积累所产生的资产阶级和无产阶级的对立，劳动者就不会被迫出卖自己的劳动从而"自由、平等地"成为交换的主体。

因此，当无产阶级无奈地作为雇佣工人开始工作时，异化便发生了。按照马克思对工作的一般定义，工作须与某种使用价值相关联，但在资本主义经济形态下，工作仅仅是为了进行交换。在市场上，作为商品的劳动产品并非与某种具体的使用价值相交换，而是先以劳动时间确定其交换价值，这是对劳动产品的第一次抽象；接着，作为一般商品的劳动时间则进一步由货币代表，这是对劳动产品的第二次抽象；最后，作为商品之交换价值的货币，其中一部分以工资的形式、作为工作的交换价值被给予劳动者，这样一来，抽象的货币就成为了工作的对象与目标，工作亦同时被抽象为劳动时间，这便是雇佣劳动的含义。因而，正如马克思所观察到的那样，资本主义社会以上述方式将人类工作抽象化，令其成为无差别的。而这种抽象因为资本主义生产所具有的三个特征——分工的细化、机器的使用及追求产品数量而被大大增强了。其结果是，在资本主义的社会形式中，"个人很容易从一种劳动转到另一种劳动，一定种类的劳动对他们来说是偶然的，因而是无差别的"②。而这种无差别的工作性质不仅是一种客观事实，同时亦是内在于劳动者的主观感受。

在马克思的论述中，这种雇佣工作的异化主要体现在以下几个方面：首先，是劳动者亦即活劳动同资本的对立、疏离（estrange-

① 卡尔·马克思：《政治经济学批判（手稿）》，《马克思恩格斯全集》第 46 卷上册，第 200—201 页。
② 同上书，第 42 页。

ment）。按照马克思的剩余价值理论，劳动者的工作事实上是价值的源泉，然而其所产生的价值却不断为资本所占有以实现增值，因而亦是不断地与资本相对立。这种被占有的人类劳动被马克思称为"物化劳动"，它以两种形式显现自身，一是劳动的产品，二是劳动的客观条件（材料和工具）；劳动者同此二者的对立与疏离则意味着它们之间的漠不相干性、异己性。① 而在资本主义的机器化、自动化生产中，劳动者同生产工具的疏离甚至不仅指向了异己性，更指向了机器对人的控制与主宰——工人不再像传统手工业者那样把工具当作器官，通过自己的技能和活动赋予它以灵魂，而是机器本身就具有了技能和力量，而人则被化约为机器与产品之间的中介（mediation）。② 此外，劳动者同资本的对立也就意味着他同资本所有者之间的对立、疏离。此时，这种对立显然也不仅限于漠不相干与异己性，而是在相当多的情况下呈现为后者对前者的剥削、宰制及工具化，令劳动者替自身服务、受自身支配并处于自身的强迫和压制之下；同时我们也绝不能忽略后者对前者来说同样是进行交换的手段——劳动的异化在资本主义生产方式中总是具有相互性。

第二，异化的劳动不仅体现为劳动（者）同资本（所有者）的对立，它同时亦体现为劳动者同自身的疏离。由于劳动者所生产的是一种为货币所抽象化的交换价值，且劳动者出让自己的劳动所换取的同样是以货币代表的抽象的价值，因此，资本主义社会中工作的人事实上并不关心自己工作的结果如何③；同时又因为资本主

---

① 卡尔·马克思：《政治经济学批判（手稿）》，《马克思恩格斯全集》第46卷上册，第448页。

② 参见卡尔·马克思：《政治经济学批判（手稿）》，《马克思恩格斯全集》第46卷下册，第208页。

③ 参见卡尔·马克思：《政治经济学批判（手稿）》，《马克思恩格斯全集》第46卷上册，第284页。

义生产之分工的细化、机器的使用及追求产品数量，所有这些因素共同作用使得工作失去了其所应有的创造性和严肃性，成为简单、枯燥的重复性活动——就此而言，亚当·斯密确实说出了事实，即资本主义社会中人的工作本质上是一种牺牲（sacrifice）。对斯密而言，这种牺牲是必须被忍受的，而对马克思来说，这种牺牲则是异化，是必须被克服的。这种劳动者同自身疏离的具体表现——根据马克思的分析——意味着"劳动对工人来说是外在的东西……不属于他的本质；因此，他在自己的劳动中不是肯定自己，而是否定自己，不是感到幸福，而是感到不幸，不是自由地发挥自己的体力和智力，而是使自己的肉体受到折磨、精神遭到摧残……他的劳动不是自愿的劳动，而是被迫的强制劳动。这种劳动不是一种需要，而只是满足劳动以外的那些需要的一种手段"。①

在马克思关于人类工作的一般观点中我们已经看到，他将劳动本身作为人的生命活动，视为人的本质，但在资本主义生产中，情况则恰恰相反：人之异化的工作"使人本身，使他自己活动机能，使他的生命活动同人相异化……对人来说，异化劳动把类生活变成维持个人生活的手段"②，而这种异化亦带来另外一种直接后果，即"当人同自身相对立的时候，他也同他相对立。凡是适用于人对自己的劳动、自己的劳动产品和自身的关系的东西，也都适用于人对他人、对其他人的劳动和劳动对象的关系"③。正因如此，马克思非常正确地指出了资本主义生产中工人之联合的偶然性：这种联合不是工人的存在，而是资本的存在；同其他人的协作对工

---

① 卡尔·马克思：《1844 年经济学哲学手稿》，《马克思恩格斯文集》第 1 卷，第 158 页。

② 卡尔·马克思：《1844 年经济学哲学手稿》，《马克思恩格斯文集》第 1 卷，第 161 页。

③ 同上书，第 58 页。

人来说是异己之物，是资本发生作用的方式；工人从未作为一个有共同目标的群体共同劳动，而只是通过资本而在形式上联合，其相互之间不是作为同伴，而是作为竞争对手，彼此是对方的手段。①

　　面对资本主义社会中人类工作如此严重的异化状况，马克思这位极具先知精神的思想家构想了被其称为"共产主义"的理想社会，并且认为在其中，一切上述所论及的工作的异化都将得到克服。在资本主义社会中，工作的首要特征是其所生产的产品是商品，而工作的人自身也只是表现为商品的出售者——他作为自由的雇佣工人，其工作是雇佣劳动。② 相反，在共产主义社会中，工作的最大特征则是取消了其交换的基本性质，成为了"共同生产"——"共同生产，作为生产的基础的共同性是前提。单个人的劳动一开始就被设定为社会劳动……他用自己的劳动所购买的不是一定的特殊产品，而是共同生产中的一定份额。因此，他也不需要去交换特殊产品。"③

　　共产主义社会的生产建基于公有制，在这种所有制形式下全体劳动者共同生产、共同消费。这样一来，劳动者与其产品之间的疏离便消失了——他不再必须受雇佣以换取抽象的工资，而是自觉地为自己和群体的其他成员而生产，与其产品的命运息息相关。当劳动者与产品之间的疏离消失，他与自身工作之间的疏离也就随之消失了，工作对他而言不再是一种作为牺牲的手段，相反他必须关心

---

① 卡尔·马克思：《政治经济学批判（手稿）》，《马克思恩格斯全集》第 46 卷下册，人民出版社 1985 年版，第 83—89 页。

② 卡尔·马克思：《资本论》（三），《马克思恩格斯全集》第 25 卷，人民出版社 1979 年版，第 994—995 页。

③ 卡尔·马克思：《政治经济学批判（手稿）》，《马克思恩格斯全集》第 46 卷上册，人民出版社 1985 年版，第 119 页。

工作本身，并自觉而严肃地在工作中发挥自己的精神和肉体力量。在这样的条件下，工作会重新成为吸引人的工作，成为富有创造力的、促进人的自我之整全发展的工作，而不再仅仅以物质财富的无限增加为目标。到那时，生产和财富的基础亦不再主要是劳动者的劳动量，而是科学、技术之极大发展在生产上的应用。因此，人类的工作时间将大大缩短，从而有大量的闲暇时间提供给人们令其在艺术、科学等方面得到发展，而这种"个人的充分发展又作为最大的生产力反作用于劳动生产力"①。

三、神学观点：马克思的价值

站在基督教神学的立场如何看待马克思的上述观点？究竟是像马克思所认为的那样，即基督教作为异化劳动的产物，它的消灭是共产主义的使命，抑或只有通过基督的启示，工作的异化才能被决定性地克服，而对马克思之学说的扬弃反过来应该作为基督教神学的使命？对此问题的回答绝不应该是片面的、简单的：一方面，马克思的政治经济学理论和基督教神学并不是在任何方面都是完全对立的，在很多地方，双方都可以互相助益，甚至达成某种合作；另一方面，建基于启示的神学须坚持自身作为社会科学的后设叙事（metanarrative），拥有对人之诠释的优先性，因而有能力发现并批判马克思学说中存在的问题。在这一前提下，我们先来考察马克思关于工作的论述中值得神学接纳的一些重要价值。

首先，马克思对于资本主义中工作异化问题的诠释，显然并不能穷尽对这一问题的讨论（这一点我们在下文论及韦伯时便能够发现）。然而，他确实通过他的分析，发现了资本主义政治经济学

---

① 卡尔·马克思：《政治经济学批判（手稿）》，《马克思恩格斯全集》第 46 卷下册，第 225 页。

（自由主义经济理论）的偶然性——即它们是具有文化特殊性的、被建构的理论①；以及这一理论的核心前设——即资源的最优配置须通过以牺牲、商品交换及竞争的方式以达致利润的最大化来实现。虽然马克思并未明确指出这一理论的起点是一种特定的关于世界的整体认识，即一种稀缺的形而上学，但他对资本主义的分析及其所设想的共产主义社会的生产方式中，已经包含了对这种形而上学的拒绝。这意味着，虽然马克思将剩余价值称为资本主义的"最大秘密"，但他事实上并未将其对异化的批判建基于劳动价值理论上。换句话说，即便以边际理论替代劳动价值理论作为对资本主义生产的解读，马克思对工作异化的批判仍然是有效的，因为两个理论之间的差别在于对资本主义利润产生方式之诠释的不同，边际理论并未改变资本主义经济学所依据的那些已经为马克思所发现并批判的核心假设。

因此，即使在那些剩余价值理论不能成立的地方——即有公平工资的地方，劳动者与产品、生产资料、资本所有者及其自身之间的疏离仍然存在。就劳动者与产品的关系而言，正如前文中已经分析过的那样，受雇佣的劳动者只是将工作视为满足其他需要的手段，视为与抽象的货币（工资）之交换，而并不关心自己工作的结果如何。因此，即使他通过工作得到了公平的工资，产品对他而言仍然是异己之物——他在得到工资后便与后者无关，亦不关心后者的命运。就劳动者与生产资料的关系而言：一方面，同前者与产品的关系相似，既然工作对劳动者而言只是换取报酬的手段，那么显然他也并不关心生产资料，甚至对其持有敌意；另一方面，分工

---

① John Milbank, *Theology and Social Theory: Beyond Secular Reason*, second edition, Oxford, UK; Malden, MA: Blackwell Pub., 2006, p. 191.

的细化和机器的使用在消解了劳动者之技艺的同时，亦令劳动者成为生产资料的附属品，甚至为后者所控制。就劳动者与资本所有者的关系而言，无论是否有公平工资存在，双方始终是一种自利的经济交换关系。最后，就劳动者同其自身的关系而言，工作在资本主义生产活动中对他而言总是意味着一种牺牲。

其次，马克思赋予人类工作以本体论的意义——即它不仅是手段，其本身亦是目的，是属于作为人的存在的一个重要组成部分——这一点不仅可以和神学达成共识，而且是对传统上基督教神学看待人类工作之方式的一种纠正。正如我们在前文中已经看到的那样，教父时期，神学对工作的理解在相当程度上是基于成圣（sanctification）的教义。教父们肯定工作的重要性，对他们来说勤勉地从事善的工作可以帮助基督徒塑造自身的角色，即作为属灵的、赎罪的实践以压制罪恶的肉体。① 而到了圣托马斯那里，工作就连直接作为成圣之手段的意义都不具备，它只能作为保障沉思生活（*vita contemplativa*）的手段，间接地帮助成圣，甚至在某些时候会成为沉思的阻碍——因为沉思要求人脱离工作。在路德的神学诠释中，工作仍然只是作为一种手段出现的——即便是作为一种指向对邻人之服侍的手段，其自身并不具有内在的价值，亦非人之本质的组成部分。直到加尔文的神学，人的工作才在一定程度上被认为具有内在价值，但是比之其作为服侍邻人、荣耀上帝之手段的意义，工作的这种内在价值很少为加尔文所提及，甚至可以为了后两者而被牺牲。

工作被理解为一种手段而不具有内在价值（即便其中包含道德要求）——这种对工作的神学诠释严重低估了善的工作对于人之生

---

① Miroslav Volf, *Work in the Spirit: Toward a Theology of Work*, New York: Oxford University Press, 1991, pp. 71–73.

命的重要性。它并不将工作与人的自然（即本质，nature）相关联，工作因此而丢失了其在道成肉身中的奥秘，也必然会失去与超自然终局的关联。相反，马克思的工作理论严肃地提醒神学，工作属于人之自然的一部分。对神学而言，这意味着它必然属于因道成肉身将自然超自然化（supernaturalize）而被改变的部分，是最终将以完善的形式出现于上帝国中的部分。因此，神学将工作视为手段，本身即是对一种人之异化的认同。除此之外，这种认同更导致了神学对工作中其他一些异化现象——如剥削、宰制、去人性化等——的漠然。在实践中，马克思与恩格斯的《共产党宣言》在 1848 年出版，但直到 1891 年关于社会问题的第一份教宗通谕（*Rerum Novarum*）才发表，而许多新教教会甚至更晚才开始面对资本主义中工作异化的问题。正因如此，孔汉思（Hans Küng）才严肃地要求神学直面它曾忽略工人受剥削的状况这一历史错误——即使这种疏忽与错误是作为基督教的反常情况，属于其"功能障碍"。①

再次，尽管马克思自己不会这样认为，但事实上他在批判工作异化中的"商品拜物教"时，却无意中为基督教神学提供了一种可供采纳的对消费主义意识形态的"神学性"批判，而这一批判又和对资本主义经济中工作异化的批判紧密关联。当然，在马克思本人那里，对商品拜物教的批判实际上指向的是对基督教的批判。因此，神学在采纳马克思的这一批判之前，必须如孔汉思所作的那样，承认自身曾经对人类工作所持的错误观点，以及对工作领域中异化现象的忽视，而这恰恰是基督教为马克思所误解，并将其与商品拜物教关联起来的原因之一。事实上，当基督教神学在二十世纪

① 孔汉思（Hans Küng）：《上帝存在吗？》（卷上），孙向晨译，道风书社（香港）2003 年版，第 399 页。

重新整合了自然与恩典，肯定了对现实社会的转化对终末的重要意义，从而使公共神学和社会伦理重新成为自身不可或缺的组成部分后，它已经能够证明自身有能力应对并克服马克思的批判。然而，神学却不应仅满足于此，因为它完全有能力使马克思对"商品拜物教"的批判再次成为有效的——不再是令基督教自身成为被其批判的对象，而是相反，即令其成为基督教神学探寻一种恰当的人类工作、批判异化的人类工作之盟友。因此，神学在此对马克思之观点的应用，并非仅仅停留于其本人的原意，而是以神学自身的叙事理解并扬弃它。

那么关于"商品拜物教"，何为马克思本人的观点呢？在前文中我们已经提及，马克思认为基督教的异化是资本主义生产之异化的反映。资本主义经济令劳动产品成为商品，后者通过以货币为中介结成的价值关系掩盖了其背后的社会关系。这样，商品对劳动者而言成了异己之物，其性质是一种抽象而独立的、可交换的、神秘提升了价值的、可感觉而又超感觉的物神。[①] 而马克思认为，基督教这一崇拜（从人的本质中抽象出的）上帝的宗教对资本主义而言是最恰当的宗教形式。这样，对他而言对宗教的批判根本上就等同于对资本主义的批判，因为在他眼里基督教的上帝就是资本主义之商品的化身，对上帝的崇拜来自对商品的崇拜。正如我已经提到的，当神学严肃对待自身的反常与错误并对其进行纠正后，它完全有能力将耶稣基督的上帝与商品区别开来，并以此回应马克思的批判。然而恰恰在这时，它更应注意到马克思所发现的那个虚假的"上帝"，因为十诫明确地告诉人们："除了我以外，你不可有别的

---

① 参见卡尔·马克思：《资本论》（一），《马克思恩格斯全集》，第 23 卷，第 87—101 页。

神。不可为自己雕刻偶像……不可跪拜那些偶像，也不可侍奉它……"（出埃及记20：3—5）正是在此，马克思在无意之间和神学显示出了惊人的一致——他意识到资本主义竖立了一尊假神供人们膜拜，在他的词典里其被称之为"意识形态"，而使用神学的语言即"拜偶像"。马克思批判的对象——"虚假宗教"正是根源于"真实的资本主义"，后者是产生这种意识形态的根源，因而它同样也被要求成为神学的批判对象。

对商品物神的崇拜其直接后果是消费主义和物欲症。在这种意识形态之下，人们用"商品—消费"建构意义世界的逻辑，以所谓的"幸福"作为实存和道德的基础。然而这种"幸福"并不基于任何真、善、美的目标（telos），"幸福"的多少取决于效用（utility）被满足的程度。当我们进一步揭开效用的面纱，却发现隐藏在它背后的事实只是欲望本身，因而商品作为资本主义的"上帝"所建构的整个意义体系都与欲望的满足相关。在这里，资本主义最大的秘密被揭示，即它的运行方式就是将欲望神秘化、形而上学化，令其披上诸如"幸福"、"品味"等具有形而上意涵的外衣，这也正是商品拜物教的存在机制。这种对欲望的形而上学化导致了两个严重的后果：一是其掩盖了欲望的真实面目，使得欲望看上去与某种关于"幸福"的目标相连，然而后者事实上仍然不是目的论的，因为欲望本身并不指向任何目的；二是欲望是无法被满足的，因而"幸福"永远无法最终到来，人则成为欲望的奴隶。因此，资本主义商品拜物教的"上帝"是一个欲望的"上帝"，而非真、善、美的源头和施与爱的上帝；人们向后者祷告、认罪以获得最终的救赎，而在前者面前，人们用金钱获得欲望的满足从而最终走向虚无。

正因如此，神学必须通过批判资本主义商品拜物教来完成对马克思的扬弃，但正如后者所揭示的那样，商品成为"上帝"的根源在于人之异化的工作，因而从某种程度上说，神学最终必须通过对工作异化的批判来铲除消费主义社会的偶像崇拜。与此同时，我们必须注意到一个事实，即工作的异化与消费主义的关系并非仅仅是单向的，即前者引致了后者。相反，当今全球资本主义世界中的工作异化，在相当程度上是为一种消费主义意识形态所加强的。在马克思所处的早期资本主义社会中，消费主义意识形态尚未如今天这样具有支配性，因此他更多关注的是生产过程，却未来得及注意到消费环节对工作异化的影响，这在很大程度上并非他的责任。然而对当代的工作神学来说，这一点却不能被忽视（有关这一问题，下文会有详细的讨论）。

总之，马克思对人类工作中诸异化现象的批判在相当程度上是准确的，且他的这一批判建立在其对资本主义生产方式之基本特征的有力揭示基础上。就此而言，马克思的政治经济学对现代工作神学的讨论来说颇有助益。在此，马克思的学说与神学的目标是一致的，即最终达致对资本主义社会中工作异化的克服。然而由于二者对人、世界、历史及其相互关系等问题的基本看法存在着显著分歧，对这种异化产生的根源以及克服异化的方法亦持有不同的观点。正是在这些地方，神学对马克思的批判成为了一种必要。

四、对马克思之批判的神学批判

马克思与神学都同意工作对人有着本体论的意义，但如何理解这一点，双方却有着相当大的差异。正如我们在前文中看到的那样，对马克思来说，工作对建构持续发展的人的本质而言是决定性的。这样一种对人之本质的理解显然源自其历史唯物主义的世界观——它将人视为工作的产品，因而只有在延绵不绝的物质生产活动中，人们才得以定位自身的人性。因此，当人的工作即人的本质反而成为手段时，便产生了最根本的异化，由此引致了其他一切异化的发生。对马克思而言，工作的异化并没有更为深层的根源，相反，它是其他一切异化的根源。

而对基督教神学而言，人作为 *homo artifex* 或 *homo creator* 同人作为理性的存在或自由意志的存在一样，只是人之本质的一个维度，但却并非最根本的部分。在神学的叙事中，对人之本质的理解首先意味着人是作为上帝的造物存在的，人们在其中认出自身与世界的存在是作为上帝赠予的礼物。① 这意味着人定位自身不是通过物质生产活动，而是通过作为上帝的造物这一人与上帝之间的基本关系。在这一基本关系中，人找到了自身存在的本质，也发现了异化的最根本含义——与上帝的疏离。同样重要的是，人们通过耶稣的道成肉身和被钉十字架，认出了自身是作为不接受上帝的赠予而是将自己认作世界之主的有罪的存在，以及由自爱、自治所导致的对他人、对自然的宰制与暴力；而通过耶稣的复活，人们却又得以肯定罪的结构已经决定性地为基督所克服、战胜，但完善的生命与世界只有在终末超越的上帝国中才能最终出现，并因此作为一个具有希望之美德的人，和平地生活于这个暴力的世界、期盼上帝国的最终来临。基于这种对人之本质的理解，一切具体的异化都是人与上帝疏离的结果或表现，对上帝的拒绝才是人对自身、对他人以及对自然之拒绝的根源所在。具体到人的工作而言，对商品的崇拜、将工作仅仅当作手段、资本所有者对工人的剥削、控制和去人性化、工人之间的竞争关系等，都是人与上帝之疏离的具体表现。

马克思与基督教神学之间基本的世界观之不同，以及由此产生

---

① Stanley Hauerwas, *The Peaceable Kingdom: A Primer in Christian Ethics*, Notre Dame, Ind.; London: University of Notre Dame Press, 1983, pp. 24-34.

的双方对异化之根源的理解的不同，其必然结果便是在如何克服异化的问题上，双方的观点同样大相径庭。我们已经看到，马克思用以克服工作异化的方法是建立共产主义社会。在他的描述中，共产主义社会确实无比美好——其中工作的异化被完全克服，而其他一切异化也因此而随之消失。然而，恰恰是在对这一美好蓝图的描绘中，马克思大大背离了他用以分析资本主义社会的那种实证的、经验的方法，转而更多地依赖一种主观的想象；其对共产主义社会的政治、经济组织形式，以及如何最终实现的论述亦显得简单和粗糙。这种对理想社会之构想的乌托邦色彩即使在《资本论》中也时常有所体现，更遑论那本作为"终末论福音"的《共产党宣言》——卡尔·洛维特（Karl Löwith）将其评价为"一个先知主义的档案、一项判决、一种对行动的呼吁，而绝不是一种纯粹科学的、建立在经验事实之上的分析"[1]。

需要强调的是，以神学为基础在这里所反对与批判的，并非马克思的论述中非异化的人类工作所具有的那些特征，如关注工作本身，令其成为富有创造力、吸引人、促进人的自我之整全发展的活动，有大量的闲暇等，而是如何达至这种非异化工作的方式，包括这种工作所依存的经济、政治形态甚至宗教观念，以及实现这些所通过的手段。正是在这几方面，基督教神学均与马克思的主张拉开了距离。而神学之所以采取这一姿态，其根源就在于马克思之世界观对上帝的拒绝，及以这种拒绝为基础的对人与历史的认识。正如沃弗所言，不理解人与上帝之疏离这一根源，就不可能真正地克服工作异化。[2] 而作者在此想要补充的是，不理解人与上帝的疏离，

---

[1] 卡尔·洛维特（Karl Löwith）：《世界历史与救赎历史》，李秋零、田薇译，汉语基督教文化研究所1997年版，第54页。

[2] Miroslav Volf, *Work in the Spirit*, p. 163.

不但无法真正克服工作的异化，更会在试图克服的过程中产生新的异化。这一事实反映在马克思的理论中，即是他的无神论世界观所导致的各种异化。

在马克思眼中，人自身即是世界的主人。而在神学看来，当人失去了与救赎史的关联，他便无法确认自身及世界的处境与状况，即自己身处"已经—尚未"（already but not yet）的辩证之中这一事实。因此，马克思对人与世界的看法同时是极端的乐观主义与极端的悲观主义。前者反映在他对共产主义社会中的人之设想——即具有高度的集体主义精神、完全克服了私欲、高度自觉地为他人贡献生命的人。在这一设想中，他完全无视罪在人性中的普遍存在，无视人离开恩典便根本无法道德地生活这一事实。然而悖论的是，马克思却将这种理想社会的达成建基于一种对历史进程的悲观主义，即共产主义社会的出现最终依赖其之前的阶级斗争的历史，而这一阶级斗争史的不同阶段又反映了不同生产力基础上的生产关系的变化。当然，马克思承认这一历史的不公与可悲，但就其中阶级对立发展为资产阶级和无产阶级的最终争执、直至最后消灭了阶级而言，它又是一个合理且必需的历史过程，其本身并没有一种替代性的选择。他所继承的黑格尔的辩证法，使他可以坦然地面对历史进程中对立面的斗争、冲突—和解的过程，面对其中的否定性因素，而最终的共产主义社会则是以牺牲多数人的长期利益来成就少数人的短期利益①，并在这样做的同时以一种默茨眼中的"称义机械论"为这一目标的达成过程中的负面因素开脱。② 对此，洛维特的评价显然是合理的，即"马克思远远没有对无产阶级的个别命

---

① John Milbank, *Theology and Social Theory: Beyond Secular Reason*, p. 196.

② 参见默茨：《历史与社会中的信仰》，第 161—166 页。

运寄予过分人道的同情，而是把无产阶级看作是通过一场世界革命实现全部历史的末世论目标的世界历史工具"①。正因如此，马克思毫不犹豫地肯定阶级斗争的合理性，肯定"用暴力消灭资本……是忠告资本退位并让位于更高级的社会生产状态的最令人信服的形式"②，事实上这亦是他可以想象的唯一的方式。

这种对人性的乐观主义和对历史的悲观主义相加，其结果是马克思所构想的共产主义社会在神学看来成了一种不折不扣的意识形态。他一方面反对资本主义生产将人工具化，另一方面又令除了最终取得共产主义胜利的无产阶级之前的一切人成为历史进程的工具；他一方面对共产主义社会中的人性与道德持全面肯定的态度，另一方面又给和无产阶级一样作为人的资产阶级贴上了道德上无可救药的标签，似乎建立美好社会的唯一可能只有消灭他们，而那些以暴力消灭他人的人却可以在转瞬间就成为一个道德无瑕的社会之组成者；他所建构的这种内在于历史的、世俗的"上帝国"图景内含着进化论的暴力逻辑，其中一切失败者、受难者、牺牲者都在历史中被遗弃，而只剩下成功者、发迹者、战胜者和幸存者，而一切苦难的责任都被毫不犹豫地加给那些已经不在场的、失败了的历史主体的敌人（如被消灭的资产阶级）。与此相反，基督教神学坚持真正的上帝国之超越性的维度，坚持基督教的希望同时承担了对一切政治制度和意识形态的批判，而基督受难的十字架则是这种批判性原则的集中表达。因此，神学坚决反对一种对人性的庸俗的乐观主义，而承认罪的现实性；同时，它坚持认为以异化（暴力）的形式来达成一种非异化的工作，即以与目标相悖的手段来达成目

---

① 卡尔·洛维特（Karl Löwith）：《世界历史与救赎历史》，第 47 页。
② 卡尔·马克思（Karl Marx）：《政治经济学批判（手稿）》，《马克思恩格斯全集》第 46 卷下册，第 268—269 页。

标，是根本不可能的，它严重违背了基督所启示给人们的爱与谅解的原则，其结果只能是离目标越来越远。

如果我们暂时忽略马克思所设想的达至共产主义社会的途径或方式，仅仅观察这一社会本身，是否就可以说其为一种非异化的人类工作创造了充分条件呢？这里的关键问题仍是神学所提出的，即无论是历史的哪个阶段，人与上帝的关系都是衡量其他一切具体方面的基础。以马克思眼中的共产主义社会为例，作为一个宗教已经被消灭的社会，其中根本没有为人与上帝的关系留有任何余地。在这种世界观下，人必然仍将自身视为世界的主人，因而在任何时候自爱与自治、依靠自身控制性与强迫性的力量保证自己都必然是人的第一选择。不经由超越的维度，我们很难从自我中心转向他者中心。正因如此，马克思所设想的共同生产、共同消费虽具有形式上的正确性，但却缺乏一种对自我、他人及世界的基本认识，以能够为这种形式的人类工作提供价值基础。在这种情况下，其如何实现事实上是大大成疑的。

由于隔断了人与上帝的关联，马克思在反对自由资本主义的个人主义之同时，却看不到人因作为上帝的肖像而具有的位格性（personal）尊严。这一尊严之最重要的含义，即人可以作为思考与选择的主体而存在——这亦即是人之自由的核心表达，其中包括了人作为创造的主体、作为与上帝合作的共同创造者（co-creator）之形象，以及人所具有的创造之主动性与创造之能力。这种创造性当然也包括经济方面的创造性，这也就意味着，人的自由当然也包括在经济领域里运用自身的自由开发世界、满足自己。[1] 然而，在

---

① 参见若望·保禄二世：《〈百年〉通谕》，周子坚译，"示"编辑委员会 1991 年版，#13，#29，#31，#37，#43。

所谓的共产主义社会里，经济领域中的人格事实上仅仅是一种集体人格，个人只是作为整个经济结构中的一个分子或一个零件而存在的，在相当程度上被取消了其作为经济主体的自由。马克思的共产主义社会建基于对生产资料的共同所有，即消灭私有制。[①] 尽管他在《共产党宣言》中宣称消灭私有制并非是"要消灭个人挣得的、自己劳动得来的财产，要消灭构成个人的一切自由、活动力和独立的基础的财产、用自己的劳动获得的财产，消灭那种构成一切个人自由、活动和独立的基础的财产"[②]，但就其消灭私有制的目的实际上仍是消除任何私人开展生产的可能性这一点而言，人们在经济领域的创造性自由确确实实是被剥夺了。马克思所设想的共同生产要求取消市场而采取一种计划经济，在其中人们无法选择生产什么，这既意味着其工作之中的创造性无从发挥，也意味着工作事实上无法满足人们不断发展的需要。已故罗马教宗若望·保禄二世认为，作为这一社会构想之出发点的人类学，"视个别的人为社会有机体内的一项元素、一颗分子；故此，个人的利益完全从属于社会经济架构的运作……个人利益之实现，与其自由抉择及其面对善恶时所运用的独特责任感毫无关系"[③]。因此，所谓共产主义社会中富有创造力的、促进人的自我之整全发展的工作，仍旧是一种不具备现实基础的想象。

最后，马克思的政治经济学对工作异化的分析，太过集中于生产领域，而在相当程度上忽略了市场对这一异化所起的推动力量。正如我在前言中已经讨论的，支撑现代资本主义经济结构的，一方

---

① 参见卡尔·马克思：《政治经济学批判（手稿）》，《马克思恩格斯全集》，第46卷（上册），第105页。

② 《共产党宣言》，《马克思恩格斯文集》第2卷，人民出版社2009年版，第45页。

③ 若望·保禄二世：《〈百年〉通谕》，#13。

面是商品的生产，另一方面则是商品的消费，而后者则属于市场这一领域。马克思对劳动价值理论的过分依赖，令其看不到利润不仅通过生产而发生亦在相当程度上产生于市场这一事实。现代资本主义通过令商品成为其所指（signified）可以无限延异（*différer*）的象征符号而创造出与"剩余价值"相对的、古斯（Jean-Joseph Goux）眼中的"剩余意义"（surplus value）①，并依靠出售这种意义而在市场上获取利润。而这种象征符号所对应的，正是前文中论述过的作为商品的"上帝"。另一方面，在马克思的设想中，资本主义社会中先进的生产力与购买力不足之间的矛盾必然带来资本主义的失败，但事实上并非如此。正如密尔班克所言，资本主义内部虽然存在着这种张力，但资本主义自身所具有的自我纠正机制使得其具有无限的适应与调整的可能。② 而这意味着从长期来看，资本主义能够将消费水平维持在足够支撑其自身运转的水平上，这必然同时要求一种意识形态力量的协助——它便是消费主义及其所创造的商品拜物教。对人的工作而言，这种消费主义意识形态必然进一步加剧他的生产活动与消费活动的分离，工作愈发成为一种仅仅为了换取薪酬、以能够支撑其在市场上消费的牺牲过程，从而也就进一步加剧了工作的异化；而这种分离的加剧反过来更加固化了生产与消费二者之间相互支撑的结构，亦同时更加固化了工作的异化。这一事实告诉我们，对现代社会中工作异化的批判必须着眼于整个资本主义结构，必须将市场及在其中主宰的消费主义意识形态也纳入批判的范围内，并不存在仅仅通过改变生产方式来消除异化的可能。在这一点上，马克思对资本主义的批判显然尚显狭窄。

---

① John Milbank, *Theology and Social Theory: Beyond Secular Reason*, p. 193.

② Ibid, p. 194.

第二节 马克斯·韦伯与理性化的工作

较之马克思，韦伯的社会学进路更符合我们今天对"社会科学"的要求。他并未像马克思一样，以一套整体性的、关于历史发展的普遍规律作为诠释现代社会的框架，亦未如后者一般以一种明确的价值取向为基础，提出改变现代社会的整体规划。对于韦伯来说，社会学最重要的工作不是建构一套关于历史的宏大叙事以及着眼于未来，而是在经验上认出每种发展的个别性，并确定差异产生的原因所在。换句话说，如果马克思关注的是历史的整体与未来，那么韦伯则更偏向于探讨已成事实的历史中的个别的发展。这种与马克思在方法论上的差异，使得韦伯并未沿着马克思的进路，提出一种关于人类工作的普遍、客观意义；相反，他所关心的是已经成为一种特殊历史现实的现代资本主义（及其中的人类工作）之独特性、造成这一独特性的根源以及它所带来的特定的经济、政治及文化结果。更确切地说，韦伯更关心的是现代西方世界中工作之"主观意义"（subjective meaning）的丧失。

一、理性化与官僚化中的现代工作

理性化（rationalization）在韦伯的整个社会学体系中是最为核心的概念，他正是以这一概念为基础，展开对整个现代西方社会的讨论。尽管如此，韦伯并没有一种关于理性（rationality）的一般概念。相反，对他而言，理性是一个历史的概念。换句话说，在韦伯看来，在不同时间、不同文化、不同领域及不同群体中，理性所依据的终极价值和目标可能都是不同的。① 因此，现代西方社会的理性化在韦伯看来是一个独特的现象，具有其自身的显著特征，它可以被概括地定义为"在对人际关系、人与其工具及环境的关系之精确研究的基础上，通过活动的划分及协调来组织生活，以达致更高的效率与生产力"②，而它的目的则是尽可能地实现行为的精确化以及增加对外在世界的控制。

需要注意的是，在韦伯那里，现代西方的理性化并不能被等同于现代理性资本主义或经济领域的理性化，因为他所表述的理性化是一种全面的理性化，它出现在、并主宰着现代西方社会的各个领域——不仅是经济领域，还包括政治、科技、法律、军事甚至艺术等其他重要的社会生活领域。可另一方面，对经济领域之理性化的分析却在韦伯的社会学中占据核心的地位，因为正是在现代理性资本主义中，理性化得到了最充分和最直接的表达。正因如此，韦伯才将现代资本主义称之为"我们现代生活中最具决定性的力量"③。反过来说，在韦伯看来，现代资本主义的核心特征是理性化，而不是马克思所认为的无产阶级与资产阶级的对立。④

以理性化为其基本特征的现代资本主义具体意味着什么呢？在韦伯的分析中，资本主义本身并不是一个独特的现代或西方的现

---

① Max Weber, "Author's Introduction", in *The Protestant Ethic and the Spirit of Capitalism*, trans. Talcott Parsons, London: Unwin Hyman, 1989, printing, c1930, p. 26.

② Julien Freund, *The Sociology of Max Weber*, trans. Mary Ilford, New York: Vintage Books, 1969, p. 18.

③ Max Weber, *The Protestant Ethic and the Spirit of Capitalism*, 3rd edn., trans. Stephen Kalberg, Los Angeles: Roxbury Publishing, 2002, pp. 149–60, in *Max Weber: Readings and Commentary on Modernity*, ed. Stephen Kalberg, Malden, MA: Blackwell Pub., 2005, p. 55.

④ 参见安东尼·吉登斯（Anthony Giddens）：《资本主义与现代社会理论：马克思、涂尔干、韦伯》，简惠美译，远流出版事业股份有限公司 1996 年版，第 387 页。

象。在现代资本主义于西方产生之前，以通过交换获取利润为目标的资本主义经济早已存在。然而对韦伯而言，最重要的事实在于，即便"……资本主义及资本主义企业……已经存在于世界一切文明国家中……但西方却发展出了无论在数量上，还是（随着这一数量上的发展）在类型、形式、方向上都从未在其他地方出现过的资本主义"①。因此，如果将现代资本主义与其他类型的资本主义区别开来的不是它们的目标，那么这一区别必然在于它们达至这一目标之方式的不同。在韦伯看来，这一不同集中体现在现代资本主义以前所未有的程度，用理性计算的方式持续不断地追求利润。更具体地说，"理性资本主义企业是一种伴随着资本核算的企业，即以依据现代簿记和收支结算而计算的方式，决定其收益—产出力量的企业"②。因此，当韦伯论及现代资本主义之理性化所依据的理性时，他事实上所指的是一种"形式理性"（formal rationality），即包含于经济活动中的数量计算或核算的程度③，而尽可能以最小的成本实现利润最大化则是这一理性在经济领域所指向的唯一目标。因此，现代资本主义企业从根本上说，是一种指向最大生产效率的生产的理性再组织。④

与此同时，这种建基于形式理性的现代资本主义需要一系列相关的制度条件，作为其自身运转的保障。这些制度条件包括：（1）市场的自由；（2）经营的自由；（3）自由的劳动力；（4）合同的

---

① Max Weber, *The Protestant Ethic and the Spirit of Capitalism*, pp. 19–20.
② Max Weber, *General Economic History*, trans. Frank H. Knight, London: George Allen & Unwin, 1923, p. 207.
③ Derek Sayer, *Capitalism and Modernity: An Excursus on Marx and Weber*, London; New York: Routledge, 1991, p. 96.
④ 参见［英］安东尼·吉登斯（Anthony Giddens）：《资本主义与现代社会理论：马克思，涂尔干，韦伯》，第216页。

自由；（5）理性的科技；（6）理性的管理和法律；（7）企业和家庭的分离；（8）货币体系的理性秩序。① 而所有这些之所以能够成为现代资本主义之必要的制度条件，最重要的原因在于这些秩序本身即是以形式理性为基础运作的，所有这些秩序都保障了整个现代资本主义经济能够通过核算以实现利润最大化的目标。因此，当我们谈及现代资本主义之理性化的时候，我们所指的事实上是整个经济体系的各组成部分之整体的理性化，是一个"特殊的经济理性主义的制度网络"②。

整个现代资本主义体系的理性化，自然意味着在其中活动的主体——人，工作的人，也必然要遵从这一形式理性作为其从事经济活动的最高准则。一方面，工作的人主动地依据形式理性的计算原则争取自身利益（以金钱作为衡量标准）的最大化——尽管这种"主动性"仍然是相对的，因为不这样做他便面临着被市场淘汰的危险；另一方面，他们亦必须在多数时间为了经济机构实现利润最大化的目标而被动地依据形式理性而行动。这样一来，现代世界中人的工作其根本特征与原则便是这种理性化，而通过计算来保障个人与企业的利益最大化则成了现代世界中工作的核心目标。

然而，为了能够使个人在现代资本主义制度中顺利地践行这种形式理性，便需要有一种同样依据形式理性搭建的组织结构用来将个体置于体系中恰当的位置、规划个体在经济体系中的行为，以达至用计算的方式实现生产力和效率最大化的目标，这便是韦伯所说的官僚体系（bureaucracy）或曰官僚化（bureaucratization）。官僚

① Kit-Man Li, *Western Civilization and its Problems: A Dialogue between Weber, Elias and Habermas*, Aldershot; Brookfield USA: Ashgate, 1999, pp. 24–25.

② Kit-Man Li, *Western Civilization and its Problems: A Dialogue between Weber, Elias and Habermas*, p. 25.

制是形式理性在现代社会制度领域的最核心表达，亦是韦伯眼中现代人所无法逃离的"铁笼"（iron cage）。在韦伯的政治学中，它同时存在于现代社会的政治领域和经济领域。

在韦伯对现代资本主义之官僚化的论述中，纪律（discipline）是这一制度的核心特征。在他看来，官僚体系是"通常由规则，即法律或管理规章来控制"的领域，而这些规则或法律则是为了规划个体的实践而设立的。① 韦伯将纪律的内涵概括为："对标准秩序之一贯理性化的、有系统的、精确的执行，在其中一切个人的批评被无条件地搁置，而参与者之始终的、唯一的职责便是服从命令"②，而事实上，这便是韦伯眼中官僚体系的本质所在。为了实现在这一本质的表述中所包含的目标，官僚体系必须依赖以下几个条件：一是对一套法律原则或一套抽象的法律规则体系之合法性的接纳，二是职责之间等级制的工作分工，三是用书面方式明确的职责，四是以强制的方式达致服从，五是要求公共生活与私人生活的完全分离。这样一套以纪律为核心的官僚体系，是为了在经济领域内达致一种客观的、非个人的秩序。这一非个人的秩序在韦伯看来是一种最有效的组织形式，它准确、可靠、稳定，因此亦是一种最理性的对人实践权力的方式。而之所以要达到这一完全的去个人化，其根源仍在于资本主义所遵循的以不断获取利润为目标的、计算的形式理性。只有完全的去个人化和严格的纪律，才能够保证人之行为在经济领域中的可预测性，从而使利润的可计算性成为可能，最终实现利润最大化这一形式目标。

---

① Max Weber, *From Max Weber: Essays in Sociology*, ed. H. Gerth and C. Wright Mills, London, Routledge, 1970, pp. 196–197.

② Max Weber, *Economy and Society: An Outline of Interpretive Sociology*, ed. Guenther Roth and Claus Wittich, trans. H. H. Gerth and C. Wright Mills, revised by Guenther Roth and Claus Wittich, Berkeley: University of California Press, 1978, p. 1149.

在现代资本主义经济中，这一官僚体系所规划的个体实践，事实上就是工作的实践，纪律实际上便是工作场所中的纪律，非个人的秩序归根结底是一种去人性化的工作秩序，而人在经济领域中行为的可预测性，亦不外乎指向了工作实践的可预测性。正因如此，韦伯所论及的经济领域中的官僚体系，实际上就是一种关于人类工作的官僚化。在这一体系内，人们需要在工作之中将自身置于一种精确计算的框架内，严格遵守既定的程序和纪律，而不是实践其自治的理性。正如韦伯所形容的那样："在恰当的计算方法的协助下，个别工作者的最优收益率像任何物质生产的手段一样被计算。"① 换句话说，在官僚体系中，为了达致可预测性基础上的利润最大化，工作的人在某种程度上被化约成了生产工具。

二、韦伯对理性化与官僚化的批判

表面上看，韦伯对理性化与官僚化的态度是一个非常难以确定的事实。有些学者在探讨韦伯的社会学时，试图强调他面对现代性时所持的一种矛盾态度——既悲观又欢迎②；亦有些人尝试将韦伯放在一个中立的位置上，认为其既非资本主义的批判者，亦非护教者，而只是表达出他对现代西方社会的一种担忧。③ 当然，韦伯自身的作品确实透露给读者这样一种信息，即他既肯定理性化，同时又对其持一种批判的态度。然而，我们却不能因此便下结论说，韦伯所持的是一种矛盾的心态，或者他宁愿采取一种中立的态度。事

① Max Weber, *Economy and Society: An Outline of Interpretive Sociology*, ed. Guenther Roth and Claus Wittich, trans. H. H. Gerth and C. Wright Mills, revised by Guenther Roth and Claus Wittich, 1156.

② Stephen Kalberg, "Introduction", in *Max Weber: Readings and Commentary on Modernity*, ed. Stephen Kalberg, Malden, MA: Blackwell Pub., 2005, p. 3.

③ Lawrence A. Scaff, *Fleeing the Iron Cage: Culture, Politics, and Modernity in the Thought of Max Weber*, Berkeley; London: University of California Press, 1989, p. 65.

实上，韦伯的态度非常明确，这一点体现在他对理性化本身所持的虽不是完全积极的看法，但却是一种基本上接受的态度；与此同时，他对理性化在现代西方世界实际扮演的角色、所起到的作用却明确地进行了批判。因此，韦伯并非同时对理性化既悲观又欢迎。毋宁说，他对理性化本身是欢迎的，但对于这一理性化在现代西方所起的作用却是悲观的；同样，韦伯也并非一个中立者，他是理性化自身的护教者，但却是理性化在西方之现状的批判者。

要理解韦伯对理性化本身的接纳，我们需要从他的社会学方法论入手去寻找原因，具体来说，这关系到韦伯如何看待社会科学的实证主义进路。根据吉登斯（Anthony Giddens）的总结，由孔德（Auguste Comte）和斯宾塞（Herbert Spencer）所主张的这一社会学的实证主义包含了三个主要特征：（1）科学研究的方法论程序可以被直接应用于社会学。这一观点所包含的假设是，研究者可以是社会现实的中立的观察者。（2）这种研究的成果可被以普遍规律式陈述的方式表达。(3)以这种方式产生的社会学知识是"中立的"、无关价值的。① 对实证主义的这三个特征，韦伯并未完全拒绝，亦未完全接纳：从他的社会学指向发现社会行为之"主观意义"（subjective meaning）这一目标来看，他明确地拒绝了其中的第二条假设以及第一条假设的前半部分——他对新教伦理与资本主义之关系的解读即是这一拒绝的直接证据。另一方面，韦伯对事实判断和价值判断的区分，却意味着他实际上接受了实证主义的第三条假设，即一种事实—价值的分离（fact-value distinction）。这意味着，社会科学对公共领域中的事物和现象的描述是一种必须被接受的客观事实，它本身并不包含任何价值及目标，因而是一种价值中

---

① Anthony Giddens, *Positivism and Sociology*, London: Heinemann, 1974.

立的考量，是在试图实现某种由价值引导的目标时作为手段出现的。

在韦伯看来，资本主义的理性与官僚体系以及与此相关的自由主义经济学理论便是这样一种不包含价值的事实。因此，毫不奇怪，就它们仅仅是作为手段而言，二者在韦伯的眼中并不具有任何内在的价值。然而另一方面，二者恰恰是在作为手段这个意义上得到了韦伯的认可。具体地说，他肯定理性与官僚化作为手段时在效率上的价值，正是形式理性的可计算性和可预测性所带来的。因此，作为事实及手段的理性化对韦伯而言是现代西方世界的特殊成就①，他对此所持的是一种肯定和接纳的态度。然而，对一种手段的认可，必然需要和某种目标相关联。如果没有目标的话，手段便会失去其作为手段的意义；更有甚者，手段还可能将自身变成目标。而这时，则意味着手段扮演了一个错误的角色，它并非作为其应该作为的角色存在，而是在身份上发生了僭越。在这种情况下，手段的存在便成为了问题。韦伯对现代西方理性化的批判，事实上所指向的便是本应作为手段与特定的目标相关联的理性化在其角色上所发生的这种异化。

具体来说，这种异化是如何发生的呢？在韦伯对现代西方社会的诠释中，与理性化同时发生的是世俗化——即除魅（disenchantment）的过程。在这一过程中，理性的科技和知识的发展逐渐将社会公共领域从宗教及传统的诠释中解放出来，而同时被抛弃的还包括宗教及传统所给予人们的客观意义、价值与目标。以韦伯对新教伦理的诠释为例：在加尔文宗基督徒那里，其经济实践的手段是理性化的资本主义生产方式，而这一手段是与满足上帝的呼召及获得

---

① Karl Löwith, *Max Weber and Karl Marx*, edited with an introduction by Tom Bottomore and William Outhwaite, trans. Hans Fantel, London: George Allen & Unwin, 1982, p. 71.

自身为上帝所拣选的证据这两个目标紧密关联的；然而随着理性化、世俗化的逐渐深入，作为手段的理性却失去了其与宗教所赋予其的目标的关联，正如韦伯所形容的那样："现代经济人心中的宗教之根死了；今天呼召的观念是一个世界之中的遗骸。"① 当所有宗教与传统所赋予人们的价值与目标都随着除魅的进程而被清除出公共领域时，人们却发现自己已经找不到代替品，于是，在加尔文宗基督徒那里曾经只是作为手段存在的形式理性，便在现代西方世界中使自身成为了目标。

在韦伯看来，这种手段与目标的颠倒，意味着理性化的过程本身出现了一种非理性，而这时的理性化就应成为批判的对象。以经济领域为例，理性化所带来的效用最大化本身只是一种手段，它应与特定的价值和目标相关联。但在现代资本主义世界中，人们的实践却普遍地指向了为了获利而获利，理性化地制造利润本身成了唯一的目的，这便是理性化过程之非理性的具体表现。在这里我们必须明白，对韦伯而言，这种手段与目标的颠倒之所以是非理性的，是和韦伯所依据的后设叙事对人的看法紧密关联的——作为一个新康德主义者，他极为重视人的自由以及其作为一个自治的人的责任。与此同时，在韦伯看来，理性化带来的可预测性与人的自由并不是相冲突的，相反，前者还是人之自由行动的条件。② 然而，这种理性与自由的关联必须和其作为手段与特定目标之间的关联共存。换句话说，只有当理性是为了追求某种终极价值所定义的目的而作为手段被使用时，它和自由才不相冲突。相反，当理性失去了其与目标的关联手段自身成为目的时，理性化便转而成为一种外在

---

① Max Weber, *General Economic History*, p. 270.

② Max Weber, *Roscher and Knies: The Logical Problems of Historical Economics*, trans. Guy Oakes, New York: Free Press, 1975, p. 191 ff.

的强制性力量，其结果反而是人之自由的减少。

因此，在终极价值和目标随着理性化和世俗化的进程已经日渐消失的现代资本主义社会中，理性化所最终带给人们的是对自由的压制。对这一社会中人们的工作而言，这意味着工作中的主体受到形式理性的宰制与支配，反而成为了工作的客体，其自由与责任在这一过程中被压制甚至取消，工作随之成了一个异己的、与人自身疏离的活动。这显然和马克思对现代工作的解读——即人不再是生产的目的，而是生产表现为人的目的，而财富则表现为生产的目的——如出一辙。从这个角度说，韦伯和马克思对现代工作异化现象的体认是一致的，只不过二者在对这一现象之根源的解读上采取了不同的方向——马克思以阶级关系诠释这种异化，而韦伯则认为理性化的僭越才是这一异化产生的根本原因。

同样，韦伯对官僚体系的批判也是出于相同的原因。对他而言，作为手段而与特定目标相关联的官僚体系是应该受到肯定的，因为它所带来的效率能够帮助人们更好地达致目标。然而，在目标与价值消失的地方，仅仅作为一种事实存在的官僚体系便成为了一种纯粹的宰制性结构、一个现代人所无法逃离的"铁笼"。在这里，韦伯将尼采（Friedrich Wilhelm Nietzsche）关于权力意志的观念社会学化，他所关注的是在失去与目标及价值之关联的前提下，一种以纪律为核心的机制是如何成为一个宰制体系（system of domination）的。① 在韦伯的社会学中，目标和价值是个人自治理性的

---

① Graham Sewell and James Barker, "Max Weber and the Irony of Bureaucracy", in *Social Theory at Work*, ed.Marek Korczynski, Randy Hodson and Paul K.Edwards, Oxford; New York: Oxford University Press, 2006, pp. 65－67; see also Mark E.Warren, "Nietzsche and Weber: When Does Reason Become Power?", in *The Barbarism of Reason: Max Weber and the Twilight of Enlightenment*, ed.Asher Horowiz and Terry Maley, Toronto; Buffalo: University of Toronto Press, 1994, pp. 68－96.

条件。当官僚体系中的个人的活动与某种目标或价值相关联时，即便个人被工具化地使用，但目标仍然能够保证在其中工作的人保存他的自治与责任。然而，当世界经过除魅，官僚体系的效率成为目标时，它之中"便仅剩下与外在于组织的工具利益相结合的组织纪律"[1]。换句话说，纪律在这时仅仅是人为了生存的缘故而必须忍受的事物，官僚体系完全成为一种强迫性的结构，工作的人则在其中成为纯粹的工具，他的工作亦仅仅是一种牺牲。

那么，如何克服现代世界中这种手段与目标的颠倒所带来的异化呢？韦伯对此给出的答案与马克思截然不同。对后者而言，资本主义的生产方式及自由主义政治经济理论是一种以特定的阶级关系为基础、在文化上被建构的事物，因此它最终是可以被替代的，而替代物即是马克思所构想的社会主义经济。然而对韦伯来说，资本主义是一个不可逆转的事实，其根源在于理性化本身便是一个不可逆转的事实。在他看来，试图去改变或取消资本主义的铁笼是不可能的，因为它将以压倒一切的力量一直延续自身对世界的统治，"直到最后一英担石油也燃烧殆尽"[2]。相反，人必须接受这一命运——并非接受作为手段的理性化自身成为目标这一现实，也不是想办法逃避这一体系，而是在理性化的铁笼之中改变这一现实，为自己创造出自由，从而克服工作与自身的疏离。[3] 然而，重获自由在韦伯的体系里意味着人们必须重新获得已经失去的终极价值和目标，但在他看来，随着除魅的过程，传统上由超验的宗教信仰所给予的客观价值已经不可能再回来。在这种现实下，韦伯要求每个个

---

① Mark E.Warren, "Nietzsche and Weber: When Does Reason Become Power?", in *The Barbarism of Reason: Max Weber and the Twilight of Enlightenment*, p. 84.

② Max Weber, *The Protestant Ethic and the Spirit of Capitalism*, p. 181.

③ Karl Löwith, *Max Weber and Karl Marx*, p. 72.

人自己对自己负责，决定自身的目标与价值。不仅如此，除魅所带来的信仰缺失在韦伯看来是一种积极的缺失，因为它使个体对自身的理性责任成为了可能，而客观价值只能够削弱伦理生活："任何一种由他人所实际给予的恩典……都会如仪式主义（ritualism）一样，削弱对个人的道德要求。"①

韦伯的这种观点清楚地显示了他对康德（Immanuel Kant）道德哲学的继承：对他而言，道德生活应该与任何形式的"恩典"相分离——人应自治地决定何为他应该追求的价值。然而，与康德不同的是，韦伯并未沿着启蒙运动的路线，赞同一种普遍理性的存在，相反，他认为不同的领域和群体之内可以有其不同的价值。换句话说，韦伯实际上所持的是一种道德相对主义的立场，他认可彼此之间相互竞争的对道德的诠释的存在。② 因此，韦伯所要求的，并非是在资本主义的铁笼之中依靠理性重获一种普遍的价值或目标，而是一种纯粹个人的自决、个别地设立价值与目标的行动。这样一种行动并不要求取消理性化与官僚化，而是要求依靠个人的道德自决，使理性化与官僚体系重新恢复其作为手段的恰当位置，并在给定这一手段的前提下，追求由他自己所决定的终极价值。这样，现代社会中的人便能够重新获得自由与自治，而不是成为资本主义经济结构的奴隶。

三、对韦伯之批判的神学批判

正如前文所显示的，韦伯对现代性的批判在很多方面显示出了其与马克思之间的一致性，这特别体现在他对现代人身处资本主义理性化体系之困境的描述中。然而，较之马克思对科学和理性的乐

---

① Max Weber, *Economy and Society*, p. 561.
② Graham Sewell and James Barker, "Max Weber and the Irony of Bureaucracy", in *Social Theory at Work*, p. 59.

观态度，韦伯更辩证地看到了理性化，特别是形式理性对整个资本主义经济的运转所起到的决定作用，并进一步说明了现代世界中的工作的异化是如何通过形式理性的运作而具体发生的。因此，如果说马克思的政治经济学揭示了现代资本主义中的工作异化产生的基本原理与结构，那么韦伯的社会学分析则进一步地描述了这种异化之发生的具体机制。从这个角度而言，韦伯对理性化与官僚化的分析及批判，可以与马克思的学说相互补充，共同作为基督教神学批判现代世界中的工作异化的资源与依据。

与此同时，如果以基督教神学作为后设叙事来审视韦伯的社会学，便会发现后者的理论仍然存在着致命的缺陷。同马克思的情况类似，以神学看来，韦伯的错误在相当程度上并不体现在他对现代资本主义中的工作异化现象的发现与描述上，而是体现在他对这种异化产生的根源以及克服异化之方法的诠释中。正如我们在前文中已经看到的，韦伯认为现代社会中的工作的异化是一种手段与目标的倒置所造成的。在这一点上，他和马克思之间没有分歧。然而，马克思进一步认为这种倒置之所以会发生，其根源在于手段本身——即现代资本主义的生产方式决定了它必然以利润为目标，反而将人视为达致这一目标的手段。因此，马克思认为克服这一异化的唯一办法就是待时机成熟时改变现存的资本主义制度，以一种新的手段（社会主义生产方式）代替它。只有这样，才能重新恢复人自身作为目标的地位，从而克服工作异化的发生。然而韦伯在此的观点却与马克思大相径庭。他并不认为作为手段的理性资本主义的生产方式本身是需要改变的——当然，后者在他看来亦是不可能被改变的。对他而言，需要改变的只是现代人失去了目标与价值的这一现实。换句话说，只要重新获得了终极目标与价值，理性化的资本主义自然便会摆脱自身的僭越，恢复到作为手段的恰当位置上，工作的异化也就因此而被克服。

正是在韦伯和马克思之间的这一分歧中，我们发现了与本文论题相关的、韦伯之社会学在方法论上的最大问题，即前文已经提及的"事实—价值分离的策略"。肯定这种事实—价值的分离，意味着韦伯认定社会科学内部已经去除了能够影响其客观性的、偶然的因素，即价值的部分。因此对他来说，无论是资本主义的理性化与官僚化，抑或为此提供理论依据的自由主义经济学，均是社会经济领域之运行规律的"客观反映"，是一种不容置疑的事实。换句话说，经济领域和社会科学就如同自然领域和自然科学一样，享有一种自治权。这种自治权保证了关于价值的言说不能干涉社会经济领域中的所谓的事实。相反，价值只能是在承认这一事实之后才能谈论的事物。正因如此，在思考如何克服现代社会中的异化现象时，韦伯根本没有考虑改变资本主义经济制度本身这一可能性。他所能做的，只能是在承认这一制度的（在社会科学之"事实"意义上的）合法性的前提下，如何附加适当的价值在其上。

然而在神学看来，韦伯的这一进路在根本上是值得怀疑的，其根源便来自韦伯关于社会科学的论述是无关价值的、因而具有无可置疑的客观性这一假设。资本主义的经济学说要求我们以成本—效用为标准衡量一切事物——换句话说，一切事物（包括人本身在内）均可通约为商品，一切现实均可用生产与消费的逻辑加以理解。以神学看来，这种对世界的理解远非一种纯粹的"事实"，相反，它其中已经包含了特定的价值。① 资本主义的这一内在逻辑，从根本上说来自于一种未经证实的、对世界的整体观念，即一种关

① D.Stephen Long, *Divine Economy: Theology and the Market*, London: Routledge, 2000, pp. 4—5.

114

于"资源稀缺"的形而上学假设。即便这一假设今天已经成为整个自由主义经济学赖以成立的基础之一，但在事实上它仍是一条无法保证自身之正确性的假设。但恰恰是这条包含着价值判断的假设直接产生了一种同样包含着价值判断的经济理论，即每个理性的经济人都应在一种竞争的关系中、最大限度地通过商品交换的方式，追求自身效用的最大化，并在这一过程中以可计算的效用作为衡量一切活动的标准。因此，理性化的资本主义并非如韦伯所设想的，客观地揭示了真正的经济本质；相反，它以一种偶然的、未经证实的价值建构了自身对世界的特殊理解，而这种理解正是现代资本主义经济结构中的工作异化产生的根源。

简言之，韦伯并未看到现代世界中的工作异化的根源事实上就在资本主义自身，就在他视之为手段的形式理性之中。对"事实"的认同和接受，使他乐观地认为只要在作为手段的资本主义之外找到合适的目标与价值，便能够克服手段与目标的倒置，从而克服工作的异化。韦伯看到了除魅的过程对超验的客观价值之消失所产生的重要影响，但他将这种影响简单地归结为公共领域之中理性化与宗教之间的冲突，却忽视了这事实上是资本主义理性化背后的价值与宗教价值之间的冲突。因此，现代社会的价值真空不仅是韦伯眼中的手段代替了从前的目标与价值，亦是资本主义所包含的价值——即以效用为标准衡量一切——蚕食了其他价值的结果。

正因如此，韦伯所设想的克服异化的进路本身就已经包含了一种明显的冲突——价值的冲突。换句话说，当我们将资本主义的理性化当作手段来实现某种目标或价值时，我们便已经为其自身所包含的价值所左右。作为手段的资本主义经济诚然能够被用来实现某种目标或价值，但更重要的是，在经济运作过程中价值已经因为异化的出现而发生了扭曲，这种扭曲更可能是和其被用来实现的价值相冲突的。以官僚体系为例，韦伯并非没有看到官僚体系对在其中工作的人所构成的权力宰制，但一方面，由于官僚体系在韦伯看来是一个不可改变的事实，因而其中的权力宰制对他而言同样是必须接受的；另一方面——正如我们在前文中已经提及的，他认为体系之外的目标或价值可以令在其中工作的人保存他的自治与责任。然而前文的分析已经告诉我们，官僚体系的宰制并非一个必须被接受的"事实"；同时，官僚体系和外在的目标之间的价值冲突，使得客观上存在的权力对人的宰制亦无法因一种外在的目标而被取消。

另一个不可忽视的重要事实是，在目标与手段的恰当关系中，前者是必然的，而手段则应该依据目标来决定，因此相对于目标而言是偶然的。仍以韦伯对"新教伦理与资本主义精神"的诠释为例：在改革宗基督徒那里，荣耀上帝与寻求自身得救的证据是其生活的目标，是首先被肯定的必然；而作为达至这一目标之手段的理性化的资本主义生产活动，则是在目标之后、依据目标才确定的偶然。然而，在韦伯对以重寻目标和价值的方式克服异化的诠释中，却颠倒了这一顺序。在他那里，首先被确定的不是目标，而是手段——人们必须首先认可手段之正当性，然后再寻求目标与价值。换句话说，韦伯在这里肯定了理性化作为手段的必然性和普遍适用性。然而现实情况是，资本主义与理性化并非如韦伯所设想的那样，仅仅是不包含价值的手段，而是已经预设了特定的价值。因此，当它们的必然性在确立特定的目标之前便得到认可时，则意味着其中的价值已经首先得到了认可并被普遍化，在这种情况下，认可手段之后才被确立的目标和价值，或者会被扭曲，或者很可能仅仅是手段自身所包含价值的衍生物，而不是韦伯所设想的个人的自决或个体的责任。

因此，公正地说，韦伯确实发现并正确地描述了资本主义社会中包括工作在内的异化现象，但与此同时，他所提出的解决方案却令人失望。"事实—价值分离的策略"使得韦伯不得不在认可资本主义经济结构的前提下寻找克服异化的方法，但他却忽略了异化的根源恰恰就存在于资本主义之中他未曾发现、抑或已经无意识地加以认可的价值上。然而，这些价值在神学看来却是需要加以批判的；与此同时，神学亦认为它自身的叙事能够提供一种恰当的、克服异化的经济体系所需要的价值。可是在现实中，韦伯这种"事实—价值分离的策略"却恰恰为一些探讨经济问题的基督教神学家所采纳。我们在下一章的讨论中将会看到，教宗若望·保禄二世和沃弗的工作神学，便在相当程度上以韦伯的"事实—价值之分离"作为讨论工作问题时的基本方针。然而，在诸如斯蒂芬·朗（D. Stephen Long）等神学家的分析中，神学采纳韦伯这一策略所带来的严重后果是，它只能以牺牲自身传统为代价而与经济事物关联起来。换句话说，神学必须（哪怕仅仅是不自觉地）认可资本主义本身所包含的价值，而无法以自身关于价值的叙事代替后者，因而也就无力批判后者之中所包含的异化。①

正如朗所提醒基督教神学的那样："自然（nature）自身不能成为基督教之道德训导的基础，恰因作为自身的自然已经不复存在（如果它曾经作为自身存在过的话），因为上帝已经道成过肉身。"②因此，仅仅作为事实的资本主义并不存在，社会科学自身亦没有自治的权利，有关价值的叙事必须进入经济领域，这是克服现代世界

① D. Stephen Long, *Divine Economy: Theology and the Market*, London: Routledge, 2000, pp. 9–80.

② Ibid, p. 247.

中的工作异化的唯一途径。对神学而言，采纳韦伯之"事实—价值分离的策略"意味着它放弃了令上帝之言进入经济领域的权利和使命，而这样一来，接受这一领域中的工作异化的现实便成了它的唯一的选项。

小　结

如上所述，马克思与韦伯这两位 19 世纪社会科学领域的大家，以各自不同的角度对西方现代性问题提出了尖锐的批判，而这些批判当中便包含了对资本主义之中的工作异化问题的批判。即便从基督教神学的立场看来，两人的这种批判——特别是他们各自所提出的克服异化的方案——均有其自身的问题，但同时我们也不得不承认，两人敏锐地且比基督教神学更早地抓住了现代世界中的工作异化的问题。更重要的是，二者的批判并非一种道德式的批判，而是直接指向了资本主义经济中产生这一异化的机制，并对其进行了深刻的剖析。

虽然马克思与韦伯对资本主义以及工作异化的批判在很多方面有着共同的取向——如二者都发现了资本主义工作世界中主体与客体或曰目的与手段之间的颠倒，但在一些关键的问题上，二者之间也确实存在着分歧，这种分歧特别突出地体现在两人对资本主义经济结构本身所持的不同态度上。对韦伯来说，他所采取的"事实—价值相分离的策略"令他认为，资本主义所带来的理性化和官僚化如果能够维持自身作为手段的身份，不僭越成为目的，那么其便是合理的并且必须为我们所接受的一种事实。然而在马克思看来，资本主义自身并非一个我们不得不接受的事实，相反，手段之所以会发生僭越，其根源便存在于手段自身；换句话说，除非我们以一种新的制度代替资本主义，否则利润为目标而人作为达致这一目标的手段，便是我们无法改变的一种现实。就这一点而言——我们后面将会看到——基督教神学更接近马克思的立场。

需要说明的是，作者虽然在这里用了一整章的篇幅讨论马克思及韦伯对现代世界中的工作异化的批判，但这并不意味着基督教神学必须将二者的批判当作讨论工作异化的标准（criteria）——遑论是唯一的标准。事实上，哲学及社会科学领域中，还有很多学者对现代世界中的工作异化的批判同样值得神学留意，如本文的导论中已经提及的汉娜·阿伦特以及法兰克福学派的代表人物马尔库塞（Herbert Marcuse）① 等。不仅如此，正如前文已经表明的那样，基督教神学对马克思以及韦伯的许多观点，也并非持完全赞同的态度。更重要的是，基督教神学需要在工作世界中克服的也并不必须仅仅是以这两个人的视角所观察到的那种异化。然而另一方面，将马克思与韦伯对工作异化的批判放在这里进行专门的讨论，对本文所欲达至的目标而言仍具有重要的意义。这是因为：首先，马克思的政治经济学以及韦伯的社会学作为经典的社会理论，至今仍被哲学、经济学及社会学等领域的学者所讨论，且两者对资本主义经济机制的剖析也在相当程度上被认为是合理的。正因如此，二者对现代世界中的工作异化的批判，也完全能够为神学经过对其的批判后、作为一种分析工具所采纳。其次，就时间顺序而言，马克思与

① See Herbert Marcuse, *Eros and Civilisation: A Philosophical Inquiry into Freud*, London: ARK Paperbacks, 1987.

韦伯提出批判的时间，正好位于基于呼召的工作神学范式与基于合作创造的范式之间。就某种意义而言，两者对资本主义的批判以及由这一批判所引发的社会革命实践，在一定程度上帮助神学意识到了在路德及加尔文对工作的神学诠释中，存在的严重的不足，从而促使神学以一种新的进路处理新处境中的工人以及工作问题——我们从教宗良十三世的《新事》通谕（*Rerum Novarum*）以及谢努的《工作神学》中发现了这种努力的开端。因此，对马克思及韦伯的讨论，实际上能够帮助我们更清晰地看到工作神学在 20 世纪的范式转换究竟是如何发生的。

另外一个特别需要解释的事实是，马克思以及韦伯对资本主义的批判，其背景或曰语境是现代工业社会。而历史发展到 21 世纪的今天，世界很多地方的经济运行已经表现为一种后工业的资本主义（post-industrial capitalism）。然而这样一来，两人对工作异化的批判仍然有效吗？这一问题实际上并不难回答——只要我们记住一个事实，即马克思和韦伯对工作异化的批判，指向的是资本主义经济的基本结构，而非工业社会这一资本主义早期的表现形式。正因如此，在以脑力工作、信息、高科技以及服务业的主导为主要特征的后工业社会中①，两人的批判在绝大多数情况下依然是有效的，因为正如所谓的"后"现代社会继承了现代性的大部分重要特征一样，所谓的"后"工业社会事实上也并未动摇资本主义经济的基本结构；对利润最大化的追求、商品生产、雇佣工作、形式理性、官僚体系以及资本主义经济的最基本假设——资源的稀缺性——等这一结构中造成现代社会之工作异化产生的根本因素，在

① Ann Howard, "A Framework for Work Change", in *The Changing Nature of Work*, ed. Ann Howard, San Francisco: Jossey-Bass Publishers, 1995, pp. 23-40.

后工业社会中仍然存在，且后者还在一定程度上更加固化了这种结构。就此而言，马克思及韦伯对工作异化的批判并未失去其目标。以马克思的政治经济学为例，后工业社会的某些特征（如白领工作者成为工作群体的主体）确实令他关于剥削及阶级的分析在相当程度上失效了①，然而这种情况并没有发生在他对工作异化机制的分析中。

除此之外，诚然，后工业的资本主义确实在一些地方为缓解工作异化创造了条件：如新科技的发展（自动化、机器人等）有助于增进工作者的技术（upskill），而这便在一定程度上减少了传统工业生产中对工作者的去技术化（deskilling）现象；也如后工业社会中工作之流动性、灵活性的增加，亦在一定程度上有助于工作者个人价值的实现以及个性、天赋的发挥；又如教育、知识的因素在经济活动中扮演的角色日益重要，能够使得那些受过高等教育的工作者获得更为公平的薪酬。然而与此同时我们也必须看到，后工业资本主义的这些特征对工作的影响其实是一把"双刃剑"——在带来缓和异化之可能性的同时，它们亦能够带来异化的加剧，而后者仍然能够为马克思及韦伯对工作异化的分析所容纳。以后工业社会中工作之流动性、灵活性的增加为例，如果我们将目光仅仅放在它对工作的主体之个人选择的积极意义上，那么我们便在很大程度上忽略了一个事实，即"在很多情况下，市场和权力关系对雇主更有利"②；换句话说，流动性及灵活性的增加这一变化意味着雇主可以更容易地雇佣或辞退雇员，或者将一些对自身有利的非标准

① Joel I. Nelson, *Post-industrial Capitalism: Exploring Economic Inequality in America*, Thousand Oaks: Sage Publications, 1995, pp. 28–31.

② Huw Beynon, "The Changing Practice of Work", in *The Changing Shape of Work*, ed. Richard K. Brown, Basingstoke: Macmillan; New York: St. Martin's Press, 1997, p. 35.

式的合同强加于雇员，其结果反而是带来严重的不公义。同样，科技、知识及教育因素在后工业经济中比重的增加，所带来的不仅是工作者收入增加的可能，亦导致了工作者之间收入的不平等；同时，知识和技艺也必须持续面对被淘汰的危险。① 因此，正如休·贝农（Huw Beynon）所概括的那样，后工业的经济体系"制造了大量的不安全感以及非自愿的经济活动"②。这种焦虑不安及非自愿所反映出来的，是后工业社会中竞争的进一步加剧，其本质是资本主义经济对工作及工作者的进一步客体化，而其根源则必须仍在资本主义以利润最大化为目的的形式理性中寻找——显而易见，后工业社会的工作异化仍未离开马克思和韦伯的分析框架。

在对上述两个问题特别地加以说明后，重新将目光转向神学。借助对马克思和韦伯的分析，我们既对现代资本主义世界中的工作异化有了更深刻的体认，又在一定程度上理解了一种范式转换为何需要在工作神学的领域内发生。这样，我们便能够更容易地展开对下一章内容的讨论。正如我们将会看到的那样，虽然有些姗姗来迟，然而现代神学还是再一次把工作的议题纳入了自身的视野，并试图一方面超越社会科学对工作问题的讨论，另一方面也超越路德和加尔文基于呼召对工作的神学诠释，通过建立一种新的工作神学范式来回应现代资本主义社会中的工作问题。

---

① Ann Howard, "A Framework for Work Change", in *The Changing Nature of Work*, p. 35.

② Huw Beyhon, "The Changing Practice of Work", in The Changing Shape of Work, p. 42.

作为合作创造的工作

"因为我们是与神同工的；你们是神所耕种的田地，所建造的房屋。"

——《圣经·哥林多前书》3 章 9 节

正如我们已经看到的，路德和加尔文对人类工作的神学阐释，虽然包含很多值得我们重视的神学价值，但却无力抵抗现代资本主义经济制度所带来的工作异化。另外，马克思、韦伯等从社会科学角度对现代工作异化现象的分析，固然确实存在着许多神学可以吸收和利用的合理之处，同时也能够帮助神学发现呼召的工作观中所包含的问题，但如果以神学作为后设叙事来审视二者对这种异化产生之根源以及克服异化之方法的理解，那么我们便必须承认，无论是马克思抑或韦伯，其关于现代的整体性规划事实上都无法真正克服异化的发生。这些规划或者仅仅是一种内含进化论暴力逻辑的乌托邦图景（马克思的共产主义社会），或者根本无法触及作为异化产生机制的资本主义经济制度本身（韦伯的个体道德自决），因而在神学看来都是不可取的。

面对这样一种情况，基督教神学必须作出恰当的反应。对于人类工作的问题，神学既不能仍停留于宗教改革者们的诠释，亦不可只是以一个社会科学的批判者形象出现在公共知识领域。换句话说，神学迫切需要重构自身关于人类工作的叙事，尝试以自身的资源找到克服工作异化的道路。因此，对许多讨论人类工作的神学家而言，一次"范式转换"的发生是十分必要的。我们即将看到，这一新范式的建构是围绕"合作创造"（co-creation）这一神学概念而进行的。这种基于"合作创造"的工作神学首先产生于天主教社会训导中，由已故教宗若望·保禄二世在其《人类工作》通谕（*Laborem Exercens*）中首先提出；而在新教神学中，米罗斯拉夫·沃弗（Miroslav Volf）的工作神学则是这一进路的重要代表。在这一章，我们将在两者的关联与比较中，详细讨论这一工作神学进路的主要观点、与建基于"呼召"的工作观之不同以及它在神学上的不足之处。

在进行这一讨论之前，我们首先需要完成另一个任务。正如我们在第一章的批判中所指出的那样，宗教改革者们的工作伦理之所以无法抵抗异化的产生，相当程度上必须归因于其系统神学的某些局限。在路德和加尔文那里，这种局限来自两人在自然与超自然（恩典）之关系以及终末论问题上所持的观点。因此，20世纪后半叶一种新的工作神学范式的诞生，事实上是建基于系统神学领域内所发生的一些新的进展之基础上的，这些新的进展包括了新神学（*nouvelle théologie*）及超验的托马斯主义（transcendental Thomism）对自然与超自然的重新整合以及终末论的复兴所带来的历史乃至宇宙的终末论。在导论部分对当代工作神学之方法论的讨论中，我们已经大致描述了这些系统神学领域中的新进展。然而在这里，我们仍需对它们有一个更为详细的了解，这样才能够充分地理解一种工

作神学的范式转换为何能够发生，以及它对克服现代世界中的工作
异化而言究竟意味着什么。

第一节 系统神学中的新进展与工作神学

一、自然与超自然的分离、个体终末论与宗教的私人化

启蒙运动以降，对基督教神学而言最重大的打击之一，莫过于
世俗化运动及资本主义的兴起所带来的宗教私人化，即神学与信仰
逐渐从社会公共领域中的退出。诚然，今天的许多宗教研究者和神
学家都可以证明，宗教信仰与在社会公共领域占主导地位的科学理
性并不相冲突①，这意味着世界的理性化并不必然带来宗教的私人
化，理性地位的提升亦并不必然侵占宗教的领域。然而在历史中，
两者作为世俗化的最主要特征确实同时出现了。造成这一状况的原
因很复杂，既有神学外部的因素，亦有其自身的因素。而在诸多神
学内部的原因中，与我们今天所讨论的议题密切相关的，则是自然
与恩典的分离以及个体主义终末论在神学中的盛行。

自然与恩典的分离，在 19 世纪末以及 20 世纪初的天主教新经
院神学（Neo-Scholasticism）中体现得最为明显。新经院神学认为，
自然秩序可以作为一种"纯粹自然"（pure nature）而存在。换句
话说，自然可以在其自身的领域内获得完善，即达致一种纯粹自然

---

① 宗教研究学者的观点参见 Rob Fisher，'Philosophical Approaches'，in *Approaches to the Studies of Religion*，ed. Peter Connolly，London and New York: Cassell，1999，pp. 105-134；John Wilson，'The Relevance of Philosophy'，in *Philosophy and Religion: The Logic of Religious Belief*，London: Oxford University Press，1961，pp. 1-12；神学家的观点参见孔汉思：《上帝存在吗?》（卷上）。

的终点。而恩典则是自然之上的一种纯粹的提升，是在自然的终结处才开始的，因而无法给自然带来任何本体论的影响。这样一来，超自然的秩序事实上远离世界与人的经验，对基督徒在世界——亦包括社会公共领域——中的实践，没有任何批判及转化性（transformative）的意义。费奥伦萨（Francis Schüssler Fiorenza）曾概括这种自然与恩典的分离为："恩典成为了一种被明确限定的、与自然相分离的上层建筑。"① 在这种神学框架下，人类的工作作为自然秩序的一部分，失去了其与启示、恩典的关联，转而被让渡给社会科学，成为一个自治的领域，而神学则因此失去了对现代世界中的工作异化问题之批判以及将其导向正确的神学目标的权利。而在新教神学中，正如我们在批判路德与加尔文的工作伦理时已经指出的，二者虽坚决反对一种纯粹自然领域的存在，主张上帝对自然秩序的主权，但其对自然与超自然的整合仍不够彻底。因为在他们看来，作为整体的自然秩序并不必然指向一个超自然的目标。而既然不存在这样一种目标，一种转化性的实践当然就成了非必要的，而能够指导这种实践的、具有批判性力量的神学叙事亦自然而然地被放弃了。

与这种自然与恩典之分离相关联并进一步加剧了宗教私人化现象的，是一种与时间无关的（即非历史的）、个体主义的终末论在新教神学中的流行。卡尔·巴特（Karl Barth）之超验的终末论（transcendental eschatology）即是非历史的终末诠释在现代神学中的代表。在他看来，时间并不是一种同质的线性时间，这是因为一切瞬间都可能成为永恒刺入的瞬间，即成为永恒的瞬间——尽管永

---

① Francis Schüssler Fiorenza, "The New Theology and Transcendental Thomism", in James C.Livingston and Francis Schüssler Fiorenza, *Modern Christian Thought*, 2nd edition, vol.2, Upper Saddle River, NJ: Prentice Hall, 2000, p. 199.

恒和上帝国是一切瞬间所不能比拟的。对巴特来说，这些永恒的瞬间即是认识启示、为上帝的自由所触动而实践爱的瞬间。他这样形容永恒刺入的瞬间："永恒的瞬间是所有的瞬间无法比拟的，正因为它是所有瞬间的超验意义。"① 因此，巴特并不认为新约所宣告的终末是一个时间意义上的事件；相反，它是在永恒的瞬间中发生的"真实的终结"。② 换句话说，终末并非指向未来，而是指向那些永恒的当下。与巴特类似，新教神学家布尔特曼（Rudolf Bult-mann）同样主张一种非历史的终末神学——他的实存主义终末论（existential eschatology）以人的实存为基础理解终末事件，将后者视为人在其实存之中所作出的终极的、最关键的决断——去世界化（entweltlichung），并以此与上帝的永恒接壤。③ 这意味着，终末事件虽然发生于当下，但是同时间无关，所以当然也就与未来无涉。巴特与布尔特曼之间的共同点在于，他们都将终末视为一种瞬间的决断；与此同时，这一迎接永恒刺入的动作或跨向永恒的一步，都只关乎个人的选择以及个体生命的改变，与此同时却失去了同社会、历史的直接关联。正因如此，巴特与布尔特曼的终末诠释不仅是非历史的，同时也是个体主义的。

　　在某种程度上，这样一种非历史的、个体主义的终末论将会给基督教社会伦理带来一种灾难性的后果。这是因为，尽管在这一终末论框架下对个体的伦理要求仍然存在，但世界作为整体却失去了其与未来的上帝国这一图景的关联。而当世界失去了其在终末的形象时，我们便无法审视并理解当前的历史，无法发现社会应当走向

---

① 卡尔·巴特：《〈罗马书〉释义》，魏育青译，汉语基督教文化研究所（香港）1998 年版，第 627 页。

② 参见同上书，第 629 页。

③ See Rudolf Bultmann, *History and Eschatology*, Edinburgh: The University Press, 1957.

何方、万物应当如何改变以及 "我" 在其中应当如何行动。换句话说，这时作为整体的世界失去了它在终末的目标（telos），而这一目标恰恰是基督教社会伦理的基础之一。没有这一目标，神学便很难展开对社会及公共性问题的批判，更无法依据自身的叙事提出关于社会议题的批判性或建设性意见。当然，基督徒仍能在其个体有限的范围内实践上帝的律法，但与此同时他却失去了关注整体性的社会、政治、经济结构的理由。这样一来，基督教社会伦理似乎也就失去了存在的必要。

二、自然与恩典的重新整合

显然，如果基督教神学无法超越自然与恩典的分离以及个体主义的终末论，那么它对工作的讨论便很难超越其在路德和加尔文那里已经取得的成就，同时亦无法克服二者的工作神学在面对异化问题时的无力。幸运的是，20 世纪的基督教神学在这两个问题上均取得了巨大的进展，从而为一种新的工作神学范式之诞生提供了必要的条件。事实上，用 "进展" 一词形容这些神学变化也许并不准确，因为无论是重新整合自然与恩典的新神学及超验的托马斯主义抑或终末论的复兴，都并非一种新的神学发现。恰恰相反，这些神学运动都只是试图回到在新约和教父时期以及在圣托马斯的神学中就早已存在的神学传统。因此，这些发展究其本质而言事实上都是一种溯源（resourcement），而溯源的目的则是为了恢复基督教神学在历史之中曾经不言而喻的公共性，即一种讨论、批判及处理包括政治、经济等在内的社会公共议题的能力。

重新整合自然与恩典的努力，在天主教神学中是伴随着新神学和超验的托马斯主义的兴起而展开的，德吕巴克（Henri de Lubac）和卡尔·拉纳（Karl Rahner）是这两种神学运动的代表人物。二人的观点诚然在很多地方都存在不小的分歧，但在对新经院神学的批判上，二者的方向却是一致的。通过历史的以及神学的研究，德吕巴克拒绝了新经院主义神学家对圣托马斯的诠释。在他看来，一种可以脱离恩典独自达致完善的纯粹自然从未在圣托马斯自己的神学中出现过。相反，在圣托马斯那里，自然与恩典绝非完全分离的——自然确实有其自身的独立性与价值，但借着上帝在其独生子耶稣基督身上的恩典，自然事实上已经被创造成为超自然化的自然。上帝同时创造了自然与恩典，更准确地说，是以一种朝向恩典的视野创造了自然。① 因此，借着耶稣基督，人的身份便由仅仅是人之子，转变成了上帝之子，我们的本质（nature）也因此被超自然化了。②

卡尔·拉纳同样拒绝了新经院神学将恩典视为人之有意识的、属灵的和道德生活之上的超自然结构、一种超越意识范围之外的上层建筑。在他看来，作为一种历史事实的自然从来就不是纯粹自然，而是一种被安置于人无法离开的超自然秩序的自然。他以圣托马斯的观点解释恩典，认为恩典行动必然为人带来一种不同的形式目标（telos），一种全然不同的终极视野，进而影响我们有意识的生活、我们的实存和我们在世界中生活的方式。③ 具体地说，拉纳神学中自然与恩典的不可分离主要体现在以下两个方面：

（1）人作为超自然的实存：在这里，拉纳借用了海德格（Martin Heidgger）的"实存"（existential）这一概念，强调人之历史性；而"超自然的"则意味着人这一历史的被造物，其构成已

---

① See Henri de Lubac, *The Mystery of the Supernatural*, trans. Rosemary Sheed, New York: Crossroad Pub., 1998; *Augustinianism and Modern Theology*, trans. Lancelot Sheppard, London: Chapman, 1969.

② Henri de Lubac, *The Mystery of the Supernatural*, pp. 20–21.

③ Karl Rahner, *Theological Investigations*, Darton, Longman & Todd Ltd., 1974, vol. Ⅳ, pp. 166–169, pp. 174–184.

经包含了对超自然的渴望、对恩典的开放，所以人都身处超自然的秩序中。人的这种内在的、朝向恩典的状态（ordination）彻底地排除了任何恩典与自然之间的二元论。因此，所谓自然不是一种离开恩典可被理解的状态，而所谓的纯粹自然只能作为一种抽出恩典之后的"剩余物"才能被找到。①

（2）创造秩序与救赎秩序的同一：拉纳认为，从来没有过一个纯粹自然的秩序。创造的秩序一经出现，便属于救赎的秩序。创造是一种本体论上的统一——多元的辩证，即它要求超越自身的同时，维持这种超越与自身作为一个统一的存在。救赎施恩典于创造的秩序，使创造在其一切维度与潜能之中向自身开放，给予其中的每件事物以超自然的意义，同时又在创造之真实和永久的自然性中肯定它。因此，自然离开恩典与救赎便无法达致自身的完整和健康。这并非否认自然秩序有其恰当的"自治"——即自然规律和自然结构的合法性，但这种"自治"只能是相对的，是作为超自然秩序之可能性的前提条件，而不是对自身的救赎；相反，错过了超自然的救赎就等于错过了自然的救赎。上帝并未创造两个实在，而是创造了一个实在的整体，有其基本的统一。救赎秩序必须在创造秩序中发展，而创造秩序则作为救赎秩序的一个必要因素被包含于救赎秩序。②

当德吕巴克、拉纳等天主教神学家试图重新整合自然与超自然时，类似的努力也在新教神学中发生了，朋霍费尔的基督教伦理学即是一个典型的例子。在《伦理学》（*Ethik*）一书中，朋霍费尔以两个实在（*wirklichkeit*）的概念为基础，论述了自然与超自然，或

---

① Karl Rahner, *Theological Investigations*, Darton, Longman & Todd Ltd., 1974, vol. I, pp. 300–302, pp. 310–315.

② Karl Rahner, *The Christian Commitment*, Sheed and Ward Ltd., 1963, pp. 44–53.

者说世界的实在与上帝的实在之关系。对他而言，伦理学的基本要求——成为善——是以"终极实在的抉择"为前提的。这一抉择即我们究竟是"把我和世界视为终极实在"，抑或承认"我的和世界的实在还被镶嵌在一种完全不同的终极实在中，即上帝的、造物主的、调解者与拯救者的实在中"①。对朋霍费尔而言，上帝通过耶稣基督带来的恩典与启示决定了"基督教伦理学的出发点不是自我的实在，也不是世界的实在……而是在耶稣基督中显示的上帝的实在……我们……不可能靠别的而只能靠上帝之言的真实实在活着"②。换句话说，因为上帝的恩典，纯粹自然便不可能是伦理的出发点，这一出发点只能位于超自然的恩典之中。而与此同时，世界的实在与上帝的实在绝非两个彼此分离的领域，好像当我们依靠上帝的实在而生活时便远离或者抛弃了世界的实在。朋霍费尔反复强调的事实是：没有两个实在、两个领域——即世界的—基督的、自然的—超自然的、世俗的—神圣的以及理性的—启示的之对立，而是只有一种实在——即"上帝—世界的实在"，它统一于耶稣基督，因为"在耶稣基督中，上帝的实在进入这个世界的实在"③。

因此，对朋霍费尔而言，将实在的整体划分为一个神圣的（超自然的）和一个世俗的（自然的）区域来进行伦理思考是绝对错误的；相反，我们应该认识到自然与超自然、世俗与神圣在基督的实在中原本的统一——"世界、自然、世俗、理性，从一开始就被接纳到上帝之中，凡此种种并非'本来'就存在的，而是唯

---

① 朋霍费尔：《伦理学》，第 160 页。
② 同上书，第 161 页。
③ 同上书，第 165 页。

独在上帝的实在中，在基督中才具有其实在性"①。这意味着世界与自然不能摆脱基督的律法单独存在，相反它必须在上帝的律法中找到其终极目标，并在基督中达致与上帝的和解。事实上，朋霍费尔自己的伦理学完全符合他所提出的这一神学要求，这集中体现在他的伦理关注绝不仅限于个体的道德维度，而是直指社会公共领域中的议题。

总而言之，尽管论证的方式有所不同，但德吕巴克、拉纳及朋霍费尔在自然与恩典之关系的问题上最终达成了一定程度的一致。通过他们以及其他许多神学家的努力，那种曾经流行的自然能够作为自身存在并达至完善的观点在 20 世纪的主流基督教神学中不再具有合法性，自然被再一次与超自然的目标关联了起来。因此，神学也得以重新获得了讨论政治、经济等自然秩序的合法权利。事实上，这一成果马上便在工作神学中得到了体现。谢努（M. D. Chenu）在他的《工作神学》中明白无误地指出："上帝成为人；人的一切都成为恩典的材料"，而工作也因而得以进入恩典的经世（economy）。② 谢努和上面几位神学家一样，坚持恩典与包括经济制度在内的自然秩序的相关性，因此并没有一种自治的关于工作之知识。在有关人类工作的问题上，经济学家应接受神学的建议，而神学家亦不能再为工作问题仅仅开出属灵的药方，而是必须引导工作走向其恰当的目标。③

然而，从某种意义上说，自然与恩典的整合对于建构一种恰当的公共神学而言仍然并不足够。当我们使用"自然应指向超自然的目标"这一表述时，我们事实上已经在谈论某种终末事件，即

---

① 朋霍费尔：《伦理学》，第 169 页。

② M.D Chenu, *The Theology of Work*, p. 17.

③ Ibid, pp. 26-35.

自然在终末中的最终更新。而通过刚才的论述我们已经意识到，一种非历史的个体主义终末论显然无法与这种表述相调和。因为这种终末论框架并未为作为整体的自然最终走向何方这一问题留下探讨的空间。因此，无论是神学想要达致重新获得公共性这一目标，抑或具体到一种新的工作神学之范式的建立，都还需要一种恰当的终末论框架作为支撑，而终末论在 20 世纪基督教神学中的复兴便为此提供了条件。

三、终末论的复兴①

事实上，终末论在 20 世纪基督教神学中的复兴，在很大程度上正是通过批判布尔特曼等人所主张的非历史的个体终末论而开始的。新教神学家约尔根·莫特曼（Jürgen Moltmann）吸收了新约学者凯瑟曼（Ernst Käsemann）及哲学家布洛赫（Ernst Bloch）的研究成果，从而令终末论重新恢复了为布尔特曼的实存主义终末论所遗失的新约天启论（apocalypticism）的世界（worldly）因素，并使被布尔特曼化约为一种个体决定性的行动的终末事件重新具有了历史（社会政治的）的维度（historical eschatology）。对莫特曼来说，由基督之复活所预表了的更新并不仅仅局限于孤立的个体维度；相反，整个人类是作为一个紧密联合的群体被更新的——社会、政治的内涵深蕴其中，而爱与公义的关系则是这一群体的最大特征。事实上，《圣经》中的上帝之"国度"（Kingdom）即是这一终末图景的最有力象征。天主教神学家拉辛格（Joseph Ratzinger，即前任罗马教宗本笃十六世，Benedict XVI）同样强调这一终末的历史性，且他的基督论起点使得这种历史性更易说明——正因为他主张复活

---

① 本小节的部分内容曾以《世界、天国与道德的人：试论天主教社会伦理的终末论基础》为题发表在《基督教思想评论》第六辑，2006 年第 2 期。

即返回基督之中，那么正如罗马天主教会所表达的：一切有信仰的人靠着圣灵组成基督的奥体——教会①，而终末就是这一在尘世之联合的最终完成。② 因此，"天国" 在拉辛格看来必然是历史（社会政治）的。值得注意的是，这种整全的（unitary）终末论并非现代神学的新产物；相反，早在教父时期它便已经是作为神学主流存在的，这一点在艾任纽（Irenaeus）、奥利金（Origen）和奥古斯丁（St. Augustine of Hippo）那里都是显而易见的。③

当终末论具有了社会、政治的维度时，其对神学之公共性的正面意义是显而易见的。如果拯救的完成、上帝国的来临是一幅历史性的图景——即不仅是个体（individuum）生命从死里复活并得到更新，连人与人之间的关系亦将表达为爱与公义，那么人在世界中的伦理行动便不能仅仅是一种作为个体的实践，而应作为一个整全的人去行动——前者是孤立的、没有外在联系的 "原子"，而后者 "在他的人际关系里成为施与受、听与做、静默体验与采取行动、理解与回覆的主体"④。就此而言，神学所关心的亦不能再仅仅是个体的道德抉择，它亦应致力于批判异化或不公义的社会政治及经济结构，并寻求以上帝国的图景为目标更新、转化现存的社会结构。因此，具有社会维度或公共性的神学，事实上是一种历史终末论的必然要求。

当我们承认了终末的上帝国之不可消除的世界因素时，对另一

---

① Lumen Gentium, 7. 参见《梵蒂冈第二届大公会议文献》，中国主教团秘书处编译，天主教教务协进会出版社 1975 年版，第 9—11 页。

② Joseph Ratzinger, *Eschatology, Death and Eternal Life*, p. 235.

③ Owen F. Cummings, *Coming to Christ: A Study in Christian Eschatology*, University Press of America, 1998, pp. 93–101.

④ 莫尔特曼（Jürgen Moltmman）：《俗世中的上帝》，曾念粤译，中国人民大学出版社 2003 年版，第 82 页。

个问题的回答就立即变得紧迫起来，这便是上帝国与当下的世界，或者说上帝国与历史的关系；而对这一关系的恰当阐述，对任何具有强烈社会关注的神学而言同样非常重要——这一点无论是在古铁雷斯（Gustavo Gutiérrez）的解放神学，抑或莫特曼的政治神学，还是天主教社会训导中都体现得异常明显。事实上，在所有这些神学叙事中，我们都不仅能够发现一种对终末之历史（社会、政治）性的强调，亦能够发现某种对上帝国与历史之关系的诠释。

在历史与上帝国的关系中，首要的任务应当是恢复上帝国的时间性，更具体地说，是恢复上帝国的未来向度。以批判及转化为目标的公共神学或社会伦理，其论述必须与人类社会的未来相关。天主教社会伦理自述其目标为：指引人们走向"爱、公义、自由与和平的思想和计划……促成一个适于人类的社会"①。而在古铁雷斯看来，这样一个目标本身就已经包含了对未来的信赖。② 与此同时，莫特曼的神学亦提醒我们，20 世纪终末论的复兴在相当程度上是与"希望"一词相关联而发生的。③ 换句话说，这些终末论言说之所以具有很强的政治、社会以及解放意涵，在相当程度上是因为它们指向了未来，并因此能够提供给人们希望与期待，从而促使人们超越个体维度，为争取一个公义、和平的世界而有所行动。相反，如果终末论无法提供一种关于未来的承诺与信念，它便不会产生改变以及转化的动力，因而也就无法推动社会伦理的产生与实践。需要说明的是，这种指向未来的终末论有其在基督论中的基

---

① Pontifical Council for Justice and Peace, *Compendium of the Social Doctrine of the Church*, Libreria Editrice Vaticana, 2004, #63, 35.

② Gustavo Gutiérrez, *A Theology of Liberation: History, Politics and Salvation*, trans. and ed. Sister Caridad Inda and John Eagleson, Maryknoll, N.Y.: Orbis Books, 1973, p. 213.

③ Jürgen Moltmman, *Theology of Hope, On the Ground and the Implications of A Christian Eschatology*, New York: Harper & Row, 1967.

础——基督的肉体复活所预表的上帝国，绝非是一种个体的超验性终末，而是直到所有人身体复活、万物更新时才到来的，因而尚未实现的整体性终末。

那么，一种指向未来的终末究竟和我们现在的世界与历史是如何关联的呢？首先，20世纪中几乎所有探讨终末论的神学家，包括天主教社会训导对这一问题的论述①，都拒斥并批判各种类型的、将上帝国内在化于历史之中的终末论诠释。这些内在的终末论包括了基督教的"历史千禧年主义"以及它的世俗化形式，即各种宣称自身乃是历史终结、人类最高福祉之实现的意识形态。在默茨对这一类型终末诠释的批判中，一切历史的千禧年主义背后实际上都是一种带来弱者之受难的意识形态骗局，而受难者的诉求——寻求真正的希望、寻求苦难获得意义以及寻求最终的救赎——只有在真正的、终末的上帝国中才能得到回答。因此在默茨看来，人们应该通过"回忆—讲述"基督的受难与复活，来揭穿这种意识形态的欺骗，转而期待那真正的、尚未来临的、超越历史的上帝之国。②

在否定内在的终末论、强调上帝国之超越性的同时，莫特曼等神学家亦注意到不能令这种强调走入另一个极端——即一种与内在终末论完全对立的、断裂的终末论。这一类型的终末论主张上帝国之绝对的超越性，换句话说，即否认上帝国与历史有任何连续性或关联性——"重建"正是这一观念的核心。问题在于，"重建"与

---

① John Paul Ⅱ, *Redemptoris Missio*, 20, see *Compendium of the Social Doctrine of the Church*, #50, 27; Gaudium es Spes, 76, 《梵蒂冈第二届大公会议文献》, 第297页; Lumen Gentium, 48. 《梵蒂冈第二届大公会议文献》, 第82页; Paul Ⅵ, *Evangelii Nuntiandi*, 34, in *Catholic Social Thought: The Documentary Heritage*, ed. David J.O' Brien and Thomas A.Shannon, New York: Orbis Books, 2000, p. 315.

② 默茨：《历史与社会中的信仰》，第241—303页。

"更新"是两个有着巨大差别的概念，前者体现在一种恐怖末日论的终末观：诺亚的方舟（《创世记》6—8章）和尼布甲尼撒王的梦（《但以理书》2章）是这种终末观的典型代表——在其中世界被摧毁，然后重建；后者则建基于基督论，体现在诸如莫特曼等人的终末诠释中：基督的复活即是这一更新的预表——祂是"复活"、而非"重造"，复活后的祂依然是耶稣—基督，其受难前的身份得以延续，同时新的生命胜过了死亡。正因如此，我们必须坚持那成为上帝国的是"这个"世界——上帝并未否定创造，而是最终成全并转化它。正如拉辛格所言："整个创造都被预定成为上帝荣耀的器皿"①；亦如罗马天主教会所坚持的那样："新的人类大家庭的雏形，是滋长发育在今世的"②。

事实上，20世纪基督教神学的终末论正是在这种对"绝对内在"和"绝对超越"的双重否定之间建立起来的；换句话说，上帝国并非与历史无关，并非在历史之中实现，且并非是历史的中断。如果我们改用肯定的语言，可以将其概括为一种指向未来的、既超越历史又与其具有一种连续性的历史终末论。在下一节中我们将会看到，这种终末论诠释对基于"合作创造"而建构的工作神学而言具有多么重要的意义。而在本节之中，我将首先在公共神学与基督教社会伦理这一更宽泛的范围内解释这种意义。

就某种程度而言，一种既超越历史而又与其相关联的终末论之于公共神学或社会伦理的意义，必须结合救赎论这一主题加以探讨，其重点在于基督教社会伦理的目标——追求一个爱、公义、自由与和平的世界——对个人及历史的救赎来说究竟意味着什么。对

---

① Joseph Ratzinger, *Eschatology, Death and Eternal Life*, p. 237.
② Gaudium es Spes, 39.《梵蒂冈第二届大公会议文献》，第 240 页。

个人的救赎来说，虽然其最终完成须在终末随着肉体复活、万物更新才能到来，但另一方面，个体救赎的决定性动作却已经随着个人接纳在十字架上受难而后复活的基督为主而完成了。那么，个体救赎必须完成于其中的历史之救赎是否也同样如此呢？换句话说，现世的解放行动和为构建一个更理想社会的实践、人类持续参与的转化世界的行动，能否成为救赎历史的一个组成部分，帮助作为整体的世界实现其最终的救赎——亦即建立上帝之国？如果答案是肯定的，那么就终末作为救赎的完成而言，上述行动与实践及其所达成的效果，可否被视为上帝国在现世的某种提前的、部分的实现？

显然，并非所有探讨终末论的神学家都对这一问题持肯定的答案，默茨的政治神学即是其中一例。在他的终末论诠释中，上帝国与历史保持了较大的距离，因此其所产生的社会伦理动力并不指向一种能够推动上帝国之部分实现的伦理行动，而是指向一种对意识形态的批判性力量。[1] 默茨的这一进路其优点在于能够保持社会伦理的批判力，从而令后者能够时刻警醒，以令自身与各类意识形态或政治、宗教的千禧年主义保持距离。与此同时，不少神学家虽然也同样强调上帝国的超越性和"新"（*novum*）这一维度，但却没有忽略终末之"新"与创造之"旧"之间的连续性。以莫特曼的神学为例，他的终末论虽然同样注意对各式内在终末论的批判，但却也在相当程度上认同一种"终末的"千禧年主义对社会伦理的必要性："千禧年的期盼联结这边的世界史和那边的世界终结与新世界……基督的掌权是从现在的世界到将来的世界圆满终结间的过渡。"[2] 对莫特曼来说，当世界史和上帝国之间的连续性得到保存

---

① 参见默茨：《历史与社会中的信仰》，第 222—237 页。
② 同上书，第 191 页。

时，更为积极的希望便会在人们中间产生，从而唤起人们负责任的伦理行动，以更积极的态度投身于世界的转化与改造。

解放神学的代表人物古铁雷斯和新教神学家蒂利希（Paul Til-lich）则比莫特曼更为明确地肯定了上帝国的当下性。对前者来说，整个世界史和救赎史是同一的过程或历史，且这一救赎过程最终将在终末——上帝国到来之际——得以完成。① 因此，改变历史及社会现实的、指向公义之实现的政治解放行动，本身即是救赎的行动，亦是天国在人间的成长。古铁雷斯在肯定上帝国之超越性的同时，亦明确地论及上帝国的承诺（Promise）会通过历史之中承诺（promises）的逐一兑现而部分地实现。在承诺最终完全实现与其部分地实现之间，存在着一种辩证关系，即上帝国已经（already）部分地实现于历史事件中，但尚未（not yet）完成——虽然这种部分实现和最终实现之间仍存在着本质区别。同样，蒂利希亦拒斥一种完全超越的上帝国观念，并且反对将创造与救赎分离。因此，他也提出一种关于上帝国的终极性与当下性的双重诠释。对他来说，启示和拯救出现的地方，便是上帝国在历史中的显现。② 具体而言，"基督是上帝国在历史中的中心性显现（central manifestation），而教会则是在历史中的上帝国之代表（representatives）"③。这样一来我们可以认为，当教会作为基督的肢体承担起转化世界的使命，以基督的福音为基础向世界提出伦理要求并自身首先努力践行的时候，上帝国便部分地在历史中呈现出来了。不仅如此，蒂利希甚至比古铁雷斯更进一步主张，参与上帝国在历史中的抗争是抵达超越

---

① Gustavo Gutiérrez, *A Theology of Liberation*, pp. 149-212.

② Paul Tillich, *Systematic Theology*, v. 3, Chicago: University of Chicago Press, 1963, p. 357.

③ Ibid, pp. 364-382. 参见赖品超：《边缘上的神学反思》，基督教文艺出版社 2001 年版，第 153 页。

的上帝国的必要条件。① 而这无疑更加肯定了历史之中的解放、转化行动之意义，从而为基督教社会伦理的存在与实践提供了更充分的理由与动力。

拉辛格对这种关联性的阐释则是以其教会论为基础的。对他来说，上帝国即是人们在基督之内与上帝的联合，而这也就意味着在某种程度上，我们可以将在世界中作为基督肢体存在的教会视为上帝国在此世的显现——它以这种方式与此世关联，同时亦超越此世所限。同时，在拉辛格对上帝国与历史之关联的论述里，我们可以找到梵蒂冈第二次大公会议以来天主教社会伦理对这一问题的诠释的神学基础。大公会议的重要文件《教会宪章》，形容教会是"与天主亲密结合"的基督之奥体②；而在上帝国中，"普世万物，将和人类一起，在基督内达到圆满境界"③。因此，教会"成为天国在人间的幼芽和开端"实际上是顺理成章的。④ 当教会在世界之中作为上帝国之雏形存在时，她显然应该努力回应天国的要求，成为"共融、见证和使命的场所，以及拯救和转化社会关系的催化剂"⑤。与此同时，教会亦认可"天国之不完全的实体亦可超越教会的界限，在各地人们中间发现"⑥。当我们将这一理解置于救赎论的框架中，则意味着无论在何时、何地，只要人们为达致社会的公义、团结、和平而展开行动，即是参与了上帝救赎的过程，亦是参与了上帝国的建设。

---

① Paul Tillich, *Systematic Theology*, v. 3, p. 392.

② Lumen Gentium，1.《梵蒂冈第二届大公会议文献》，第 3、9—11 页。

③ Lumen Gentium，48.《梵蒂冈第二届大会会议文献》，第 82 页。

④ Lumen Gentium, 5.《梵蒂冈第二届大会会议文献》，第 7 页。

⑤ Pontifical Council for Justice and Peace, *Compendium of the Social Doctrine of the Church*, #52, 28.

⑥ Ibid, #50, 27.

罗马天主教会这一对历史与上帝国之关系的诠释，敦促人们将对爱与公义的意识贯彻于行动，以实践社会转化的使命；她甚至认为，如果"信友忽略此世的任务，便是忽略其爱人甚至爱主的任务，并将自己的永生导于危殆中"①，并且肯定"人类在历史之中的行动就自身而言，对天国的最终建立既重要、又有效"②。事实上，这几乎已经是神学可以作出的、对上帝国与历史之关联的最强烈肯定，因而它也必然会对公共神学或基督教社会伦理的教导与实践产生巨大的推动力量。在救赎论的维度中，这样的结论意味着人们的社会伦理实践可以是救赎史的重要组成部分。换句话说，救赎并非上帝单方面的行动，而人只能无所作为地被动等待；相反，即便救赎绝非人的努力能够达成，他仍可能在上帝丰盛的恩典中，以自身的天赋能力参与到这一过程中来，为上帝国的最终建立贡献自己的一份力量。在上帝无与伦比的恩典面前，人总是显示为被动；然而在回应恩典上——即便这仍需恩典的援助才是可能的——人却可以是主动的。如此，便达成了维德克尔（Dietrich Wiederkehr）所说的"主动与被动之辩证法"③。

上述讨论清楚地表明，通过对自然与恩典的重新整合以及终末论的复兴运动，今天的基督教神学得以重获探讨公共事务的权利。产生这一变化的根源在于，经历过启蒙运动所带来的冲击后，神学重新确认了自然秩序中的一切（包括今日为世俗理性所主宰的政治、经济体系）都没有绝对自治的权利，而是必须走向超自然的目标；在这一过程中，现存的自然秩序并不会被上帝遗弃，相反，

---

① Gaudium es Spes, 43.《梵蒂冈第二届大公会议文献》，第 248 页。
② Pontifical Council for Justice and Peace, *Compendium of the Social Doctrine of the Church*, #58, p. 21.
③ 维特克尔：《末世论的种种视角》，朱雁冰译，转引自王晓朝、杨熙楠主编：《现代性与末世论》，广西师范大学出版社 2006 年版，第 7 页。

神学可以通过自身兼具批判性与建设性的叙事，推动一种转化性的行动或实践，而这一实践则可以被看作是对上帝之救赎计划以及上帝国之建立的参与。正是在这种神学背景下，诞生了一种新的工作神学范式。这种基于"合作创造"的工作神学，一方面将批判现存经济结构中的工作异化（即一种偏离其超自然目标的自然秩序）作为己任，另一方面亦尝试将人的工作与终末的上帝国关联起来，并希望借此建立一种新的关于人类工作的神学标准。

第二节　若望·保禄二世与《人的工作》

已故罗马教宗若望·保禄二世在其 1981 年颁布的通谕《人的工作》（*Laborem Exercens*）中，以"合作创造"（co-creation）这一概念为基础，提出了一种新的工作神学。然而，与个体神学家的著作不同，这份通谕因其自身特殊的性质（代表了罗马天主教会官方的社会训导立场），它实际上深嵌于十九世纪末以来天主教社会训导的传统之中：首先，从现代天主教社会训导的第一份普世教会文件《新事》通谕（*Rerum Novarum*）开始，劳工问题就始终是教会关注的核心社会问题之一。其次，在《工作》通谕中，若望·保禄二世在劳动与资本的关系、对私有财产权的诠释等问题上的观点，事实上也并未超出《新事》通谕以及《四十周年》（*Quadrag-esimo Anno*，1931）通谕的基本立场。同时，这份通谕在诠释人类工作时所应用的救赎论与终末论的观点，亦明显和梵蒂冈第二次大公会议在这两个问题上的观点具有一种延续性（参见上一节的内容），而这恰恰是"合作创造"这一概念的重要神学来源。此外，基于创造与救赎谈论工作亦并非若望·保禄二世首创——早在 20 世纪 60 年代，谢努在《工作神学》一书中就已经提及了这一点。①因此，就某种角度而言，这份通谕中所表达的观点并非全部是革命性的。

然而，我们并不能因此便认为，这份通谕仅仅是现代天主教社会训导在工作问题上的传统观点之延续。相反，通过对文本的分析我们便会发现，若望·保禄二世的一些观点在对人类工作的神学讨论这一领域内，确实是全新的。至少就天主教社会训导的传统而言，《人的工作》第一次尝试为工作的意义与价值提供一种详细的神学解释。而在下文中我们也将看到，这种解释较之路德和加尔文对工作的诠释而言，有着相当大的不同。至于一种基于"合作创造"的工作观念，虽不是若望·保禄二世首先提出，但却是他第一次给了这一概念以具体的神学解释，并试图在此基础上建构一种合理的工作模式。

一、《人的工作》与合作创造

现代天主教社会训导的通谕文件，通常都包含两个维度的内容：其中一个维度是对所讨论的社会议题的神学、哲学性分析，另一个维度则是具体地揭示社会实践中存在的不公与冲突，以及尝试将所提出的神学、哲学分析具体地应用于实践。《人的工作》同样包含了这两个维度的内容。在这份被划分为五个部分的通谕中，除去"引言"一章之外，第二章（工作与人）及第五章（工作灵修中的因素）是有关人类工作的神学、哲学分析，而第三章（现阶段历史中的劳资冲突）主要是对具体社会现实的分析（亦包含了哲学的分析），第四章（工人权利）则涉及具体的社会计划。由于

---

① M.D Chenu, *The Theology of Work*, pp. 17–18.

本文的目标及篇幅的限制，我会将讨论的重点集中于这份通谕的第二章及第五章的内容——即它的神学、哲学叙事上，正是在这部分的内容中，教宗建构了他的一套工作神学。

从前的教宗通谕在讨论工作问题时，往往聚焦于某个具体的处境——如《新事》通谕所讨论的是工业资本主义中的工人阶级的境遇问题；《四十周年》通谕则将讨论工人问题及重建社会秩序的背景置于大萧条之中。然而，在《人的工作》的第二章的一开头，若望·保禄二世便指明了这份通谕在探讨人类工作时的特别之处，即教会将工作视为"人生存于世的一个基本维度"①。这意味着，教宗希望将工作作为一种普遍的、基本的人类现象来加以分析，而不是单独探讨某个具体时代中的人类工作。这同时也反映了教宗在撰写这份通谕时所持的一种野心——欲为这一普遍的现象寻找一种普遍的意义；换句话说，他希望能够建立一种具有普遍性的工作神学。

事实上，若望·保禄二世接下来的分析正是沿着这一进路进行的。在提出一个非常宽泛、一般的关于工作的定义后（这并非教宗所欲讨论的重点），他马上进入了对工作的神学分析。工作是"人生存于世的一个基本维度"，其依据何在、又包含着怎样的具体含义呢？教宗在《创世记》中找到了其工作神学的基础和起点："在人被'依照上帝的形象……造男造女'后，听到了这样的话：'要生养众多，遍满全地，治理这地'（创1：27—28）"②。工作如果能够作为人之实存的基本维度，意味着它同时必然是上帝创造之奥迹（mystery）的必要组成部分；换句话说，在创造之初，上帝为人所设立的使命中就已经包含了工作。而在教宗看来，上述经文

---

① John Paul II, *Laborem Exercens* – hereafter LE – #2, in *Catholic Social Thought: The Documentary Heritage*, p. 355.

② LE, #4.

的内容已经印证了这一使命的存在，他以下面这段话更具体地诠释了这节经文的含义：

> 人是上帝的形象，部分是因为他从造物主那里领受了治理（subdue）及管理（dominate）大地的命令。在执行这一命令的同时，人，每一个人，反映了宇宙之创造者自身的行动。①

这段话可以看作是整个《人的工作》通谕对人类工作之意义的概括性诠释。事实上，通谕第二章的内容，都可以看作是对这段话的具体分析及阐释。这段引文包含了几方面的重要信息：首先，它明确地肯定了人的工作是上帝之形象的体现——因此我们才能够说它是人生存于世的一个基本维度，同时亦是一种善。而这也从侧面否定了那种将工作视为堕落之结果的看法。因为早在描述堕落的经文出现之前，在《创世记》中就已经先出现了上述的命令，所以在教宗看来，工作显然是在人无罪时就已经给予人性的一种呼召，且这一呼召是永恒的，因而"在任何情况下，在这一过程的任何阶段，他都始终处于造物主原初的命令之中"②。

其次，人是上帝的形象这一事实部分地通过人的工作体现出来，而这一工作的形式必须是治理及管理大地这一决定性的行动，这才是工作之最深刻的含义。换句话说，在工作之中，上帝的形象必须透过治理及管理大地才能得以呈现。由此，便引出了教宗对"管理大地"（*dominium terrae*）这一其工作神学之核心概念的具体解释，而这种解释是与其对工作之主观维度及客观维度的划分紧密

① 　LE, #4.
② 　LE, #4.

关联的。在教宗的诠释中，人的工作具有两种意义，其一是客观意义，即通过治理大地而获得资源与产品。而在人们不断提高生产力——亦即自身获得资源与产品之能力——的过程中，科技得到了极大的发展，但正是科技发展在工业化中的体现——机械化，令我们今天必须"以新的方式重新提出人类工作的问题"①。在这里，教宗的关注点并非其他，而是科技发展、机械化对工作的人之主体性所产生的威胁。因此，他很快便将论述转向了工作的主观意义。

对若望·保禄二世而言，工作的主观意义简单而言即是指人在工作之中作为主体的意义与价值。更重要的事实在于，正是人类工作的主观意义而非其客观意义，才是理解"管理大地"一词的关键所在："为了继续我们与圣经告诉人的、他要管理大地的句子有关的对工作之分析，较之工作的客观意义，我们必须将远远更多的注意力置于主观意义上……"② 在这样做的时候，教宗这样解释工作的主观意义：

> 人须治理大地并管理它，因为作为"上帝的肖像"，他是一个位格（person），亦即一个能够以计划及理性的方式行动的主体，能够自己作出决定，且拥有自我实现的倾向。作为一个位格，人因此是工作的主体。他作为一个位格工作，实践属于工作过程的不同行动；独立于其客观内容，这些行动必须指向实现他的人性，以其人性中的理性满足成为一个他所是的位格之呼召。③

这一整段引文事实上都是对"人是上帝的形象，部分是因为他从

---

① LE, #5.
② LE, #6.
③ LE, #6.

造物主那里领受了治理及管理大地的命令"一句的具体诠释，其中包含了若望·保禄二世对人类工作之核心意义与价值的理解。显然，"位格"的概念对教宗来说是理解"治理大地"的关键，而他理解这一概念的关键词是"以计划及理性的方式、自己作出决定"。如果我们先不考虑这一理解的理论来源如何，教宗所欲表达的观点是非常清晰的，即人的工作必须能够反映他的位格——作为一个有意识的、自由的主体而决定或行动。[1] 换句话说，只有当工作以这样的方式实现工作者之人性时，人才可以称得上是在"治理"大地——人必须证明自己就是治理的主体。因此，第一段引文中"治理"实际上指向的便是工作的主观维度，而上帝在《创世记》中的命令所指向的也是工作的主观维度，而这便是工作伦理本质之所在。以这种方式，若望·保禄二世确定了人类工作的伦理价值——它并非由工作的客观意义所决定，而是由工作的人是一个"位格"、而非一个工具这一主观意义所决定。

当工作的伦理价值确定之后，它的反面——即何为异化的工作之标准也自然随之确定了。对若望·保禄二世而言，所谓异化（尽管他并未直接使用这个词）简单地说即工作之中人的主体性之消失，亦即对人的工具化："将工作当作一种特殊的'商品'或一种非人格的'力量'"[2]。以此为基础，教宗确立了劳动之于资本之优先性的原则[3]，并特别地批判了两种违反此原则、会产生工作异化的经济体系——自由主义（原始资本主义）及集体主义（马克思主义）。这两个在普遍观点中相互对立的经济体系，在教宗眼

---

[1]　LE, #6. See also Deborah Savage, *The Subjective Dimension of Human Work: The Conversion of the Acting Person According to Karol Wojtyla/ John Paul II and Bernard Lonergan*, New York: Peter Lang, 2008, p. 38.

[2]　LE, #7.

[3]　LE, #12.

里却走向了同一个错误的方向，即将工作的主观意义次要化，将利润（客观意义）而不是人当作生产之最重要的目标，因而很自然地将人视为生产工具而不是作为位格的主体。在这个意义上，教宗将二者统称为"资本主义"，并使用这一概念意指任何颠倒了工作之主观及客观意义的经济体系。①

现在让我们仍回到第一段引文，并分析它所表达出的最后一个同时也是最重要的神学观点——正是这一观点给予了工作的主观及客观维度以最终的神学价值，这便是"合作创造"的观念，它集中体现在教宗的这一表述之中："在执行这一命令的同时，人，每一个人，反映了宇宙之创造者自身的行动。"② 尽管教宗本人在这份通谕中从未直接使用过合作创造（co-creation）一词，但毫无疑问，他确实表达了这一观点。在这句表述中，工作被视为反映了造物主本身的行动，那么很显然它必然是一种创造活动。在通谕的其他地方——特别是在第五章中，教宗进一步指出了人通过工作进行的创造活动与上帝的创造活动之间的关系："……以上帝形象受造的人，以其工作分享了造物主的行动，并在某种意义上、在其自身作为人的能力范围内继续发展这一行动"③。这句话清楚地解释了人的工作与上帝的创造活动之间是一种"分享"及"继续"的关系，因此，教宗在此确实表达了一种"合作创造"的观念，而这一点也为许多评注这一通谕的神学家所认同。④

---

① LE, #7, 11, 13.

② LE, #4.

③ LE, #25.

④ See Michael Novak, "Creation Theology", Stanley Hauerwas, "Work as Co-Creation: A Critique of A Remarkably Bad Idea" and David Hollenbach, S.J., "Human Work and the Story of Creation: Theology and Ethics in *Laborem Exercens*", in *Co-Creation and Capitalism: John Paul II's Laborem Exercens*, ed. John W. Houck and Oliver F. Williams, C.S.C., Lanham, Md.: University Press of America, 1983, pp. 17-78.

　　尽管教宗在表达"合作创造"这一观念时没有直接使用终末论的神学语言，但透过他的描述我们可以清楚地发现，在教宗眼里人透过工作所参与的，绝非仅仅是上帝在创世之初的创造活动或其延续，更是指向终末之上帝国的"新创造"（new creation）。事实上，教宗是通过救赎论的语言来表述这一观点的。在救赎论的框架内，教宗这样形容人的工作："……个人的工作可以在上帝的眼中有意义，工作亦可与其他平常却有着特别重要性的构成因素，一起进入救赎的过程"，以及"……所有人通过工作更接近作为创造者和拯救者的上帝，参与其为了人及世界的救赎计划……"①。正如我们在上一节中已经看到的，世界史与救赎史事实上是同一的过程，上帝的救赎计划事实上也就是上帝有关世界历史的计划，而救赎的完成实际上也就是上帝国的最终来临。因此，当教宗将人的工作视为对上帝之救赎计划的参与时，他同时也就是在终末论的框架下谈论人的工作；换句话说，人通过工作参与上帝救赎计划的同时，也就是参与了上帝国的建设。也只有这样，他的观点才能与现代天主教社会训导传统中的"人类在历史之中的行动就自身而言，对天国的最终建立既重要、又有效"的观念保持一致。②

　　那么，人通过工作对上帝的救赎计划和上帝国之建立的参与究竟体现在何处呢？换句话说，作为合作创造者的工作的人，究竟和上帝一同创造了什么？事实上，正是在对这一问题的回答中，若望·保禄二世将工作的主观价值与客观价值统一在了一个共同的目标上，并且同时也赋予了这两种价值以更终极的意义。尽管教宗将工作的客观价值置于一个次要的位置上，但这并不意味着在他眼

---

① LE, #24.

② Pontifical Council for Justice and Peace, *Compendium of the Social Doctrine of the Church*, #58, p. 21.

里，工作的客观价值没有之于终末上帝国的意义。对他来说，这一意义在于"不断发现整个创造之中的资源和价值"，以这种方式分享并发展造物主的行动。较之工作的客观价值，教宗显然更为重视工作的主观维度之于合作创造的意义。我们在上文中已经看到，教宗将工作的主观价值与人作为一个位格的行动关联起来，而为了阐释工作之于救赎史的意义，他更进一步将人作为位格的主体性与其自身的尊严相关联。换句话说，当人作为主体和真正的位格而工作时，这样的工作便是符合人的尊严的，亦能够表达他的这种尊严。① 而当我们将工作的这一主观维度与上帝的救赎计划关联起来时，则工作不仅是人之尊严的表达，更能够——在若望·保禄二世看来——增进人的尊严。② 因此，"通过工作，人不仅转化自然，令它满足自身的需要，同时亦达成人性的完满，并确实在某种意义上变得'更具人性'"③。在这里，教宗将人的尊严视为一种动态的现实，可以通过工作的实践而得到发展，而人作为位格及主体的这种尊严之实现则是上帝之救赎计划的重要组成部分。因此，在主观及客观两个维度上，工作的人都得以进入救赎的过程，从而参与上帝的救赎计划，而这正是若望·保禄二世眼中的"工作灵修"，而其实质则是通过工作而与上帝合作创造。

在这份通谕的最后，教宗亦引入了基督论的语言来谈论人的工作，将作为一个工作者的基督以及祂的十字架和复活同人的工作关联起来。关于基督是一位工作的人，教宗这样解释说："……耶稣不仅宣讲福音，而且首先以行动满足这一'福音'的要求……因此，这也是'工作的福音'，因为宣讲它的人自己就是个工作的

① LE, #9.

② LE, #9.

③ LE, #9.

人，一个如拿撒勒的约瑟一样的木匠……祂属于'工作世界'，祂欣赏并尊敬人的工作。"[1] 据此，教宗肯定工作之于人类日常及灵修生活的重要性，同时亦肯定了工作的尊严。教宗更进一步将基督的十字架及复活与人的工作关联起来——更具体地说，是与人类工作中普遍的辛劳（toil）关联起来："在当下人的境遇中工作所必须包含的汗水和辛劳，为基督徒和每一个被召追随基督的人展现了充满爱地分担基督降世所做的工作之可能性。这一救赎工作通过十字架上的受难和死亡完成。在与为我们被钉十字架的基督的联合中忍受工作之辛劳之际，人便以某种方式与拯救人的上帝之子合作……在工作中，感谢从基督的复活之中刺入我们的光芒，我们总能找到关于新生命、新幸福的一丝微光，就像是在宣告'新天新地'，而人和世界正是通过工作中的辛劳而参与其中。"[2]

到此为止，我们已经大致勾勒出若望·保禄二世基于"合作创造"所建构的工作神学之框架。这一框架产生于创造神学，以"人是上帝的肖像"这一观念作为基础，解释人如何能够通过自身的工作，在主观与客观两个维度上参与上帝的创造性活动；而救赎论和终末论则在这一框架中将"合作创造"的意义进一步扩展至人与世界的终极命运这一维度上。同时，教宗亦将基督论加入到对人类工作的谈论中，但其这样做的目的并非是为了给"合作创造"或"位格"、"主体"等概念添加什么实质性的内容，而是为了用基督是一个"工作的人"这一事实进一步肯定工作的尊严，用基督的受难与复活给工作中普遍的辛劳赋予神学的意义。

二、分析与批判

《人的工作》通谕对于工作神学之范式转换的重要性，并不在

---

[1] LE, #26.

[2] LE, #27.

于它终于以基督教的名义展开了对现代世界中的工作异化问题的批判。事实上，从现代天主教社会训导的第一份通谕《新事物》开始，历任教宗就都曾对资本主义社会中的工作异化的状况进行过批判，并提出了改革的方向。然而，较之其前任教宗们多依赖自然律的语言谈论工作，若望·保禄二世第一次尝试以更多、更系统的神学语言为基础来诠释人类工作的价值以及这种价值在现代社会中的扭曲（工作的异化）。

事实上，通过与上一章内容的对比，我们不难发现，若望·保禄二世所发现的工作在现代世界中的异化现象，与马克思及韦伯对此的诠释在核心方面是极为相似的。对教宗而言，工作的异化发生于人们将工作的客观价值（物）置于工作的主观价值（人）之上时，正如他自己所形容的那样，由于"片面的物质文明的迅速发展……在这种社会处境中……人被视为生产的工具"①。而在上一章中我们已经讨论过的马克思对工作异化的分析中，他将这一异化概括为："……劳动者在自己的劳动中……不是自由地发挥自己的体力和智力，而是使自己的肉体受到折磨、精神遭到摧残……他的劳动不是自愿的劳动，而是被迫的强制劳动。这种劳动不是需要一种满足，而只是满足劳动以外的那些需要的手段"②，以及"……在现代世界，生产表现为人的目的，而财富则表现为生产的目的"③。我们同样也很容易在韦伯对这一问题的诠释中找到他与教宗之间的共识，这一共识就存在于韦伯对理性化的资本主义对手段与目标之颠倒的批判——特别是他对官僚体系的批判中。官僚体系

---

① LE, #7.
② 卡尔·马克思：《1844年经济学哲学手稿》，《马克思恩格斯文集》第1卷，第159页。
③ 卡尔·马克思：《政治经济学批判（手稿）》，《马克思恩格斯全集》第46卷上册，第486页。

在资本主义经济中的作用是为了带来更高的效率，以达致利润最大化这一目标。然而，当指向财富的效率本身成为目标时，官僚体系便成了一种强迫性的结构，工作的人则在其中成为纯粹的工具，他的工作亦仅仅是一种牺牲。

很显然，从某种意义上说，马克思、韦伯和若望·保禄二世在现代资本主义工作世界中所发现的，是同样一种工作价值的扭曲，即财富（客观价值）成为了工作的目的，而工作的人（主观价值）则成为手段或工具——即便他们各自乃是基于不同的形而上学基础作出的判断。因此，教宗在《人的工作》通谕中的讨论，实际上再次证明了神学应该并且有能力言说社会公共领域中的事物——以人的工作为例，神学有能力为其提供一种伦理或价值的基础，以及在此基础上批判现实中的异化及价值扭曲，并以转化现实为目标提出自身建设性的规划。在这一点上，若望·保禄二世的工作神学显然已经大大超越了路德和加尔文——后两者受其自身系统神学框架所限，无法提供一种克服现代工作世界中的异化现象的动力与资源。相反，部分由于工作异化的问题在路德和加尔文之后的时代随着现代资本主义制度的确立而日益突出，部分由于 20 世纪神学对自然与超自然的重新整合以及终末论的复兴，使得教宗一方面——特别是当他在天主教社会训导的传统内发言时——必须关注现代世界中的工作及工人问题，另一方面较之路德和加尔文而言，也有了在救赎论及终末论上更恰当的基础以批判工作的异化。因此，虽然就社会科学首先展开对工作异化之批判这一事实而言，若望·保禄二世的工作神学只能算是一个迟到的尝试；但就对工作的神学讨论这一领域自身而言，《人的工作》通谕则标志着一次重要的"范式转换"，即真正确立了神学讨论经济领域中的工作问题的合法性，并以一种与路德和加尔文有着明显区别的神学语言来诠释工作的意义及价值。

事实上，马克思等社会科学研究者在工作问题上和教宗的一致性，不仅体现在他们对异化现象——即何为价值扭曲——的诠释上，亦体现在他们对工作之价值的认同中。我们已经在若望·保禄二世的工作神学中看到了一种工作与人的尊严之间的关联，即作为位格及主体实践的人的工作，不仅能够表达人的尊严，亦能够增加人作为位格及主体的尊严、令人更具人性。而在马克思对工作之意义的理解中，我们同样能够发现类似的观念：马克思认为，在工作之中且通过工作，人可以改变他自己的人性，即"改变他自身的自然……使自身的自然中蕴藏着的潜力发挥出来"①，工作由此便成为一种人之自我实现的途径。

然而，正是在这些一致性中，我们也同时发现了若望·保禄二世在《人的工作》通谕中所建构的工作神学之问题所在，那就是，尽管教宗在这份通谕中大量地使用了神学语言来谈论人的工作，但事实上他所持的关于工作的许多观点仍然太过"自然"（natural）。换句话说，在相当程度上，基督教神学在这份通谕中并未成为教宗用以谈论工作的后设叙事；相反，他一方面仍太过依赖自然律（natural law）来探讨工作的意义与价值，另一方面又疏于对社会科学作出与价值相关的辨析或批判。因此，尽管以神学的名义出现，但教宗的这份通谕本质上并未突出基督教神学自身独特的叙事，因而在很多方面，教宗的观点和当代主流的政治经济学观点之间的差距，也许并没有他自己想象得那样大，从这一点来说，这份通谕在政治经济改革方面的观点显得既乐观、又保守。在接下来的部分里，笔者将围绕上面所提及的这一问题，展开对若望·保禄二世之

———————————

① 卡尔·马克思：《资本论》（一），《马克思恩格斯文集》第5卷，第208页。

工作神学的批判。

首先，若望·保禄二世在《人的工作》中，遵循了韦伯的"事实—价值分离的策略"。当然，教宗采用这样的策略在相当程度上是为了更方便地在普世的范围内倡导教会的伦理——这实际上与现代天主教社会训导一直到梵蒂冈第二次大公会议之前，都在教会通谕及文件中更多地使用自然律而非圣经中包含的启示的做法，出于同样的考量。那么，教宗对"事实—价值之分离"的认可具体体现在何处呢？霍布古德（Mary E. Hobgood）在其对《人的工作》通谕的诠释中敏锐地指出："……通谕明确地拒绝对经济学进行一种结构性分析。"① 用教宗自己的话表述："劳资之间的对立并不产生于生产过程的结构之中……或产生于经济过程的结构之中。"② 很显然，教宗在这里将资本主义经济制度视为一种价值中立的社会结构、一个不包含价值的"事实"，而工作的主观价值次要于客观价值的异化现象之所以会发生，在他看来是由于早期的资本家"没能充分注意到工人的权利"——换句话说，异化产生自个体资本家之不道德的选择。③ 因此，虽然教宗将他所批判及反对的自由主义和集体主义经济统统批判为"资本主义"，但在事实上他所支持的正是一种资本主义的经济制度，或者更准确地说，是一种去除了错误的道德观念、重视工人作为位格之权利的资本主义制度。在教宗看来，他所论述的、以《创世记》为基础的对人类工作之主观维度的强调，可以作为一种恰当的道德，为资本主义经济体系从外部提供一种价值或意义，从而克服工作的异化

① Mary E. Hobgood, *Catholic Social Teaching and Economic Theory: Paradigms in Conflict*, Philadelphia: Temple University Press, 1991, p. 175.

② LE, #13.

③ LE, #8, See also *Catholic Social Teaching and Economic Theory*, p. 176.

现象。

在《人的工作》通谕中，若望·保禄二世对资本主义的赞同体现在很多方面，首先便是他对私有财产制度的（虽然并非无条件的）赞同以及对社会主义的拒绝。① 此外，他在通谕中提出的具体改革计划，如增进工人的各项权利、完善工会制度、加强工人参与等，亦都是试图在资本主义制度内部作出一些可能的修正②，且这些看似激进的改革事实上已经在很多发达资本主义国家中发生了。如果说在《人的工作》中，教宗对资本主义制度的支持尚是以非直接的方式体现，那么最直接的肯定很快就在他的下一份社会通谕——为了纪念《新事物》通谕一百周年所颁布的《百年》通谕（Centesimus Annus）中——地被表达出来。在《百年》通谕中，面对能否肯定资本主义制度的问题，教宗的回答是："如果我们讲的'资本主义'，是指一种经济系统，而这系统承认公司、市场与私有财产、承认因拥有生产工具而来的责任、承认人在经济方面中的自由创作能力，都有其正面的基本职分，则答案当然是肯定的"；且这一资本主义应具有"强而有力的司法架构加以规限的经济系统……有法律将之置于服务人类整体自由之境……有视之为以道德及宗教作为其核心的全面自由"③。正如乔治·维格尔（George Weigel）所指出的那样，教宗在这里所主张的，实际上是一种三重资本主义体系（a tripartite capitalist system）——"在其中，民主政治与活跃的道德文化规范并调节自由的市场"④。正因

---

① LE, #14.

② LE, #16—23.

③ 若望·保禄二世（John Paul II），《〈百年〉通谕》，#42.

④ Gorge Weigel, *Soul of the World: Notes on the Future of Public Catholicism*, Washington, D.C.: Ethics and Public Policy Center; Grand Rapids, Mich.: Eerdmans, 1996, p. 138.

如此，《人的工作》及《百年》通谕才受到了肯定一种民主资本主义制度的神学家迈克尔·诺瓦克（Michael Novak）的热烈赞扬①，而诺瓦克本人在斯蒂芬·朗的分析中，亦在相当程度上是"事实—价值分离策略"的执行者。②

其次，作为一种对人类工作的"神学"诠释，当教宗一开始就采用"事实—价值分离的策略"，因而不得不认同资本主义政治经济学的基本假设时，《人的工作》便已经在很大程度上丢失了基督教神学的立场。正如笔者在上一章详述韦伯的这一策略时已经指出的那样，资本主义经济学对世界的理解远非一种纯粹的"事实"，相反，它其中已经包含了特定的价值，即一种未经证实的对世界的整体观念——关于"资源稀缺"的形而上学假设。而当整个经济结构基于这种假设运作时，每个理性的经济人所追求的目标必然是效用的最大化，换句话说，即工作的客观价值。因此，在教宗认同资本主义的同时，工作的主观价值次要化于其客观价值的事实在某种程度上就已经是不可更改的，且这一事实并不能因为某种从外部提供的道德或价值（如教宗本人所做的那样）而改变——无论这种道德和价值是基督教的，抑或其他宗教或世俗的价值。正因如此，教宗在保持资本主义制度的前提下，全面恢复被扭曲了的工作之主观价值的设想，从根本上而言是很难实现的。

《人的工作》通谕所包含的第二个严重的神学问题，在于教宗将工作的主观维度——更具体而言是工作的人之位格及主体性——视为衡量工作的最高伦理价值这一观点。在这里，我并非是想完全否定教宗这一对位格及主体性的强调，而是想指出其诠释中所包含

---

① Michael Novak, *The Catholic Ethic and the Spirit of Capitalism*, New York: Free Press, 1993, pp. 89–144.

② D.Stephen Long, *Divine Economy*, pp. 13–16.

的致命的缺陷——缺乏与一种以基督教神学语言定义的、关于工作之具体目标的关联。正如我们在上文中已经看到的那样，教宗对他视为工作价值之核心的主观维度的描述，是与"位格"的概念紧密关联的，而这一概念在他那里实际上指向的是诸如自由、理性、自治、自决等观念。事实上，教宗对位格概念的理解——正如许多他的研究者所指出的——在相当程度上是植根于超验的托马斯主义的。① 基于这种亚里士多德—托马斯主义的形而上学传统，教宗将人的主体性视为其存在中不可化约的部分。② 正如我们所知道的，在圣托马斯那里，人的自由必须与一种终极的目标相关联，但就人的自由如何与终极目标相关联这一点而言，不同神学家的诠释却有着相当大的区别。对由拉纳而来的超验的托马斯主义而言，与恩典相关联的关于终极目标的知识，人可以在特殊的启示之外获得，换句话说，人可以"自然地"获得关于超自然目标的知识，因此才会有所谓的"匿名基督徒"一说。③ 相反，对于由德吕巴克（Henri de Lubac）等人所代表的另一个传统来说，这一知识只能在上帝透过耶稣基督带来的启示中、通过教会而获得。

在这两个不同的传统之间，若望·保禄二世将自身置于了前者之中。他将人类学作为其伦理研究的基础，认为人对善的理解可以通过他的经验而获得，这是因为理智与意志拥有朝向真、善的自然倾向。④

---

① John Hughes, *The End of Work: Theological Critiques of Capitalism*, Malden, MA; Oxford: Blackwell Pub., 2007, p. 19.See also Deborah Savage, *The Subjective Dimension of Human Work*, pp. 105–120.

② Deborah Savage, *The Subjective Dimension of Human Work*, pp. 119–120.

③ Karl Rahner, *Theological Investigations*, vol.Ⅲ, pp. 86–89.

④ Karl Wojtyla, "On the Metaphysical and Phenomenological Basis of the Moral Norm in the Philosophy of Thomas Aquinas and Max Scheler", in *Person and Community: Selected Essays*, trans.Theresa Sandok, New York: Peter Lang, 1993, pp. 73–94.See also Deborah Savage, *The Subjective Dimension of Human Work*, pp. 122–124.

因此，较之德吕巴克的神学进路，即试图通过上帝赠予的、经由基督和教会传达的特殊启示将自然"超自然化"（supernaturalize）而言，教宗的进路则倾向于放弃特定的神学语言在这方面不可或缺的作用，因而指向了一种对超自然的"自然化"。这样，当教宗将其道德神学的方法论应用于《人类工作》通谕时，便产生了严重的问题：当他用大量篇幅强调工作中的人作为一个自由、理性的位格之重要性的同时，我们却很难看到这一自由具体到人类工作的领域中，应当如何运用以及指向何种目标。当然，教宗在此对自由的理解——特别是当我们将其置于天主教人格主义的传统中来考量时——绝不能与西方自由主义对自由的理解——其本质是一种形式的自由（formal liberty）——相混淆。教宗在通谕中对"大众公益"（common good）一词使用也清楚地指向了这一点。然而，在现代工作世界的语境中，"大众公益"的具体含义真的是不言自明的吗？对工作的内在以及外在价值而言，"大众公益"又分别意味着什么？即便在整个天主教社会训导的传统下，若望·保禄二世并不需要对这一概念特别地加以解释，但就一份专门讨论人类工作的通谕而言，未能在工作这一具体的语境中清晰地诠释出与位格、自由相关联的"大众公益"究竟指向一种怎样的目标，不得不说是这份通谕的一个严重的缺失。而当缺乏这样一种具体的解释时，一种关于工作的神学便很难保证它对工作的解读在实践中不会为资本主义意识形态所扭曲。

再次，在若望·保禄二世对工作参与"合作创造"的具体诠释中，我们同样能够发现神学上的问题。前文的论述中已经提到，在教宗看来，人的工作在合作创造中的角色是在客观及主观两个维度上同上帝合作，参与救赎史的过程及上帝国的建设。然而，如果仔细分析他对这两个方面的理解，便会发现其中都存在着某种程度的不妥。首先是关于工作的客观价值作为合作创造的恰当性——即通过工作"不断发现整个创造之中的资源和价值"能否被视为是与上帝的合作创造？以终末论的维度来看，上帝的创造工作并没有随着创世的完成而完成；上帝创世行动本身已然是第一次救赎行动以及世界史与救赎史之同一的事实，意味着只有救赎完成之际才是创造的最终完成。正如天主教神学家孔汉思（Hans Küng）的观点所表达的那样："世界的终结……是上帝创世工作的完成"①。然而问题的关键在于，上帝在创世之后的继续创造，是否包含物质的层面——即教宗眼中的工作的客观维度所指向的目标？如果我们以《创世记》第一章为依据来回答这一问题的话，那么教宗的观点便是相当可疑的。斯坦利·豪尔瓦斯（Stanley Hauerwas）在对这份通谕的批判中，明确反对教宗关于人的工作在其客观维度上可以作为与上帝之合作创造的观点。在他看来，"有关创世叙述的好消息是上帝完成了祂的创造，而人类无需再做什么即可看到其完美。而这正是上帝会称其为好并安息的原因——更重要的是祂邀请我们安息于其完成了的善的创造中"②。我们同样不能忘记卡尔·巴特（Karl Barth）在这一问题上的立场鲜明的观点，即是安息日给予工作以意义，而非相反。③ 对巴特而言，上帝在物质层面的创造工作在创世时已经完成，因而工作在其客观维度上并非是与上帝的合作创造，而是一种自我保存的活动，其人类学上的意义在本质上是此世的。④ 而在豪尔瓦斯看来，教宗的这份通谕所表达的人作为上帝之"合作创造者"（co-creator）的

---

① 孔汉思：《上帝存在吗？》（下），许国平译，第381页。

② Stanley Hauerwas, 'Work as Co-Creation: A Critique of A Remarkably Bad Ideal', in *Co-Creation and Capitalism*, p. 45.

③ Karl Barth, *Church Dogmatics* Ⅲ/4, ed. G. W. Bromiley and T. F. Torrence, Edinburgh: T. & T. Clark, 1961, pp. 51–61.

④ Ibid, p. 471. See also John Hughes, *The End of Work*, p. 12.

观点，恰恰是其所引用的《创世记》文本之原意的反面。①

　　因此，若望·保禄二世关于工作在客观维度上是与上帝之合作创造的观点，事实上缺乏足够的神学基础。更重要的是，教宗的这一观点同时包含着一种危险，即它似乎预设了上帝原初的创造在物质层面不是丰盛（plentitude），而是一种稀缺（scarcity）。这一观点在与《创世记》中所表达的关于创造之美好、丰盛的观念相悖的同时，却恰恰符合资本主义政治经济学所包含的基本假设，即我们在前文中已经提到的、预设了资源之稀缺性的"稀缺的形而上学"。而在这一稀缺观念的主导下，人之工作在其客观维度上所应承担的责任便在神学上被夸大了，工作—安息之间以后者为基础的结构也随之被颠倒。人们为了更好地完成与上帝之合作创造在客观价值上的使命，不得不拼命工作，其结果是人们很容易以"效用"（utility）这一资本主义意识形态下不与任何真、善、美的目标相关联的概念，作为衡量工作价值的标准。这样看来，如何能够真正令工作的客观价值次要于其主观价值，以及如何能够克服现代资本主义对工作的偶像化，便成了教宗的工作神学事实上难以解决的问题。

　　我们再来讨论一下合作创造中工作的主观维度。对教宗来说，工作的主观维度之于合作创造的意义在于，人们能够通过工作增加自身的尊严，从而参与到上帝的救赎计划中。然而，在这里一个重要的神学问题必须被提出，那就是：人的价值与尊严究竟从何而来？沃弗在回答这一问题时使用了这样的句子："……它们唯独来自上帝。"② 更具体地说，在教宗看来，人的尊严与价值能够通过

①　Stanley Hauerwas, 'Work as Co-Creation: A Critique of A Remarkably Bad Ideal', in *Co-Creation and Capitalism*, p. 45.

②　Miroslav Volf, "On Human Work: An Evaluation of the Key Ideas of the Encyclical *Laborem Exercens*", in *Scottish Journal of Theology*, vol.37(1984) , p. 73.

他所理解的人之位格性及主体性——即人之理性、自由、自决等的增加而得到提升。而在沃弗看来，这种提升对于建基于上帝造人以及基督为人受难、复活之上的人类尊严来说，是成问题的：工作永远只是对这一尊严之感激的表达，而非提升后者的方式。① 莫特曼在其《俗世中的上帝》（*Der Gott im Projekt der Modernen Welt*）一书中也表达了同样的观点，即"就神学的立场而言，人性尊严的基础在于：人具有上帝的形象，而不在于人的品质，也就是说，它建立在他和上帝的关系之上。"② 以此理解为基础，人的尊严与价值并非如教宗所理解的那样，是一种动态的现实；相反，它因上帝与人的关系这一客观事实而是确定且不可更改的。因此，即便人能够通过工作提升其作为位格这一现实，即增加其自由、理性与自决，但这并不意味着人的尊严与价值在这一过程中也得到了提升，工作因此也就无法在这一方面同上帝合作创造。不仅如此，教宗这一工作能够影响人之价值的观点，更能在某些情况下伤害到人作为位格及主体的地位。例如——正像沃弗所正确质疑的那样——"是否那些不能工作的人（例如老者）的生命比之那些勤劳的工人更少价值?"③ 很显然，如果事实真的如此，那么尚未工作的少年、已经退休的老者以及身体有残疾而不能工作的人，其主体性及尊严便会因为没有工作这一事实而或多或少地受到损害，而这一后果的出现显然是与教宗论及工作和尊严的初衷相悖的。

最后，讨论一下若望·保禄二世在这份通谕中对基督论的使用亦十分必要。在本文看来，教宗将人的工作与基督论关联起来的方

---

① Miroslav Volf, "On Human Work: An Evaluation of the Key Ideas of the Encyclical *Laborem Exercens*", in *Scottish Journal of Theology*, vol.37(1984) , p. 73.

② 莫特曼（Jürgen Moltmann）：《俗世中的上帝》，曾念粤译，第87页。

③ Miroslav Volf, "On Human Work: An Evaluation of the Key Ideas of the Encyclical *Laborem Exercens*", p. 73.

式，其中最大的问题在于将基督论在工作神学中边缘化。换句话说，教宗在这里使用基督论的目的，并非为了从《圣经》关于基督的叙事中为人的工作寻找一种恰当的模式，甚至不是为了给其对工作主观价值的强调增添某种实质性的内容，而仅仅是为了从基督之神性的角度印证工作的尊严。在这里，我们再次看到了教宗在诠释工作时，将创造论置于基督论等神学语言之上的进路。因此，在《人的工作》通谕中，我们事实上看不到基督论为人的工作提供任何真、善、美的目标，也无法看到它如何能为克服现代世界中的工作异化提供任何帮助；相反，通过教宗的诠释，我们看到的却是基督为异化本身提供了积极的意义。在通谕中，教宗将基督的受难与人工作的辛劳关联起来，以说明工作中的辛劳是与被钉十字架的基督一起忍受辛劳，并以这种方式和基督一起参与救赎的过程。然而，这一诠释中的问题是显而易见的，其原因在于，基督的受难之中虽然包含了一种使命的完成，但同时也包含着一个消极的维度，且这一消极维度所指向的并非一种中性的"辛劳"，而是人类之罪的集中体现。因此，较之辛劳，基督被钉十字架的事件就其消极维度而言更接近工作之中的异化，后者同样是罪的反映。而就工作自身而言，事实上我们在经验之中时常很难在辛劳与异化之间作出明确的区分，因为二者都是主观上的一种消极的经验。这两方面的因素加在一起，使得当教宗用基督的受难为工作中的辛劳赋予意义的同时，也在不自觉之间合理化了现实之中工作的异化——至少是合理化了对工作异化的忍受——特别是当人们将某些情境下的异化视为一种辛劳时。

总而言之，若望·保禄二世在《人的工作》中，试图提供一种较之路德和加尔文更全面的、更系统的对工作的神学解释，事实上他也的确在某种程度上实现了这一构想。因此，较之宗教改革家们

的工作伦理而言，教宗在通谕中所作的论述更接近一种真正意义上
的工作神学。尽管如此，他对人类工作的诠释中存在的问题也是显
而易见的。就他试图基于"合作创造"这一概念建立一种新的工作
神学范式而言，教宗对这一"合作创造"之具体内容的解释并不能
令人满意。然而其工作神学的最大问题，还在于其诠释的核心内
容——工作的主观价值，只不过是一种关于"自由权利的人文主
义"①，一种事实上离开神学语言依然能够存在的人类学。因此，教
宗对工作的诠释实际上仍未离开天主教社会训导的自然律传统，亦
未能从传统的神学语言中挖掘出一种可以为现代世界中的工作提供
一种指向真、善、美之目标的具体模式，也未能以神学作为后设叙
事来发现资本主义政治经济学与神学之间存在的巨大冲突；相反，
他只能选择继续相信并依赖资本主义制度这一事实上是现代工作异
化之根源的经济结构。在下一节中，我们会将目光转向另一位基于
"合作创造"的观念建构其工作神学的神学家——沃弗，并考查他的工
作神学较之若望·保禄二世取得了哪些进展，同时存在着哪些问题。

第三节　沃弗：《在圣灵中工作》

《人的工作》通谕颁布十年之后——也是谢努的《工作神学》
出版近三十年后，天主教神学尝试对人类工作作出系统性的神学诠
释的努力才在新教神学中得到回应。从某种意义上说，沃弗的这本
《在圣灵中工作：走向一种工作神学》（*Work in the Spirit：Toward a*

---

① 　John Hughes, *The End of Work*, p. 22.

Theology of Work）可以被视为一种将天主教与新教关于人类工作的看法综合起来的努力。很明显，沃弗在这本著作中所表述的观点，已经在很大程度上脱离了路德、加尔文直至巴特为新教神学对工作的谈论所搭建的"此世的框架"，转而依托终末论及圣灵论，建构了一种更接近天主教立场的、同样基于"合作创造"的工作神学。同若望·保禄二世一样，沃弗对工作的谈论亦是针对现代社会中工作的异化这一处境来进行的，并试图以基督教神学为资源，为一种正确的工作价值提供基础，以克服异化现象的发生。

然而另一方面，沃弗的工作神学同若望·保禄二世对人类工作的诠释之间亦存在着许多差异。较之教宗，沃弗更多地使用基督教神学的语言来谈论人的工作。他特别将其工作神学建基于他的老师莫特曼的终末论，并以一种特殊的三一论（trinitarian）语言来具体诠释人们怎样通过工作而达致同上帝的合作创造。同时，沃弗对现实中存在的各种类型的工作异化现象，也作了比教宗更为详尽的分析与批判。尽管如此，通过下文的讨论我们将会看到，沃弗的工作神学在某种意义上仍然远远不够"神学"；他的终末论、三一论语言虽然足够为工作提供一种神学意义（theological significance），但却依旧没能提出克服工作异化的有效途径。从这一点上来说，沃弗的工作神学事实上没能完成对若望·保禄二世的超越。

一、人的工作与上帝的新创造

同教宗一样，沃弗对人类工作的讨论也是从对工作的定义开始的。与教宗所提供的一种非常宽泛的工作定义不同，沃弗的定义明确地对工作的范围作出了限定。对沃弗来说，工作是一种为了满足人类需要而进行的工具性活动。① 换句话说，如果一种活动的目的

---

① Miroslav Volf, *Work in the Spirit: Toward A Theology of Work*, pp. 10-14.

仅仅在于自身，那么它便不能算是工作；工作必须指向某种外在的目标，工具性是工作的一个基本特征。这样一种对工作的定义一方面能够防止其自身成为剥削及压迫性意识形态所利用的工具——如将工作定义为一种苦工（合理化工作的异化）或一种获利的职业（将家庭劳动排除在外）①，同时它也并不拒绝工作有其内在的价值；另一方面，正如沃弗所明确指出的那样，这是"一个纯粹形式的工作定义"②，即不包含任何实质性内容或任何价值标准。这种对工作的定义显然是一种对工作之外延的限定，其作用是为沃弗接下来对工作的神学讨论提供一个恰当的范围，而这种神学讨论的目的，则是为了给被称为"工作"的人类活动提供一种神学的内涵。

与教宗并未将自己的工作神学放在基督教神学对这一问题之讨论的历史脉络中不同，沃弗对自己参与其中的对工作神学的范式转换持一种自觉的态度。因此，在扼要地回顾了工作在人类历史中的变迁、当代工作领域中存在的危机以及以亚当·斯密和马克思为代表的世俗社会中有代表性的工作哲学后，沃弗马上转向了对神学传统对工作之讨论的批判。他首先考虑了产生自早期教父的、在"成圣"教义的语境中理解人类工作的进路。对于这一进路，他的观点是："如果基督徒想要获得关于其工作行为的伦理准则，那么这一关于工作的进路是必不可少的。但如果我们希望忠于圣经的启示，并与当代工作世界产生相关性，我们便需要在一些地方修正这一进路，并将其置于一个更广阔的神学框架中。"③ 这一更广阔的神学框架意味着什么呢？在沃弗眼中，"工作神学是对人类工作的

---

① Miroslav Volf, *Work in the Spirit: Toward A Theology of Work*, pp. 8–9.

② Ibid, p. 11.

③ Ibid, p. 73.

本质及成果的教义性反思"①。这对他而言，意味着神学对工作的思考不能仅停留在伦理层面，而应在上帝与世界的关系史中、在上帝之创造的目的中探寻工作的意义。换句话说，沃弗希望能将工作的问题放在系统神学的框架内进行思考。

　　沃弗为他的工作神学选择的框架是"新创造"（new creation）这一概念。具体地说，他尝试以莫特曼在《希望神学》（*Theology of Hope*）一书中的洞察为依据，在一种"创造—救赎—终末"的关联中建构他的工作神学②，而将人的工作与上帝在终末的新创造关联起来的则是圣灵。因此——正如沃弗自己所概括的那样，他所采纳的是一种"'终末论'与圣灵论（pneumatological）的工作神学"③。在终末论方面，沃弗几乎全盘接受了他的老师莫特曼对上帝国与历史的诠释，其中最为他所强调的则是历史与终末的上帝国之间的连续性，即终末意味着世界的转化（*transformatio mundi*）而非中断。正如我在本章的第一节中已经讨论过的那样，这种连续性对于包括工作神学在内的基督教公共神学及社会伦理而言有着非常重要的意义，沃弗显然对这一点有足够深刻的认识。对他来说，如果当下秩序与上帝国之间是不连续的、断裂的，则意味着人的工作只具有此世价值而不具备终极意义。而在这一前提下，虽然工作之于信仰、成圣及服侍上的意义在逻辑上仍然可能，但终末的毁灭与创造的善之间在神学上却是冲突的，而与此同时，包括工作在内的积极的社会与生态参与亦将失去终极意义。④

---

① Miroslav Volf, *Work in the Spirit: Toward A Theology of Work*, p. 74.

② Jürgen Moltmann, *Theology of Hope: On the Ground and the Implications of a Christian Eschatology*, New York: Harper & Row, 1967. See also Jürgen Moltmann, *The Coming of God: Christian Eschatology*, trans. Margaret Kohl, London: S.C.M. Press, 1996.

③ Volf, *Work in the Spirit*, p. 79.

④ Ibid, pp. 89-91.

因此，对沃弗而言，一种恰当的工作神学只有建立在一种连续的而非断裂的终末论基础上才是可能的。在这一基础上，沃弗将人类在世界中的工作与终末的新创造直接关联起来，从而令工作获得了终极上的意义与价值。具体而言，这一直接性体现在人类工作成果中所包含的真、善、美，能够在终末来临之际作为上帝之新创造的一部分而被保留下来：由于上帝国是对这个现存世界的更新，是对创造秩序的解放、转化而非毁灭，因此，人的工作成果可以成为荣耀世界的"建筑材料"（building materials）。① 然而在这里，有一个问题是沃弗所无法回避的，即他的这种对工作的诠释是否拥有《圣经》的基础。也许正是为了避免遭到类似的质疑，沃弗在此特别解释了工作神学应怎样与《圣经》关联，特别是怎样与《新约》相关联的问题。在他看来，《新约》对于人类工作的表述，除了明确肯定其作为一种维持生计的手段之外，其他时候基本是沉默的。因此，工作神学的《圣经》基础不能在其关于工作的明确表述中寻找，而必须从《新约》的终末论中寻找答案，即"……世俗工作的意义有赖于创造的价值，而创造的价值则取决于其终极命运"②。而在沃弗那里，新约关于终末的论述所传达出的——与莫特曼在《新约》对此的论述中的发现一致——是一种连续的、历史的终末论。因而，沃弗为他的工作神学所找到的《圣经》基础并非是一种直接性的证据，而是间接地从建基于《圣经》的系统神学的终末论中推论而出。

具体而言，工作作为与上帝的合作创造体现在哪些方面呢？在沃弗的讨论中，这种合作创造首先体现在"对创造秩序的保存"

① Volf, *Work in the Spirit*, pp. 91-92, 94-98.

② Ibid, p. 93.

中，即通过工作与上帝一起进行创造性的活动，以协助上帝保存创造的秩序。① 工作作为合作创造的另一个，亦是更为沃弗所强调的维度则与终末之转化有关，即人通过自身的工作同上帝在终末之新创造中的合作。事实上，沃弗在表述工作参与新创造这一观点时，所采取的是一种非常审慎而辩证的方式，而这也可以看作是他尝试将传统新教神学在这一问题上的观点与天主教神学相融合的一种努力。一方面，他承认世界仍在罪之下，因而人的工作自身无法创造上帝的新世界；上帝国在根本上是作为一种礼物被赠与人的，而其决定性的行动更是由上帝在历史的终结处单独完成。另一方面，沃弗亦认为人对上帝国的等待并不必然是完全被动的，相反，人参与上帝国的建设是盼望终末之到来的补充和必然结果。工作可以是对上帝国之有限的、不完美的贡献，而这正是沃弗眼中"合作创造"的真正含义。②

然而，在沃弗看来，人的工作并不能凭借自己的力量便成为与上帝的合作创造、而与终末的新创造关联起来，要实现这一点同样需要来自上帝之恩典的帮助——在他的工作神学中，这种帮助是通过圣灵完成的。对圣灵神学的强调也是沃弗在基于"合作创造"建构工作神学时，较之若望·保禄二世的天主教进路最大的不同之一。教宗对这一问题的阐述几乎完全是依据创造论来进行的，而沃弗则进一步使用了三一论的语言来说明人的工作何以可能成为与上帝的合作创造。在这里，沃弗首先批判了新教神学对圣灵之工作的私人化、属灵化。这一事实上属于前文中已经讨论过的"宗教私人化"中的一个维度的神学现象，在沃弗眼中是严重偏离福音的。

---

① Volf, *Work in the Spirit*, pp. 98–99.
② Ibid, pp. 99–100.

他强调圣灵的拯救必须包含整个实在，而不仅仅是人的灵魂。工作的领域正是圣灵活动的场所之一，通过圣灵的工作，人的工作才得以成为与上帝的合作而进入新创造的领域。① 事实上，沃弗引入圣灵论的目的之一便在于更新路德之工作作为呼召的观念，从而完成工作神学从"呼召"到"合作创造"的范式转换。因此，沃弗在详述圣灵与工作的关联之前，首先批判了路德的"呼召"观念作为工作神学之基础的不足之处。

沃弗认为，路德以外在呼召（*vocatio externa*）的观念诠释人的工作，其积极意义在于赋予了工作较之以往更大的价值，并且克服了中世纪神学对实践生活与沉思生活的等级划分。然而另一方面，这一理解工作的进路亦存在着明显的神学问题：首先，"呼召"的理解并不关心工作的内在品质，从而使得每一种工作都可能成为呼召——其中亦包括了异化的工作，因此，呼召的观念无力应对现代工作世界中的异化问题。其次，"呼召"的观念认为任何职业都可能成为服侍上帝的场所，因此它易被带来工作异化的意识形态所歪曲及滥用，其结果同样是无法对工作异化问题作出反应。最后，"呼召"的观念强调工作之静态、单一及永久性的特征，而这显然无法与现代工作在历时性及共时性上的（diachronic and synchronic）多元性相调和。② 所有这些"呼召"的工作观中存在的问题——沃弗认为，都能够在一种圣灵神学的框架中得到解决。在他的论述中，工作是否能够参与终末的新创造与圣灵的工作紧密相关。换句话说，并非所有工作都是上帝的呼召，相反只有那些在圣灵的指导与启发下完成的工作，其性质及成果才能反映新创造的价值，而在

---

① Volf, *Work in the Spirit*, pp. 102–105.

② Ibid, pp. 106–109.

这一过程中，每个工作的人都可以在圣灵的帮助下从事合乎其天赋及能力的工作，而不是被死死钉在其当下的职业中。这样一来，工作神学便可以在圣灵之工作的基础上展开对工作异化的批判，并避免如"呼召"的观念一样为意识形态所滥用，从而将工作真正转化为同上帝在新创造之中的合作，指向其在新创造之中的目标。①

通过使用"创造—终末论"的神学框架以及对圣灵工作的重新诠释，沃弗希望可以建构一种更新了传统新教神学基于"呼召"对工作之诠释的工作神学。在他看来，这一能够回应现代世界中的工作之新变化的神学具备以下几个特征：首先，它有坚实的神学基础，即来源于基督教神学的道德叙事。其次，它是一种规范性的（normative）工作神学，即提供了关于什么是工作之应然（should be）的言说——在沃弗看来，新创造的概念中便包含了这一客观的标准，即关于公义（justice）的标准及某种对爱的理解。再次，由其所包含的标准化伦理原则所决定，这一工作神学亦必须能够推动及促进一种朝向新创造的转化性实践。换句话说，工作神学不能只是一种特定的对人类工作的诠释，而应以推动公义实践的产生为其最终目标。最后，基于新创造的圣灵论的工作神学亦是一种整全的（comprehensive）工作神学：由于新创造是一个普遍的现实（新天新地），因此工作神学应处理工作如何同包括上帝、人及非人类环境在内的一切现实相关联的问题，从而带来上帝、人及自然之间的和谐；同时它亦必须考虑到全球不同地域的情况，以及在历时性上涉及未来的维度。②

以上对沃弗之工作神学的讨论只包括了其观点中最核心的部

---

① Volf, *Work in the Spirit*, pp. 114–117.
② Ibid, pp. 79–87.

分，亦即其通过创造—终末论及圣灵论建构工作神学之神学框架的部分，亦是包含了最多神学语言的部分。事实上，沃弗在《在圣灵中工作：走向一种工作神学》一书中不乏对工作与人性、闲暇、环境以及人的需要之关系的讨论，亦有着对不同形式之工作异化的描述与批判，但这些部分实际上只是作为其工作神学之"附录"（*postscriptum*）出现的，单独来看，我们很难从中发现沃弗关于人类工作之真正的神学观点。尽管如此，在下文对沃弗之工作神学的分析与批判中，我们不仅需要将注意力集中于那些与基督教神学有最多关联的地方，与此同时也需考虑其余的部分。这是因为，沃弗之完整的神学进路是通过一个相互关联着的整体显露出来的，各部分之间的相互支撑与印证恰恰更清晰地反映了他的神学选择。

二、分析与批判

如果说在《人的工作》通谕中，若望·保禄二世第一次正式开启了工作神学自"呼召"向"合作创造"的范式转换，那么沃弗的《在圣灵中工作：走向一种工作神学》则是自觉地进一步推进了这一范式转换。也许是社会通谕的性质使然，教宗在论及"合作创造"这一作为其工作神学基础的重要概念时，只是简单地引述了《圣经》作为主要依据，并未展开详细的神学论证；然而在沃弗那里，这一依据被在基督教终末论的主题下更详细地提出并阐释，从而为"合作创造"这一概念在一定程度上脱离巴特神学的桎梏而具有神学合法性提供了更坚实的基础。在这个意义上，沃弗的工作神学比之教宗而言更具神学性。此外，教宗的通谕显然也忽视了工作何以可能在某种程度上摆脱罪的捆绑，从而参与同上帝的合作创造这一问题。事实上，这里的问题主要产生自教宗只将"合作创造"的概念建基于创造论这一单一的神学主题。相反，沃弗意识到脱离对三位一体的上帝在救赎工程中所扮演的角色来谈论合作创造显然是不合适的。因此，他特别从圣灵神学出发，试图在人的工作与上帝的工作之间搭建一种桥梁，从而消除二者之间在传统新教神学那里不可逾越的鸿沟。尽管沃弗所提供的这一答案仍不能令人满意，但他毕竟比教宗更进一步、更多地开始从基督教的传统神学语言中寻找资源，以期能为克服现代世界中的工作的异化提供帮助。

尽管如此，我们必须指出，沃弗于《在圣灵中工作：走向一种工作神学》一书中所建构的工作神学仍然远远未建基于一种真正的神学语言之上。或者更准确地说，沃弗尽管在讨论"合作创造"这一概念时使用了大量的神学语言——特别是终末论的语言——以使这一概念具有一种神学上的合法性，但其做到的也仅此而已。换句话说，他尽管用了很大的篇幅讨论人类工作可能具有的意义（合作创造），但却没有用神学的语言为这种意义填充任何实质性的内容；他确实令工作具备了一种看起来相当重要的神学形式，但却未能使这一形式具有足够的神学实质。

正如上文在讨论《人的工作》通谕时已经指出的，教宗将工作的主观维度——即工作的人之位格及主体性——作为衡量工作的最高伦理价值时，并未以神学语言为资源使人的这种作为主体及位格的自由指向一种真、善、美的目标。但与此同时，教宗确立这一价值本身的依据毕竟仍然是神学的——无论是《创世记》对人类工作的描述，抑或托马斯主义的形而上学传统。然而在沃弗那里，我们却无从找到他依据神学为人的工作所树立的伦理价值标准。也许有人会说，沃弗在谈到其工作神学是一种标准化的神学时，论及了公义与爱的伦理价值标准。然而即便如此问题仍然存在，那就是：何为公义与爱？站在基督教神学的立场，这一问题的答案绝非不言自明的，正如朋霍费尔所强调的那样："爱就是耶稣基督。他是爱的唯一定义。"① 如果以此为标准，那么沃弗关于为工作所设立的公义与爱的伦理价值标准事实上并无多大意义，因为他缺乏一种确定的神学语言来谈论这种公义与爱，正如他从未用一种确定的神学语言来谈论何为上帝在终末的新创造一样。

这一问题同样也体现在沃弗对现代世界中的工作异化的批判中。很显然，教宗是基于一种神学上对工作之伦理价值的确定，才反过来谈论这种价值之扭曲——异化。同样的方法甚至体现在马克思和韦伯从社会科学的角度对工作的谈论中。对二者而言，一种关于人的后设叙事是发现并批判工作异化的基础。然而我们在沃弗对工作异化的讨论中却看不到这种后设叙事的存在。或者更准确地说，当沃弗将工作异化的问题作为其工作神学的附录来谈论的时候，除了在形式上指出异化与新创造之间的对立之外，他实际上并未真正以神学的语言解释什么才是符合新创造的工作——换句话说，我们无法确定沃弗对于异化的描述以及批判是基于基督教神学之后设叙事而作出的。② 同样，他在提出一些改变异化状况的社会规划时，我们也很难看出这些规划背后的神学依据是什么。正如约翰·休斯（John Hughes）所言："它们似乎仅仅建基于一种自然主义的人文主义，而缺少任何在此之上的神学转化的视野。"③

出于同样的原因，沃弗所赋予圣灵论在其工作神学中的角色亦存在着明显的问题。在他看来，将圣灵的工作与人的工作相关联的同时，便能够避免基于"呼召"的工作神学无力批判工作异化的弱点，但事实上真的如此吗？诚然，肯定圣灵的角色在人之工作中的存在以及他与新创造之间的关联，确实能够令我们避免像路德那

---

① 朋霍费尔：《伦理学》，第 41 页。
② 参见朋霍费尔：《伦理学》，第 157—202 页。
③ John Hughes, *The End of Work*, p. 28.

样将每一种工作都视为呼召。然而，我们应该如何具体判断哪些工作才是有圣灵参与的，因此是非异化的工作呢？这里同样缺乏一种由神学语言所描述的具体的工作模式。类似"一切其性质及成果反映了新创造之价值的工作，都是在圣灵的指导和启迪下完成的"[1] 这样的句子，显然只是一种同义反复，它既没有告诉我们如何从沃弗并未具体解释过的何为反映了新创造之价值的工作，来判断圣灵于何处指导并启迪我们的工作；反之，我们也并没有获得一种关于圣灵之工作的具体描述，因而也无法得知什么样的工作才真正反映了新创造的价值。因此，当沃弗批判路德之"呼召"的观念容易为意识形态所利用，从而合法化工作之异化时，他并没有看到自己对圣灵与工作的关联亦具有同样的危险，而这一危险的根源便在于他没能在圣灵和一种指向真、善、美之目标的具体的工作模式之间建立确定的关联，因此圣灵便完全可能"出现"在那些意识形态希望其出现的地方。

即便在沃弗关于工作在哪些方面可以为上帝在终末的新创造提供"建筑材料"的描述中——即他自己认为关于工作的伦理价值标准应该出现的地方——我们仍然无法找到这一标准。事实上，从沃弗自己的描述中，我们很难判断他所说的这一"建筑材料"究竟意味着什么。如果对其文本仔细加以分析，这种"建筑材料"似乎指向的是人类工作至今所积累的、作为整体的物质文明，而"材料"（material）一词的使用似乎也暗示了这一点。[2] 然而，物质文明的积累如何能够与一种以公义与爱为标准的工作关联起来？上帝在终末的新创造难道是以物质文明为核心吗？更何况我们在批

---

[1]　Miroslav Volf, *Work in the Spirit: Toward A Theology of Work*, p. 114.

[2]　Ibid, pp. 95—98.

判若望·保禄二世对"合作创造"的理解时已经看到，在物质层面与上帝进行合作创造的观念在神学上是有问题的，因为在这一层面上，上帝的创造已经完成，且他称其为"好"。① 另一方面，比之教宗对工作的主观价值与客观价值作了等级的划分，即强调工作的主观维度才是衡量工作价值的核心标准，沃弗虽然也强调工作之主观经验的重要性，但并未将其置于比客观价值更重要的位置上。从这个角度而言，沃弗对"合作创造"的理解显然比教宗更接近资本主义对工作之价值的理解，我们也很难看出这种注重物质文明之积累的工作观如何能够合法地称自己为"基督教的"。

沃弗的工作神学之神学性的匮乏突出表现在另一个事实之上，即他与若望·保禄二世一样，遵循了韦伯之"事实—价值分离的策略"。通观整部《在圣灵中工作：走向一种工作神学》，我们很难找到沃弗对当下主宰世界的资本主义经济制度的质疑。与此同时，同教宗一样，沃弗也认为资本主义经济制度在根本上是价值中立的，而产生工作异化的决定性因素还在于个人的道德抉择。这一事实相当程度上体现在他认为，工作世界中的个人事实上完全能够不为经济结构所决定，如果愿意，他们可以打破资本主义市场经济的游戏规则。② 事实上，无论是沃弗抑或若望·保禄二世，他们对资本主义经济的支持都能够在其神学中找到根源，而这一根源就存在于两人对工作在物质财富的创造（即教宗所说的客观价值）上能够与上帝进行合作的认可中。正如上文已经提到的，《创世记》传递给人们的信息是上帝在物质层面的创造已经完成，而这意味着对上帝创造的丰盛性（*pléroma*）之肯定——祂邀请我们安息并享

---

① 参见本章第二节。
② Miroslav Volf, *Work in the Spirit*, pp. 43–45.

用祂通过创造赠与人们的丰富礼物。相反，当我们把"完成"转变为"待续"、将"礼物"转变为"使命"时，上帝创造的丰盛性便有可能转变为一种稀缺性（scarcity）。这样一来，接受一种以"资源稀缺"为基本假设的经济学——资本主义的政治经济学，便成为一种自然的结果。

对一种"稀缺的形而上学"之认可在沃弗的论述中体现得非常明显。他在论及工作与大众公益（common good）的问题时明确地表示，在一个资源稀缺的是世界中，一定程度的"自私"是不可或缺的。① 但如果基于上帝的创造之丰盛，那么人希望自身也能享有上帝之创造的欲望应该是"自爱"，而非资本主义之基于牺牲的"自私"。然而，正如我们在讨论《人的工作》通谕时已经看到的，当探讨人类工作的神学家接受一种"稀缺的形而上学"，进而接受资本主义政治经济学为一种事实时，他们便已经接受了一种实际上包含着特定价值的经济结构，在其中每个理性的经济人都以效用最大化为其追求的目标。当这样的目标被确立起来的时候，工作异化的发生便已经成为一种必然、一种不可能因为个人道德抉择（无论是来自雇主还是来自被雇佣者）的改变而改变的事实。沃弗对"稀缺的形而上学"以及资本主义经济制度的接纳恰好能够解释他探讨工作异化时所采取的方式：他曾不厌其烦地指出了许多种异化的工作形式，但其所能做的永远只是就各种具体的异化形式来谈论它们的反面，相反却从来没能肯定性地对何为非异化的工作作出定义，以从根本上克服各种形式的异化。事实上，正是对资源稀缺以及资本主义经济的认可限制了他作出这种定义，以至于他最终提出的克服异化的方法竟然是"市场加计划"，即保持市场自由运

---

① Miroslav Volf, *Work in the Spirit*, pp. 191-192.

作在先，而计划作为延迟的、外在的调节。① 这一方案的直接结果只能是资本主义生产的基本形式被保留，效用最大化依旧是其最核心的目标，而工作异化的问题依然无法被克服。

总之，沃弗的工作神学确实在若望·保禄二世的《人的工作》通谕之基础上作了更多的努力，这尤其体现在他关于终末论及圣灵论的研究，使得"合作创造"这一新工作神学进路所倚靠的核心观念有了更坚实的神学基础。然而正如上文已经提到那样，这种努力的结果仅仅是赋予了人的工作以一种形式上的神学意义，却未能赋予这种意义以实质性的神学内容。就这一点来说，沃弗的工作神学甚至不如教宗的通谕更具神学性。事实上，沃弗有相当多的机会实现其对自己所建构的工作神学的设想，其中最重要的是神学性——有坚实的神学基础、来源于基督教神学的道德叙事以及标准化——能够提供关于工作之应然的言说；毕竟，将终末论和三一论的神学语言与创造论结合在一起使用，较之教宗主要使用创造论的语言，更容易与一种关于真、善、美的目标关联起来。然而遗憾的是，沃弗在作出形式上的努力之后，却没能实质性地展开他的论述。换句话说，沃弗为工作神学搭建了一种基本上合理的神学框架，但却未能以真正的神学叙事填充这一框架。相反，在真正应该展开关于价值讨论的地方（如对工作异化的批判），沃弗或者更多地使用自然主义的人文主义而非神学语言进行讨论，或者根本没有察觉主宰当代工作世界的资本主义市场经济体系与基督教神学之间存在的价值冲突，因而从未寻求以神学为基础寻找一种新的经济结构的可能性。因此，同若望·保禄二世一样，沃弗的工作神学尽管在某种意义上成功地赋予了人类工作较之以往更重要的神学价值，

① Miroslav Volf, *Work in the Spirit*, pp. 14–21.

然而在寻找、批判以及最终克服现代世界中的工作异化的根源这一工作神学最重要的维度上，却仍未能自基督教神学自身的叙事中找到恰当的资源；其对"事实—价值之分离策略"的依赖，则进一步加剧了神学对社会结构之批判能力的丧失，其结果是神学只能在远离产生工作异化之根源的地方发表意见，从而失去了从根本上解决异化问题的可能性。

小　　结

无论如何，在长时间的沉默以及被社会科学捷足先登之后，现代基督教神学又重新开始关注工作问题了。更重要的是，这一关注直接指向了现代资本主义社会中人的工作状况，这意味着神学家们开始有意识地反思从前神学对工作的讨论中存在的问题及不足，并寻求建立新的神学框架以回应新的处境下的工作的异化问题。正如我们已经看到的，这种努力在天主教和新教神学中都发生了，这其中既包括了个体神学家对这一问题的思考（如谢努、沃弗等人），亦包括了来自罗马教廷官方以社会训导的方式所进行的讨论（如《人的工作》通谕）。然而无论以哪种形式出现，这些对现代工作的神学反思所具有的共同特征是，他们都希望能超越宗教改革家们基于"呼召"的理解，建立一种能够回应现代工作世界中的异化状况的新的神学范式。不仅如此，他们亦都不约而同地使用了"合作创造"这一神学观念作为建构这一新工作神学范式的基础。

然而，无论是若望·保禄二世的通谕，抑或沃弗的工作神学，在使用"合作创造"的概念赋予了人类工作较之以往更大的价值的同时，均未能对现代资本主义经济制度这一工作异化产生的根源作出合理的神学批判，同时也未能从基督教神学自身的资源中为现代世界中的人类工作寻找到一种非异化的、指向真、善、美之目标的恰当模式。而造成这两个问题的原因，除了二者都采纳了韦伯的"事实—价值分离的策略"之外，在对"合作创造"这一概念之理解上的偏颇亦是一个重要的原因。换句话说，如果基于"合作创造"来建构工作神学在神学上是合理的，那么人的工作究竟应该以何种方式、在何种维度上同上帝进行合作？在这一问题上，教宗与沃弗所提供的答案显然都不能令人满意。然而，这是否就意味着基于"合作创造"的工作神学作为一个神学范式已经失败了？或者，是否可能有一种更恰当的对"合作创造"的诠释，既能够避免在教宗和沃弗那里出现的神学问题，同时又能够真正赋予人们在现代世界中的工作以一种合乎基督信仰的内容？在本文看来，这一问题的答案就藏在为教宗和沃弗等人已经抛弃的"呼召"的观念之中。这一观念中的对工作的理解，尽管在路德和加尔文整体的神学框架中无法应对工作异化的问题，然而其中却包含了一种对神学地处理包括工作在内的经济活动而言非常重要的神学观念，即"礼物"的观念。从某种意义上说，这一观念正是弥补迄今为止基于"合作创造"的工作神学之缺陷、建构一种有着充分神学性的对工作之理解的关键——这便是下一章将要讨论的内容。

第 四 章

礼物：一种"新"的方向

"神赐福给第七日，定为圣日，因为在这日神歇了他一切
创造的工，就安息了。"

——《圣经·创世记》2 章 19 节

当讨论进行到此的时候，我们已经能够清楚地发现：无论对现
代资本主义世界中工作异化现象的批判多么有力，无论其背后有着
多么坚实的神学或哲学基础，只要这一批判仍然遵循韦伯之"事
实—价值分离的策略"，它便必然且必须认可已经作为一种"事
实"存在的现代资本主义经济结构中的工作模式。这样一来，无
论是若望·保禄二世从天主教神学的角度所进行的讨论，还是沃弗
尝试整合天主教神学及新教神学的努力，都将其讨论的重点放在了
赋予人类工作以更重要的神学意义以及对工作异化的消极批判上；
与此同时，二者都放弃了依据基督教神学自身的叙事，主动地设想
或建构一种恰当的工作模式的努力。这样一种进路的直接后果，是
保留了以自利为基础、以效用最大化为目标的商品交换作为基本的
工作模式之合法性，它直接体现在资本主义经济的雇佣工作中，即

劳动与工资之间的交换。而这种模式——正如我们已经看到的那样——恰恰是工作异化产生的根源所在。

在这一章中，我将尝试提出并详细阐释一种完全不同的进路。这一进路将以基督教神学自身的语言——特别是救赎论、三一论及基督论——为最重要的资源，提出一种以上帝的丰盛创造为基础、以互惠为目标的"礼物之赠予"作为工作的基本模式，以代替资本主义经济结构中的商品交换模式，进而从根本上克服现代世界中的工作异化。不仅如此，我们还将会看到，将"礼物的赠予"与人类工作关联起来的做法，并非是当代神学的新发明；相反，它是在路德及加尔文关于"呼召"的论述中便已存在的重要的神学观念。换句话说，路德和加尔文的神学中，恰恰包含了一种受其整体神学框架所限、因而无从发挥其对资本主义经济结构之批判力量、事实上却有助于克服工作异化的神学资源，这便是关于"礼物之赠予"的神学观念。

然而，当路德和加尔文在其神学中提出"礼物之赠予"的观念时，并不是自觉地将其当作一种经济领域的实践模式而加以阐述的；相反，二者对这一观念的谈论基本上还是在一种纯粹神学的范畴下进行的。不仅如此，在路德和加尔文探讨"礼物之赠予"的那个时代，现代意义上的资本主义经济也尚未出现。因此，当我们将"礼物的赠予"当作一种可以克服资本主义之工作异化的、对现代社会而言理想的工作模式而提出的时候，我们一方面需要对二者的观点加以神学上的修正和精确化，另一方面，我们也必须在当代世界之特定的经济语境中，解释"礼物的赠予"如何可能作为一种具体的工作模式克服资本主义经济结构中的工作异化。总而言之，无论是在神学上还是在神学与经济学的关联中，路德和加尔文关于"礼物之赠予"的观点都必须在保留其合理部分的同时被更新，以使其更适用于我们当下的处境。在这方面，近十年间诸如斯蒂芬·H. 怀伯（Stephen H. Webb）、约翰·密尔班克（John Milbank）以及凯瑟琳·唐纳（Kathryn Tanner）等神学家在与经济领域的关联中对"礼物之赠予"的神学诠释，可以很好地帮助我们完成这种更新。与此同时我们也将看到，路德及加尔文的神学事实上已经为这一"礼物之赠予"的行动提供了相当坚实的系统神学方面的基础。

在进入对路德和加尔文关于"礼物之赠予"观念的讨论之前，我们首先需要考察一下现代社会——特别是经济领域中"礼物之赠予"的现状。只有通过这种考察，我们才能够更清楚地看到基督教神学如何能够以自身独特的叙事，提供一种"新的"关于"礼物之赠予"在理论与实践两方面的可能性。因此，这一考察亦需在理论和实践两个维度进行，因为二者之间事实上存在着一种相辅相成的关系，且其背后作为依托的亦是一种相同的世界观。考察所关注的关于礼物的理论并非是神学的，而是主要来自社会学、人类学及哲学领域；而关于实践的维度，我将把目光聚焦于现代资本主义市场经济机制内（外）"礼物之赠予"的活动，并解释这些实践活动是如何与前述的理论相关联的。

第一节　现代社会中礼物的赠予

一、理论领域中礼物之赠予的两难

今天，关于礼物的讨论之所以能成为哲学、社会科学甚至神学领域的热点，很大程度上要归功于法国人类学、社会学家马塞尔·莫斯（Marcel Mauss）于 20 世纪初出版的开创性著作《礼物》

（*Essai sur le don*）。① 可以说，正是通过这本著作，莫斯开启了当代学术界关于礼物的讨论。

通过对新西兰的毛利部落以及北美印第安人社会中礼物赠予机制的研究，莫斯得出结论认为：在这些社会形态中，尽管礼物的交换看上去是无偿的、不考虑利益的，但其本质却是指向自利的。在莫斯看来，这种礼物的交换事实上就是货币出现之前市场经济的基础所在。这种赠予机制与利益的考量紧密相关，其目的是为了增加赠予者的社会地位，并为其社会安全提供更多的保障。因此，这种赠予活动的目的是为了制造一种亏欠、一种偿还的义务，因而最终是为了制造一种强制性的交换——即便这种交换在相当程度上区别于今日资本主义市场中基于理性计算的交换活动。以这样的方式，莫斯既否定了亚里士多德关于礼物是无须报偿的观点②，也同时挑战了传统基督教神学中上帝赠予人的礼物的无偿性的观点。不仅如此，莫斯实际上还预设了礼物的交换必然建基于由自利所要求的亏欠、义务及强制性上。然而，以这样的方式，莫斯与其说是改变了传统上人们对于礼物之赠予的观念，不如说是解构了礼物的观念，甚至于取消了礼物及礼物的赠予之存在的可能性。正如雅克·德里达（Jacques Derrida）在对莫斯的批判中所指出的那样，礼物自身的完整性中本身就已经包含了对无偿性的要求，正因如此，莫斯所谈论的必然包含交换的礼物根本就不是礼物。③

---

① 本书所引用的莫斯的观点出自《礼物》一书的英文版，参见 Marcel Mauss, *The Gift: The Form and Reason for Exchange in Archaic Societies*, trans. W. D. Halls, London; New York: Routledge, 1990.

② Risto Saarinen, *God and the Gift: An Ecumenical Theology of Giving*, Collegeville, Minn.: Liturgical Press, 2005, p. 18.

③ Jacques Derrida, *Given Time, I, Counterfeit Money*, Chicago: University of Chicago Press, 1992, p. 24.

莫斯的理论得到了不少学者的支持，皮埃尔·布尔迪厄（Pierre Bourdieu）即是其中的一例。与莫斯有所区别的是，布尔迪厄事实上并不否认真正出于慷慨的礼物赠予乃至互惠在理论上的可能性，但与此同时，他却对这种真正的慷慨在实践中的出现持悲观态度。① 同样，英国人类学家玛丽·道格拉斯（Mary Douglas）亦是莫斯之礼物理论的赞同者，在她为莫斯的《礼物》一书所撰写的前言中，道格拉斯同意莫斯的观点，认为礼物的赠予必然与利益指向的交换相关联，因而无偿的礼物在社会实践中是不可能出现的。②

然而，也有学者站在与莫斯几乎完全对立的立场上来谈论礼物的赠予，例如德里达。正如我们已经看到的，德里达对莫斯的批判直接指向了后者对"礼物"这一概念的使用，即莫斯认为礼物的赠予是可以甚至必须包含交换的。相反，在德里达看来，如果有一件真正的礼物，那就意味着"必然没有互惠、偿还、交换、回赠、或亏欠"③。换句话说，德里达所构想的是一种纯粹单边的（unilateral）的礼物之赠予行动，这种单边的赠予排斥一切形式的交换以及对于交换的期待。正是出于这种对交换之拒绝的严格性，德里达主张无论对于赠予者还是接受者，只要其认出了礼物，便意味着同时取消了礼物。这是因为一旦赠予者或者接受者认出了礼物，那么对回应的要求或者某种亏欠（哪怕只是感激）便随之产生了，而这是与真正的礼物之定义相冲突的。④ 因此，颇具讽刺意味的是，

① Pierre Bourdieu, *The Logic of Practice*, Cambridge: Polity Press, 1980; see also Alan D. Schrift ed.*The Logic of the Gift*, New York: Routledge, 1997, pp. 12–15, pp. 190–230, pp. 231–243.

② Mary Douglas, "No Free Gifts", in Marcel Mauss, *The Gift*, pp. vii–xviii.

③ Jacques Derrida, *Given Time, I, Counterfeit Money*, p. 12.

④ Ibid, pp. 9–11.

虽然德里达在对礼物之含义的诠释上与莫斯之间存在着相当大的距离，甚至可以说二者是对立的，但与此同时在关于纯粹的礼物无法在现实中呈现这一问题上，德里达却又不得不同意莫斯的观点。然而正如里斯托·萨里宁（Risto Saarinen）所指出的那样，德里达在礼物的问题上并非一个虚无主义者。在德里达看来，虽然我们总是无法与真正的礼物相遇，但我们不应放弃对它的思索与渴求。在这里，我们可以将他关于礼物之不可能性的观点同其哲学中"延异"（différance）的概念联系起来，而这意味着"当我们谈论礼物时，我们所提及的是某物的踪迹，但细看之下我们并未与礼物相遇，而只是遇到了关于它的已经被解构及呈现为悖论的幻觉"①。

在莫斯同德里达的对立中，我们看到了当代理论界在面对礼物问题时所处的两难境地：礼物的赠予活动或者被认为必须与交换相关联，且这种利益指向的交换排除了真正的慷慨及礼物的无偿性，或者必须成为一种被认为在实践之中很难找到的纯粹单边的、排除了一切相互性的赠予活动。在前者那里，礼物观念其自身的合法性被利益的指向所模糊，从而无法将自身与基于自利的一般性经济活动区分开来；而对后者来说，对相互性的绝对拒斥几乎等于完全拒绝了礼物之赠予在社会经济领域出现的可能性，从而至少在理论层面已经将礼物的实践可能在社会之中出现的范围大大缩小，或者说边缘化了，与此同时，礼物之赠予亦在相当程度上成为了一种自我牺牲的活动。总体上看，"礼物之赠予"在理论维度所体现出的这种两难，将人们对礼物的认识带入了一个较之以往都更为混乱的境地，而且我们几乎无法在这两种对立的理论之间达至一种综合。在面对这两种理论之间的对立时，我们在认识之中无法确定礼物之实

---

① Risto Saarinen, *God and the Gift*, p. 25.

践的恰当场所究竟应该是哪里———一切利益指向的交换活动，抑或在我们的现实生活中极少出现的那些全然不考虑回应的赠予？

对这种关于"礼物之赠予"在理论上的两难，我们只能讨论到这里。尽管这种讨论已经能够提供给我们很多有价值的线索，但如果我们想要更深入地理解这种理论维度中的两难究竟意味着什么，我们便必须深入实践的领域，考察理论在社会实践中的反映（两者之间并非必然存在一种因果关系），由此进一步来理解"礼物之赠予"在现代社会中所面临的困境。

二、市场经济中的交换与作为宣泄的礼物

现代社会中"礼物之赠予"在理论上的两难，其在实践中的最突出体现首先便是资本主义市场经济的主宰。这一市场的最主要特征是———正如我们从马克斯·韦伯的分析中所看到的那样———以形式理性的计算为基础、以自身的利益最大化为目标的交换模式。怀伯将这种交换模式概括为"……一种自我的经济，在其中每项支出都由一项等值的偿付加以平衡。在且只有在你给予我的情况下，我才会给予你"①，因此，自利和计算正是这种交换模式的核心，它亦是今日世界绝大多数地方经济运行的基本模式。很显然，在这样一种市场交换中人们是拒绝慷慨的，因为在一个人与人之间的基本关系是由自利而产生的相互竞争的市场中，慷慨便意味着不求回报的自我牺牲。换句话说，资本主义的市场是一个拒绝礼物之赠予的领域或场所，在其中隐含着的是自我与他人的二元对立，即自利与自我牺牲的二元对立，而在实践活动中占据主宰的则是自我中心与自利。简言之，市场经济中的交换活动与我们传统上对礼物

---

① Stephen H. Webb, *The Gifting God, A Trinitarian Ethics of Excess*, New York; Oxford: Oxford University Press, 1996, p. 7.

的认知是格格不入的，而今天的人们在将这种交换模式视为经济活动之不言自明的标准的同时，几乎没有人将其与一种"礼物之赠予"的活动关联起来。这样看来，资本主义市场经济似乎很难与莫斯或德里达的礼物理论有任何交叉点，然而如此说来，我们又该如何解释前者是后者之困境的反映这一事实呢？

我们首先来看市场经济与莫斯关于"礼物之赠予"的理论之间，究竟存在着怎样的关联。莫斯的主张表面上看指向的是"礼物之赠予"与交换活动的不可分离，实际上传递给我们的信息还包括了交换活动之中慷慨的不可能性，亦即交换活动之中无偿礼物的不可能性。不可否认的是，莫斯在《礼物》一书中所描述的礼物之交换与资本主义市场经济中的交换模式有着很多的不同，而这也正是他仍将前者称之为"礼物的赠予"（而非商业交换），以及他之后的一些人类学家——如道格拉斯及大卫·格莱伯（David Graeber）——试图从这种礼物经济中发现一种可以替代资本主义市场经济的交换模式之原因所在。① 但事实上，莫斯笔下"礼物的交换"亦在很多重要的方面根本无法将自身与资本主义市场经济中的交换区别开来。在这一点上，唐纳（Kathryn Tanner）在其《恩典经济》（Economy of Grace）一书中，为我们提供了很有价值的比较。在她看来，"礼物的交换"与资本主义的交换在很多关键特征上存在着明显的一致性：首先，两种交换都不以交换对象的使用价值为首要的考虑因素，而是都聚焦于以某种媒介衡量的交换对象的交换价值上——在"礼物交换"中是人们的社会地位及社会威望，而在资本主义中则是金钱。其次，"礼物交换"和商业交换

---

① Mary Douglas, "No Free Gifts", in Marcel Mauss, *The Gift*, vii–xviii; David Gaeber, *Towards an Anthropological Theory of Value: The False Coin of Our Own Dreams*, 1ˢᵗ edn, New York: Palgrave, 2001.

的直接后果都是以一种特定方式组织起来的社会关系，如资本主义交换关系的非人格性特征。再次，资本主义市场是建基于竞争之上的，而"礼物交换"之中同样存在着竞争关系。最后，资本主义的交换基于明确的合约（contract）之上，但"礼物的交换"之中同样暗含着某种合约，因为交换的双方都受到某些强制性义务的约束。除此之外，在交换之中所包含的亏欠、交换关系对人的物化等方面，"礼物的交换"同样无法将自身与市场中的商业交换区别开来。①

因此，唐纳的结论是，非现代西方市场经济中的"礼物交换"其根本原则所代表的，并不是一种与资本主义的交换有本质区别的经济模式。② 正因如此，本文才主张莫斯的理论并未重建一种关于礼物的新理解，相反却是对真正的礼物之赠予在经济领域中存在的可能性之否定，亦是对慷慨观念的解构。这样一来，与其简单地说礼物之赠予与自利的经济交换之间的区别已不复存在，不如说人们已经忘掉前者事实上能够成为一种与后者竞争的经济模式，并坦然地将自利的交换当作唯一可行的选择而给予无限的肯定——这正是我们今天在资本主义市场经济中所发现的现实情况。于是在这里，我们便得以发现莫斯的理论与市场经济之交换模式的主宰之间的关联，那便是二者都不约而同地认可"礼物之赠予"的不可能性，与此同时将自利指向的交换视为我们经济生活的基本结构。因此，市场经济的逻辑事实上是对莫斯关于礼物之看法的认同，只不过它较之莫斯走得更远——完全舍弃（并遗忘）了"礼物"这一在莫斯那里仅仅作为一个没有实质的外壳、但尚被保存的概念，从而更

---

① Kathryn Tanner, *Economy of Grace*, Minneapolis: Fortress Press, 2005, pp. 52-55.

② Ibid, p. 56.

彻底地保存了自身交换逻辑的一致性；抑或我们可以反过来说，莫斯对礼物的诠释不过是现代资本主义的市场交换逻辑之主宰在理论领域的反映。总而言之，尽管我们无法确定二者之间的因果关系，但无疑它们之间确实存在着一种对应关系，反映了一种类似的、对礼物之赠予的可能性的认识或考量。

同样，我们也能够很容易地在德里达的"单边礼物理论"与资本主义市场经济之间找到一种对应关系：德里达对礼物之绝对单边的诠释——即拒绝任何相互性的行动及意识在赠予中的存在，并且认为任何形式的相互性都必然与自利和亏欠相关——事实上同莫斯一样，将相互性局限在了合约的观念之中。在这里，德里达与莫斯之间的区别仅仅在于前者拒绝承认这种交换可以被视为真正的"礼物之赠予"，相反后者则更为现实地认为"礼物之赠予"能并且只能以这种方式存在。然而，德里达在以这种方式将相互性与一种真正的慷慨之可能性对立起来的时候，便将一切"礼物之赠予"的活动推至了自我牺牲的危险之中。但在现实的绝大多数时间中，这样一种自我牺牲在实践中势必会为人们所拒绝，因而德里达的"礼物之赠予"即便在现实中存在，也必然是被边缘化了的。

在实践维度中，对资本主义市场经济来说，相互性同样仅仅是在合约的意义上才是可以理解的。换句话说，市场中的交换必然是一种自利的交换，这是被现代资本主义政治经济学当作一种事实而接受的经济活动的前提条件以及唯一可能的交换方式。因此，对今天在这样一个市场中进行经济活动的人们来说，"赠予"与"交换"明显是两种格格不入的观念及行动（即一种二元对立）——市场之中没有礼物的赠予，反之，如果有"礼物之赠予"的行动，它亦不会是在市场中发生。由此可见，市场经济排斥礼物的同时包含了一种同德里达相似的对"礼物之赠予"的单边理解。也正因如此，这一包含着自我牺牲之危险的"礼物赠予"活动必然只能被资本主义市场经济所边缘化，被排除出经济活动的领域——如同我们依据德里达的理论所推演出的结果一样。

　　然而，这里需要再次强调的是，本文并未主张德里达对礼物的诠释是造成市场经济之主宰的原因（之一），它所试图指出的只是两者之间存在的一种对交换及"礼物之赠予"的共同意识。无论是资本主义意识形态还是德里达关于礼物的理论，都不约而同地指向了一种交换活动与"礼物之赠予"的二元论，或者说是一种自利与自我牺牲的对立。事实上，如果我们部分地赞同德里达的观点，即认为莫斯理论中所描述的那种"礼物交换"其实根本不能算是"礼物之赠予"，那么我们也可以认为莫斯的理论中同样隐含着这一二元论——一边是必然与自利相关联的交换（即他眼中的"礼物交换"），另一边则是在他看来不可能存在的真正无偿的慷慨赠予。而这种分析则再次印证了上文的结论，即在资本主义市场经济的主宰与莫斯的礼物理论之间，存在着一种不可被忽视的一致性。

　　然而，现代礼物的理论与实践之间的关联不仅存在于资本主义市场经济的主宰这一事实本身，亦存在于被这一市场所边缘化了的活动中——且这两者事实上是一个不可分割的整体。正是在市场之外的领域中，我们找到了一种礼物的实践在现代资本主义社会中的落脚处，而通过分析这一实践的特征，我们同样能够发现"礼物之赠予"在现代社会中的困境及其自身的扭曲，以及它与现代的礼物理论之间的共鸣。

　　在怀伯以及迈克尔·瓦尔策（Michael Walzer）等人的分析中，现代社会"礼物之赠予"的特征之一便是私人化，换句话说，即赠予成为一种在私人领域发生的，与社会经济结构无关且脱离的个体之自由选择的行动。在瓦尔策看来，这一礼物之私人化的本质实际上是使礼物次要、从属于商业活动，即"礼物由商业决定"。①由于这种私人性，礼物的赠予成为了一种与公义无关的私人情感偏好的表达。② 换句话说，这种赠予的行动与在经济领域内指向真、善、美的目标以及对异化现象的克服毫无关系，而且不仅如此，它甚至需要市场经济之带来异化的交换作为其基础，因为被赠予的对象只有在先经过自利的交换之后，才能被赠予他人。正因如此，这种私人化的"礼物之赠予"，除了具有表达个人情感的价值之外，无法对作为主宰的市场经济中的交换活动产生任何影响，反而要依附前者才能够存在。正如怀伯所概括的那样："……礼物的赠予仅仅是许多社会活动的舞台之一，而所有这些舞台都从属于市场的规则与力量。礼物亦是如此。"③

与"礼物之赠予"的私人化相关联的，是"礼物之赠予"的官僚化，即由政府来完成某些具有公共性、社会性的赠予行动。在这种赠予的官僚化中，赠予行动实际上是在市场经济结构之外进行的财富再分配。换句话说，同赠予的私人化一样，由政府进行的"礼物之赠予"并不影响或改变资本主义市场经济自身的规则。因此，它虽具有公共性，但这种公共性却是在不改变现行的经济制度下才能够具有的，是一种不包含市场的、从属于市场的公共性。不仅如

---

① Michael Walzer, *Spheres of Justice: A Defense of Pluralism and Equality*, New York: Basic Books, 1983, p. 123.

② 事实上，情感主义是整个现代社会伦理实践所面临的困境之一，它不仅表现在礼物之赠予这一问题上。在麦金泰尔（Alasdair MacIntyre）看来，这种情感主义与客观上的真、善、美无关，在它面前，任何客观的、非个人的道德标准都不存在。参见阿勒斯代·麦金泰尔（Alasdair MacIntyre）：《追寻美德》，宋继杰译，译林出版社 2003 年版，第 7—28 页。

③ Stephen H. Webb, *The Gifting God, A Trinitarian Ethics of Excess*, p. 18.

此，官僚化的赠予还是一种无人格的行动，在这一点上它和赠予的私人化起到的作用相似，都是将赠予者及接受者从公义的道德要求中解放出来——虽然赠予私人化所带来的解放是由将赠予转化为个人情感的表达来完成，而官僚化则是通过将赠予直接变成与个人无关的行动来实现这种解放。在某些特定的情况下，官僚化的赠予行动在规模上的改变，甚至会带来慷慨的需要成为政治、经济活动之利益目标这样的结果，从而将赠予的行动再次纳入市场交换的逻辑之中。①

因此，无论是"礼物之赠予"的私人化抑或官僚化，二者所反映的事实上都是"礼物之赠予"在现代社会中的意义扭曲以及不可能性，而这种扭曲及不可能性又反过来印证了礼物在理论维度所面临的困境。事实上，自利的交换与自我牺牲的赠予这一两难局面，已经在相当程度上取消了赠予在现代社会中存在的可能性。因此，"赠予"在现代社会中的存在只能通过改变赠予之本来意义的方式才可能实现。正如我们所看到的，无论是作为个人情感表达的私人赠予，还是无人格的官僚化赠予，实际上都是通过取消"慷慨的馈赠者"这一"礼物之赠予"的主体在赠予过程中的存在才得以实践的。这样一来，"礼物之赠予"一方面与自利的交换有了区别，另一方面又避免了成为一种自我牺牲的实践，然而与此同时，礼物却在相当程度上失去了对其本身构成而言有着核心意义的慷慨动机。更重要的是，这两种形式的赠予根本无法将自身与市场交换的逻辑完全分离，因为二者都需要通过自利的市场交换才能够获得用来馈赠的礼物本身——换句话说，这两种赠予活动都是通过依附自利的交换而存在的。因此，虽然我们无法将其归入自利的交换行动，但我们也同样无法将其视为一种与前者有着本质区别的赠予行动，毕

———————————

① Stephen H. Webb, *The Gifting God, A Trinitarian Ethics of Excess*, pp. 18–21.

竟它们之间有着不可分割的关联，毕竟是市场交换的逻辑（而不是这两种赠予行动自身）支撑着私人化及官僚化的礼物赠予。

　　然而，最能够凸显礼物在现代社会中所面临的问题与困境（包括其与市场交换之不可分割性）的，是包括赠予的私人化及官僚化在内的赠予实践实际上是一种"宣泄"（squander）这一事实。且在这里，我们能够清晰地发现这种宣泄与德里达的礼物理论之间存在的一种相互呼应。正如德里达的理论所要求的那样，礼物之赠予必须只能是单边的，它无论如何不能和市场中的交换逻辑相混淆；同样，现代社会的"礼物之赠予"在某种程度上亦极力强调赠予行动的过剩（excess）本质及这一行动与经济行为的迥异。而这样一种强调带来的结果是，赠予在资本主义市场经济主宰的社会中——正如我们在赠予的私人化与官僚化中所看到的——成为一种与经济活动全然不相关的实践；不仅如此，赠予只有在市场经济之局部的过剩中才能够发生，这种过剩是一种局部的绝对意义上的过剩、额外之物（supererogation），而礼物的"赠予"在这种情况下则成为这一局部过剩的宣泄。这种宣泄的给予活动与其说是主动、慷慨的赠予，不如说是被动地处理过剩的资源，就如同商家在圣诞节低价倾销挤压的库存一样；而其目的并非为了维护经济领域内的公义，或考虑到接受者的需要，相反却仅仅是将市场经济在局部形成的能量过剩释放出去。正因如此，作为宣泄的赠予事实上并非一种真正的慷慨，它不关心接受者，亦不关心团结与相互性的需要，同时亦不冒任何风险；它可以为了任何目的被给予任何人，甚至在特定情况下还会成为政治、经济权力为达成与利益相关的目的而使用的工具。[1] 因

---

[1]　Stephen H. Webb, *The Gifting God, A Trinitarian Ethics of Excess*, pp. 13–32, pp. 47–55.

此，这种所谓的"慷慨"是一种摆脱了义务、责任及公义之考量的"慷慨"，即一种与任何真、善、美之目标无涉的"慷慨"。这样一种以其本身为目的宣泄，我们很难认同其为一种真正出于爱的行动，亦即一种真正的慷慨。

与此同时，就严格意义上而言，在这一作为宣泄性"赠予"的叙事中，无论是赠予者抑或接受者，事实上都无法认出对方及礼物的存在：一方面对于赠予的主体而言，由于其行动的宣泄性质，使得赠予者无法认出自身是在实践一种赠予的行动；此外，赠予者并不关心礼物往何处去、被何人所接受，因而他亦无法认出接受者的存在。另一方面，对于这种"赠予"中接受的一方而言，由于赠予者本身在赠予行动一开始时便隐匿起来了，使得接受者无法认出赠予者的存在，因而他也就无法认出礼物的存在。在马西昂（Jean-Luc Marion）这位同样主张纯粹单边礼物的神学家那里，这一过程正好符合他关于礼物作为一个"自我赠予（self-giving）的行动"决定自身的观点。① 同样，在德里达眼里不可能出现的纯粹单边的礼物赠予（不会被赠予的双方所认出的礼物）也以这种特殊的方式，呈现在了现代社会这一作为宣泄的赠予实践中。马西昂和德里达之所以严格地拒绝任何形式的相互性，都是怕礼物的赠予重新堕入自利指向的市场交换逻辑中，但与此同时，两人却忽视了一种不具有任何相互性的"礼物之赠予"同样存在着严重的问题。正如我们所看到的，现代社会中存在的这种完全不具有相互性的礼物之"自我呈现"，无论如何都很难被看作是一种真正的赠予行动：在其中赠予者宣泄的需要大于指向公义的慷慨，在缺乏任何对

---

① Jean-Luc Marion, "Sketch of a Phenomenological Concept of Gift", in *Postmodern Philosophy and Christian Thought*, ed. Merold Westphal, Bloomington: Indiana University Press, 1999, pp. 122-143.

接受者之期待的同时，他亦不关心礼物如何被接受者更好地使用；相反，对于接受者而言，缺乏任何相互性行动（如感激）的接受很难被视为一种真正的接受——正如密尔班克所指出的："对礼物的正确使用总是包含着某种意义上的'回赠'"①，且没有任何回应的接受亦不符合团结与公义的要求。

至于作为宣泄的礼物赠予与市场交换之间存在的密不可分的关联，更是赠予活动在现代社会之扭曲的重要标志。事实上，礼物的宣泄和市场之间的关系并非只是单向的，即在前文的分析中我已经指出的赠予对市场交换的依附，而是一种相互依赖的关系——尽管二者之间相互依赖的程度并非平衡的。对作为宣泄的赠予而言，其前提条件，即过剩，是从属于市场交换的。换句话说，只有在自利的交换成功地达成了其目标，即形成局部的额外利益时，才会形成过剩，而这便产生了宣泄的需要；对于市场而言，正如怀伯所形容的那样："过剩为交换之严格提供一种假期；反过来说，即交换需要释放过剩，以维护自身在现代的、工业化的西方世界作为第一代理人的角色。"② 这意味着，礼物的宣泄并非如其表面上所显示出的那样，是一种与市场经济对立的行动；相反，它在一定程度上维护了市场机制的正常运作（我们必须注意到礼物的宣泄总是在市场之外发生这一事实）。因而在这里，作为宣泄的"礼物之赠予"不仅依附于市场交换才得以存在，它实际上更是市场交换机制一个隐性的组成部分，是被自利的交换逻辑考虑在内的一种行为。这样一个事实，实际上把这种所谓的赠予行动推至了它的反面——自利的计算。正因如此，怀伯才会断言说："……过剩理论——推至极端

---

① John Milbank, "Can a Gift be Given?" in *Rethinking Metaphysics*, ed. L. Gregory Jones and Stephen E. Fowl, Oxford: Blackwell, 1995, p. 125.

② Stephen H. Webb, *The Gifting God, A Trinitarian Ethics of Excess*, p. 8.

地说——讽刺地将礼物之赠予交付于它试图摆脱的精明的计算"①。

上述所有这些分析，都反映了以莫斯和德里达为代表的现代礼物理论，以及与其相对应的现代资本主义社会中自利的交换与绝对单边的赠予之对立，所带来的真正慷慨的礼物赠予在实践中的扭曲甚至是消失。为了在维护市场经济中自利的交换作为唯一可行的资源分配方式的地位，并在坚持礼物之绝对单边性的同时避免令其成为一种自我牺牲的实践，现代社会所付出的代价便是使礼物的赠予成为一种依附市场经济体系而存在的，缺乏一种真正意义上的慷慨的宣泄活动。

如果仔细观察的话我们不难发现，无论理论还是实践中"礼物之赠予"的"两难"，事实上所基于的是同"一种"认识上的困境，即相互性与慷慨之间的对立。换句话说，交换只能是自利的，而慷慨只能是单边的。而这种相互性与慷慨的二元论背后，实际上仍然是一种"稀缺的形而上学"世界观。相互性只能基于自利的合约，这意味着交换的双方均将效用（utility）的最大化作为交换的目标，且就这一目标而言，两者之间是一种竞争性关系——只有基于一种资源稀缺的世界观，才会产生这样的要求，而合约则是实现这一目标的最好方式。另一方面，单边理论预设了赠予者对回应的要求以及接受者的亏欠，同样也是基于稀缺的假设。因为如果赠予基于丰盛，那么它便不会带来亏欠——即一种对牺牲掉某物之后的补偿之要求。因此，单边理论包含对一种真正的慷慨以及真正接受这一慷慨之可能性的否定，同时也是对资源稀缺的肯定——在稀缺的世界观之主导下，真正的慷慨是不可能的。事实上，甚至现代社会之作为宣泄的赠予，也同样体现了这种稀缺的世界观。这是因

---

① Stephen H. Webb, *The Gifting God, A Trinitarian Ethics of Excess*, p. 16.

为宣泄的基础——市场经济中的局部过剩，正是以基于稀缺的市场交换为条件才得以产生。换句话说，这里的过剩并非真正意义上的丰盛，而只是基于稀缺的形而上学运作的市场经济产生的副产品。如果是一种普遍意义上的丰盛，那么在实践中便不会产生因追求利润最大化而导致的局部过剩，因而也就没有宣泄的必要；相反，只有当局部在稀缺的逻辑指导下的交换中形成绝对意义上的过剩及额外资源时，才有了宣泄的需要。

到此为止，无论是在理论维度抑或在实践层面，我们都已经能够对现代社会中"礼物之赠予"的困境拥有一个大致的了解。无论如何，我们所关注的重点仍是"礼物之赠予"在实践中的问题；但与此同时，对理论的探索亦能够帮助我们理解这些实践背后的理论假设。对这两个维度的考察告诉我们，如果欲突破现代社会中"礼物之赠予"的两难，我们便需要对"礼物之赠予"的含义有一个全新的理解，而这一理解是我们在莫斯及德里达所代表的哲学及社会科学领域所发现不了的。因此，我们还是需要将目光转向神学的领域，在传统的基督教神学语言中寻找克服现实困境的资源，并将这种资源同我们今天的议题——为现代世界中的人类工作寻找一种恰当的模式——关联起来。而且我们将会看到，这一资源事实上就存在于为若望·保禄二世及沃弗等人所批判乃至摒弃的、路德及加尔文对"呼召"的理解之中。

第二节　路德与加尔文的"礼物神学"

在探讨路德与加尔文的"礼物神学"及其与人类工作的关联

之前，首先需要澄清的是，在二者的神学体系中，均不存在一套自觉的、系统的对礼物的阐释；"礼物"这一概念在两人的神学中也并非是作为神学基础或核心教义存在的，甚至在最能体现二者礼物思想的救赎论中，"礼物"也并非是作为最主要的象征而被路德和加尔文使用的。因此，我们在讨论的过程中需要注意不能夸大"礼物"这一概念在两人神学中的重要性。然而，与此同时我们也将看到，"礼物"确实是一个在路德及加尔文的神学中被反复使用且非常重要的象征。正是在两人于这些不同语境下——如创造论、救赎论、圣礼神学等——对"礼物"一词的使用中，我们得以发现一种依据"礼物之赠予"对上帝的救赎工作和人的伦理生活以及二者之间的关联所作的诠释，而这其中就包含了对一种作为"礼物之赠予"的人类工作模式的肯定。

一、创造与救赎：上帝的礼物

在路德与加尔文的神学中，使用"礼物"这一象征最多的地方，无疑是二者的救赎论。然而我们必须注意到的是，救赎绝非是上帝赠予人们的第一份礼物，对两人而言，关于礼物的叙事应该且必须是以创造的故事为开端的，换句话说，创世才是上帝赠予人的第一份珍贵的礼物。

创造之礼物的本质在路德于 1528 年完成的《信条》（*Confession*）中得到了充分的阐明："父将自身赠予我们，连同天地及一切造物，是为了它们能够服务于我们并让我们受益。"[1] 在这段话中，路德表达了两层意思：首先，创造以及维系其存在的上帝本身都属于上帝赠予人的礼物；且在这里，路德明确指出了上帝创世的本意，即并非赋予人类一个管理创造的使命，而是赠予人一

---

[1] Martin Luther, LW, vol.37, p. 366.

个用来接受并从中受益的礼物。其次，被赠予的不仅是创造这一礼物本身，还包括了正确使用这份礼物的秩序，即能够令其"服务于我们并让我们受益"，而这里的"我们"显然指向的是作为一个共同体的人类。换句话说，上帝在创世的同时赠予人正确使用礼物的秩序，是使礼物能够为了所有人的益处而被使用。

在加尔文的神学中，我们同样可以找到将创造视为上帝之礼物的观念。在《基督教要义》（*Institutes of the Christian Religion*）谈及创世及上帝作为创造者的章节中，加尔文表达了他对创造之美善的极度感激，他形容自己"完全为其辉煌的力量所淹没"[1]。他认为，我们能够在摩西关于创造的描述中找到一面镜子，"在其中所映照出的是上帝的形象，祂是不可见的，祂的智慧、力量和公义是不可估量的"[2]。显然，在这些叙述中我们所能发现的是一种对上帝之赠予的感激以及为这一礼物的美善所折服的情感表露。同样，加尔文亦认为上帝在创造中所赠予的礼物包含了一种正确使用这一礼物的秩序。对此他是这样表述的："令此成为我们的原则：即对上帝之礼物的使用，只有当合乎创造者自己为了我们的缘故而创造及规定它们的目的时，才不是走向错误的方向，因为祂创造它们是为了我们的益处，而非令我们毁灭"[3]。在这里，我们找到了一种与路德几乎完全一致的观点，即创造者亦是礼物之赠予者的上帝，同时赠予了人们以正确使用创造的规则与秩序，即为了"我们所有人"的益处。

因此，正如我们所看到的，在路德和加尔文对创造的诠释中，均包含着对创造及创造中的正确秩序作为上帝之礼物的理解。事实

---

① John Calvin, *Institutes of the Christian Religion*, Book 1, Chapter V. p. 1.

② Ibid, Book 1, Chapter XIV. p. 1.

③ Ibid, Book 3, Chapter X. p. 2.

上，这一礼物的赠予不仅在时间上位于整个礼物叙事的开端，更在某种程度上成为了路德及加尔文谈论"救赎中的礼物"之逻辑上的开端或曰基础。换句话说，在上帝为人提供的第一个礼物与其后来绵延不绝地为人所提供的礼物之间，存在着一种逻辑关系，这一点无论是在路德抑或加尔文的神学中，都被明确地表述出来。更具体而言，在路德和加尔文的叙述中，这种逻辑关系是因着"亚当的堕落"这一具体事件的发生才被搭建起来的。

对路德和加尔文来说，亚当的堕落当被放在"礼物"的框架下来理解的时候，意味着对上帝在创世时所赠予之礼物的滥用及遗失。在对《罗马书》第八章的诠释中，路德在解释何为"受造之物服在虚空之下"一句的含义时认为，这里的虚空（futility）指向的是人的虚空，亦即他的罪。而罪的存在令人滥用创造的礼物，因此整个受造渴望摆脱叹息、劳苦之境，重获自由。① 除此之外，仍然是在 1528 年的《信条》中，路德在肯定了创造之礼物的本质后继续说道："然而，因为亚当的堕落，这一礼物已经变得模糊且无用了。"② 由此可见，对路德而言，人的堕落也就意味着对上帝之礼物的滥用，亦即遗失了上帝所赠予的正确使用礼物的秩序；与此同时，人和上帝之间的关系也被破坏了，因为在"礼物之赠予"的框架内，上帝自身亦是祂所赠予人们的礼物，所以人对礼物的滥用也就等于破坏了他同上帝之间的关系，遗失了他在原初时所具有的义。

而加尔文也同路德一样，将人的堕落理解为对上帝在创造之中所赠予的礼物之遗失。君特·哈斯（Guenther H. Haas）在论及加

---

① Martin Luther, LW, vol.25, pp. 362-363.
② Martin Luther, LW, vol.37, p. 366.See also Gustaf Wingren, *The Christian's Calling*, p. 170.

尔文的伦理学时认为，创造的教义是理解加尔文之神学伦理学的基础。① 因为在加尔文的神学中，上帝在创造之初所赠予人们的关于如何使用创造的秩序，事实上就是道德秩序本身。因此，人的堕落之所以彻底改变了人的伦理生活，使人性在加尔文的眼中变为彻底腐坏的，正是因为人们遗失了上帝的这一礼物，而这也就必然意味着人们对创造之礼物的滥用。所以，加尔文才认为人的自我知识必须包含对原初人所拥有的、作为上帝之礼物的卓越性之认识，与此同时他亦必须认识到自身当下的罪即是对上帝所赠予之礼物的玷污。而随着人背离了上帝赠予人的创造秩序，亦即他原初所拥有的道德秩序，上帝与人的关系也就随之被破坏了。

由此可见，无论对路德抑或加尔文而言，对人之堕落的诠释都是可以在"礼物"的框架下进行的。依据基督教神学的逻辑，堕落之后的人需要救赎才可在上帝面前重新称义，恢复他与上帝之间的关系，由此，神学讨论便接着进入了救赎论的领域。而在路德及加尔文的救赎论中，在对创造及堕落的诠释中包含的礼物象征继续被保留了下来。事实上，正是在救赎论的领域中，这两位宗教改革家关于礼物的叙事才达到顶峰。更具体而言，当人因为亚当的堕落而遗失上帝原初赠予的礼物和他原初的义之后，上帝是以再次赠予救赎的礼物而不是其他任何方式与人和好的，这一点在路德和加尔文的神学中都体现得极为明显。

正如我们已经了解的那样，路德在与罗马天主教会的冲突中，将律法与福音，亦即因行为称义和因恩典称义对立了起来。对他而言，律法所代表的是人的努力与善行以及上帝的愤怒与诅咒；相

---

① Guenther H. Haas, "Calvin's Ethics", in *The Cambridge Companion to John Calvin*, p. 93.

反，福音却是靠着信仰而被接受的全然的恩典，是上帝无偿赠予的礼物，而非人靠遵守律法或善行而从上帝那里交换得来的。救赎福音的这一"礼物本质"可以在下面这两段话中得到集中体现：

> 因此，不希望同那些盲目者一同步入歧途的人，必须令目光超越行为以及那些与行为有关的律法和教义；不仅如此，在令目光离开行为的同时，他必须注视人自身，并探究他是如何称义的。因为人被称义和被救赎，既不是靠行为，也不是靠律法，乃是靠上帝之圣言，也就是靠祂的恩典之承诺，靠信仰，而荣耀永远属于上帝，祂拯救我们不是因为我们义的行为，而是在我们相信之际根据祂的仁慈，靠祂的恩典之言而达成。①

以及：

> ……我们因信仰基督而被称义，毋需任何律法的行为，祂全然取消了一切行为，甚至可以说，律法的行为即便是上帝的律法和祂的圣言，也无助于我们的称义。②

在路德的称义观中，靠律法与行为称义是一种自利指向的交换——即试图依靠人的努力换取上帝的宽恕及永生的福分，它和我们前面已经看到的资本主义市场经济的交换模式在本质上是一样的；相反，因信称义在路德眼里绝非一种交换，而是恩典、赠予，是上帝之爱的举动，令人得以白白接受上帝的礼物。不仅如此，在

---

① Martin Luther, "A treatise on Christian Liberty", *Works of Martin Luther*, vol. Ⅱ, p. 332.

② Martin Luther, "On Translating: An Open Letter", *Works of Martin Luther*, vol. Ⅴ, p. 20.

路德的神学中，上帝这一礼物的赠予行动是一种三一的行动，它由圣父、圣子、圣灵三个位格共同完成：父在基督身上赐下和好的恩典，而"……子自己随之将祂自身赠予我们，同时赠予了祂的一切工作、苦难、智慧和公义，令我们同父和好……圣灵也到来，并将自身完完全全地赠予我们。祂教导我们明白基督这一已经向我们显明的行动，帮助我们接受并保存它……"①

对加尔文来说，信仰同样是完全建基于上帝在福音之中的恩典，且这一上帝的恩典与人寻求通过律法和行为称义全然对立。加尔文对称义的这一理解，在相当程度上依托于他对堕落之后的人性的否定性的理解。事实上，加尔文远非如某些学者所认为的那样，是一位极尽所能贬低人性的神学家，并且主张原初的人性与神性之间有着巨大的差别②；相反，正如比林斯（J. Todd Billings）所指出的那样，加尔文肯定堕落之前的人性与神性之间存在着一种基本的和谐，以及一种包含差别的合一。③ 然而，在加尔文的眼中，堕落之后的有罪的人性确实是一种完全无力朝向善的人性：在堕落之后，人性的整体以及其职能都为罪所破坏，其结果是人不仅不知何为道德，亦完全无法选择或实践善行。而且，人性不只是遗失了原初所具有的义因而缺乏善，更是充满了恶。④ 换句话说，在堕落之后的人性之中，罪成为了活跃的、支配性的力量；人的意志仍然存在，但却是朝向恶的，且无法自由地转向善，而只能非强迫地、自由地作恶——在加尔文对有罪的人性的描述中，我们很容易便能发

---

① Martin Luther, LW, vol.37, p. 366.

② Philip Butin, *Revelation, Redemption and Response: Calvin's Trinitarian Understanding of the Divine-Human Relationship*, New York: Oxford University Press, 1995, chapter 1.

③ J.Todd Billings, *Calvin, Participation, and the Gift: The Activity of Believers in Union with Christ*, New York, Oxford University Press, 2007, pp. 42-43.

④ John Calvin, *Institutes of the Christian Religion*, Book 2, Chapter I . p. 8.

现其对奥古斯丁神学的继承。

正是基于这样一种对堕落之后的人性的认识，加尔文拒绝任何人可以凭自己的行为称义的可能性——面对与上帝和好这一人之实存的首要目标，他除了依靠上帝的恩典之外，别无他法。换句话说，称义只能以上帝赠予人礼物的形式为人所获得，而这一礼物即是耶稣基督："因此，称义只能是将有罪的人从罪中赦免，如同他已经被证明无罪。当上帝因基督的代求称我们为义时，祂便赦免了我们，不是因为我们自身的清白，而是因着归于我们的义，因此，在我们自己则没有义的我们，便在基督之中被看为义的。"① 而将人与基督联系在一起的，则是圣灵的力量："圣灵是基督得以将我们与其自身相连的纽带。"② 因此，对加尔文而言，人的称义完完全全是一个由上帝主动发起，由上帝带来，并由三一上帝独自完成的行动，人无需也无力以自身的任何行为与上帝进行交换："我们的救赎之发生在于天父的爱；材料则是圣子的服从；工具则是圣灵的启发，也就是信仰；而结果则是上帝之伟大仁慈的荣耀"③。在相当程度上，加尔文的救赎论较之路德更为强调救赎的礼物特征，这一点特别体现在他的预定论教义中。正如第一章已经解释过的那样，加尔文依据他在圣经中的发现而主张预定的目的，不是为了在基督徒的心中激起恐惧与不安，而是为了彰显上帝之无偿的恩典。在预定论的教义下，甚至连人的信仰，亦即接受上帝的恩典这一行动本身，都无法成为称义的条件，因为相信福音这一抉择本身也并非人的功劳，而是由圣灵自由的启发所带来的。因此，预定论事实上排除了一切依据我们自身的价值或功绩而被拣选、称义的可能，

---

① John Calvin, *Institutes of the Christian Religion*, Book 3, Chapter XI. p. 3.

② Ibid, Book 3, Chapter I. p. 1.

③ Ibid, Book 3, Chapter XIV. p. 21.

救赎只能是纯粹的恩典，是来自上帝的无偿礼物。

在路德和加尔文以礼物为象征、对创造—堕落—救赎这一关于人的历史之诠释中，我们可以很清楚地发现一种与现代资本主义市场经济中的交换以及现代社会中"作为宣泄的礼物"截然不同的关于礼物的叙事，而这一叙事显然也与莫斯眼中的礼物交换以及德里达之礼物的不可能性有着相当大的距离。换句话说，在基督教神学的语言中，我们能够发现一种打破现代社会礼物之赠予在理论和实践上的两难的可能，而这种可能首先是通过上帝在创造之初，直至人堕落之后持续地赠予礼物的行动而呈现给我们的。在上文所描述的路德及加尔文的礼物象征中，我们发现了神学的礼物叙事与现代世俗社会的礼物叙事相区别的第一个重要特征，即"礼物之赠予"的无偿性，且是一种与"作为宣泄的礼物"有着本质区别的无偿性。

所谓无偿性，正如我们在路德和加尔文的神学中所看到的那样，是一种与交换截然不同行动，前者以爱为出发点，指向的首先是他者的需要，在上帝对人的赠予中则指向人的需要；后者以自利为中心，指向的是自身的需要，因而以偿还为条件。上帝对人的赠予显然属于前者，即一种由爱出发的、以人的需要为首要考虑因素的、无需回报的行动。这种赠予的无条件性首先反映在：并非因为人已经做了某些有价值的、可以作为交换的事，上帝才赠予人礼物。这一事实集中体现在"创造"这个礼物中——显然，人根本无法在创造之先完成某些事情以从上帝那里交换创造的礼物，因为创造之前本就是空无一物，连人自身都不存在。同样，正如我们在路德和加尔文的救赎论中所看到的那样，救赎的礼物也并非人以其善行换取的，因为人的罪使他根本无力行善或遵循上帝的律法。上帝之赠予的无偿性还体现在：祂在赠予礼物之后同样亦不要求来自人的偿还。事实上，上帝根本不可能要求任何形式的偿还，因为上帝自身是绝对丰盛的，且人所能偿还给上帝的一切无一不是上帝已经拥有的。此外，当人堕落之后——亦即他开始滥用上帝所赠予的礼物之后，上帝并没有收回创造的礼物，而是继续维系着创造；不仅如此，祂还将圣子耶稣基督和祂的圣灵赠予人们，目的是为了与人们和好，令人们得以在祂面前称义。这两种事实同样说明了在上帝那里，"礼物之赠予"是无需偿还的。

　　另一方面，上帝的"礼物之赠予"亦明显地体现出它和"作为宣泄的赠予"之间的差别。首先，上帝的礼物绝非如"作为宣泄的赠予"一般，依附于一种自利的交换关系，又或者以某种自利的交换作为其存在的前提条件。相反，上帝的赠予不用依附于任何交换，万物都是从祂而出，祂自身则是无边的丰盛，祂完全无需从自身之外通过自利的交换获得任何东西，然后再将其赠予人们。第二，在"作为宣泄的赠予"中，赠予者并不关心礼物本身以及它的接受者，他甚至无法认出自身是在实践一种赠予的行动；相反，上帝的赠予是一种由爱出发的行动，因此祂在赠予的同时关心人们的需要，关心礼物如何被使用，所以才在人们滥用并遗失掉祂原初赠予的礼物之后，继续赠予新的礼物以救赎人。更重要的是，上帝能够认出自身之赠予的行动，但与此同时礼物并未因此——如德里达所设想的那样——被取消；上帝在这一自觉的赠予过程中始终是慷慨的，祂并未要求人的回报，因此作为接受者的人亦不会认为自身处于一个亏欠的状态之中。换句话说，上帝的赠予从未因祂能够认出礼物这一事实而成为一种交换。

　　简言之，上述讨论中路德和加尔文对上帝在创造和救赎中的"礼物之赠予"的诠释，已经在相当程度上为我们所欲达成的目标——即突破"礼物之赠予"在现代社会中的困境——提供了一种极具价值的理论基础。然而，这一基础距离问题的解决还有着相当大的距离。其中一个最重要的、有待回答的问题是：上帝的赠予，特别是祂在救赎中所给予人的礼物，与人自身的赠予实践之间有着怎样的关联？在本节剩下的部分中，我将继续挖掘路德和加尔文的神学对"礼物之赠予"这一象征的使用，以期找到对这一问题的回答——即使它仍是一个有待修正的、而非最终的答案。

二、上帝的救赎与人的赠予

正如我们已经分析过的，在路德和加尔文的神学中，经过亚当的堕落，人所遗失的由上帝而来的礼物不仅包括他在上帝面前的义，还包括了正确使用上帝之创造这一礼物的秩序。既然如此，在上帝为人预备的救赎礼物——即祂的独生子和圣灵中，是否也包含了恢复这一秩序的礼物呢？事实上，我们很容易发现这一问题的重要性：如果救赎只包含称义的维度，那么它实际上便无法令人们的伦理生活产生任何实质性的改变，因为人自己并不具有恢复道德秩序的能力；而这样一来，则意味着人仍然无法正确使用上帝的创造，遑论一种恰当的赠予实践。

在这一问题上，无论是路德抑或加尔文的救赎论，所给出的都是一种肯定的答案。换句话说，对二者而言，上帝在救赎中所赠予的礼物绝非只有称义本身，还包括了重新恢复人的道德秩序，即"成圣"（sanctification）的维度。作者在讨论路德的"呼召"观念时已经提到，对路德来说，称义与成圣并非两个分离的过程，即一个属于上帝的工作，而另一个属于人的工作；相反，称义与成圣皆由恩典而来，救赎的礼物中已经同时包含了二者。而这一"成圣"具体意味着什么呢？一方面，在路德那里，它并不意味着人在因信称义后便立刻转变为了一个无罪的人；相反，在人们在世的、有限的生命中，他仍是一个有罪的人："……一个真正的基督徒的生命并非是全然安宁的，且在此程度上也并未摆脱罪的捆绑……只要血肉尚存，罪便一直跟随；因此我们便须时时与之对抗"①；同时"原罪始终存在于基督徒之中，直到他们死去的那天"②。然而另一方面，路德更为强调的是在救赎的礼物中，人通过圣灵与基督联合，从而重获他在堕落之际所失落的道德秩序，并能够像基督一样实践由爱而出的新行动。换句话说，人在称义之后虽然仍是罪人的身份，但在相当程度上，他已经能够不受罪的辖制而实践爱的行动。因此，"原罪，在新生之后，就像一个开始愈合的伤口；虽然它仍是一个伤口，但却已经处于一种愈合的过程之中……它自身已经被抑制，并持续地死亡。它的首领已经被粉碎，因而再也无法诅咒我们"③。

同人的称义一样，这一成圣的达成，仍是通过上帝之三个位格的合作而共同完成的：父将子作为治愈与成圣的礼物赠予人们；子在通过自身的工作使人与上帝和好的同时，亦在自身与人的联合之中使有罪的旧人随着自己的死亡而死亡，新人通过自己的复活而出生，从而重新获得爱的能力；圣灵的角色，则是将自己赠予人的心灵，使我们得以通过信仰而与基督联合，并在真正的信仰中保存并圣化我们。正因如此，在路德看来，真正的信仰必然会在爱的实践中体现出来，因为在真正的信仰中，人已经因着三一的工作而成圣："从信仰中涌出在基督之中的爱与喜悦，而从爱中则涌出一颗喜悦的、自愿及自由的心灵，它乐于服侍邻人，且不考虑感激还是

① Martin Luther, "Commentary on Peter and Jude", 199f., in *A Compend of Luther's Theology*, p. 114.
② Martin Luther, *The Table-Talk of Martin Luther*, trans. William Hazlitt, Philadelphia: United Lutheran Publication House, 1997, #CCLVI.
③ Ibid.

忘恩、赞扬还是责备、获得还是失去。"① 因此，在路德的"因信称义"教义中，爱的行动不仅没有随着对行为称义的废除而被取消，反而因救赎的礼物中包含的成圣而得以新生。也就是说，人们在上帝的救赎工作中所接受的礼物不仅是关于天堂的（信仰），同时也是关乎世界的（爱）；不仅是关于称义的，也是关于成圣的；不仅是关于得救的，也是关于伦理的。

路德神学中的称义与成圣在上帝之救赎礼物中的统一，亦可在其对律法的讨论中发现。在对十诫的诠释中，路德将信仰，亦即上帝的恩典，视为理解上帝之诫命的道路。换句话说，当人因信而称义后，律法便不再是一种与人对抗的、显出人之有罪的事物；相反，因着信仰，它已经能够为人们所理解，并帮助人们实践爱的行动。而信仰，在路德看来，所对应的正是十诫中的第一条诫命的内容；人对这条诫命的接受，是通过圣灵的工作而实现的。不仅如此，路德在关于信仰的第一诫和其他九条诫命之间，建立了一种极为紧密的关联，即第一条诫命自身事实上已经包含了其他所有诫命。② 这也就意味着，随着信仰的礼物被赠予人，紧接着对上帝之道德秩序的正确理解也随之被赠予了人们；当人们依靠上帝的恩典而得以获得信仰并称义时，也就意味着他亦在圣灵的帮助下自由地接受了上帝的诫命，亦即步入了成圣的大门。

在加尔文的神学中，上帝之救赎的礼物同样包含了称义与成圣这双重维度——尽管这一点曾被忽视。一些神学家，如约翰·密尔

---

① Martin Luther, *The Table-Talk of Martin Luther*, trans. William Hazlitt, Philadelphia: United Lutheran Publication House, 1997, #CCLVI.

② Martin Luther, *D. Martin Luthers Werke* (Weimar Ausgabe), vol. 1 (Weimar: Hermann Böhlau, 1883—1993), 438. Cited hereafter as W. A., vol. 1, p. 438. Cited from Bernd Wannenwetsch, "Luther's Moral Theology", in *The Cambridge Companion to Martin Luther*, p. 120.

班克（John Milbank）、凯瑟琳·皮克斯托克（Catherine Pickstock）
等，单纯地强调了加尔文的救赎论中将义"归于人"（imputation）
的维度，亦即加尔文之称义观中的"法庭式的"（forensic）因素。
在他们看来，加尔文的救赎论受唯名论形而上学的影响，将称义仅
仅限制在了法律的意义上，因而人的义只是一种被归给他的、外在
的义；换句话说，救赎的礼物中只包含了称义而无圣化，人无法因
称义而参与基督之中的新生命，他的罪也因此无法被克服，从而不
能在生活之中将对邻人的爱付诸实践。① 然而，正如比林斯所正确
指出的那样，这些神学家都忽视了在加尔文的救赎论中存在的一种
"双重恩典"（*duplex gratia*），即包含了称义及圣化这两个维度的恩
典。在加尔文的神学中，这两个恩典既不可互相混淆，亦无法分
离。一方面，在双重恩典中第一个恩典——即称义中，通过圣灵的
工作，有罪的人得以分享基督的义，因而上帝可以自由地宣布罪人
为义人——换句话说，即将义归于人。在这个意义上，称义是一种
法律意义上的行动，因为义并非人自身的义，而是人所拥有的基督
的义，这一点在加尔文的救赎论中是十分明确的。另一方面，在通
过圣灵而与基督的联合中，人得以参与并分享基督的生命，与此同
时一种道德转化的过程便开始了——这便是人的成圣。换句话说，
在被赐予人的圣灵的帮助下，人在分享基督之生命的同时，亦参与
了他的死亡和复活，于是有罪的人性（即加尔文眼中的"旧人"）
死去了，上帝之创造原初的目的——善的人性被恢复了，人的生命

---

① John Milbank, "Alternative Protestantism", in *Creation, Covenant and Participation: Radical Orthodoxy and the Reformed Tradition*, ed. James K. A. Smith and James H. Olthius, Grand Rapids, MI: Baker Academic, 2005, pp. 25–41; Catherine Pickstock, *After Writing: On the Liturgical Consummation of Philosophy*, Oxford: Blackwell, 1998, pp. 156–157.

得以重新满足爱的律法，在与他人的水平关系中实践爱的行动。①

因此，正如我们所看到的，无论是路德抑或加尔文的救赎论，事实上都包含了一种"双重的"礼物叙事，一份是关于称义的礼物，另一份则是关于成圣的礼物。在路德和加尔文的诠释中，一方面，称义与成圣二者不能被相互混淆——前者是法律意义上的，后者是生命本质的转变，二者确实是两个不同的事件；另一方面，二者又是不可分离的，因为它们都是通过父的赠予、圣灵的工作及同基督的联合这一三一结构才得以实现的，称义与成圣的"礼物之赠予"对上帝而言是一个统一的三一行动，而不是两次分离的行动。事实上，在路德和加尔文所论述的称义与成圣之间，还存在着一种与我们今天讨论的议题有着密切关联的区别，即相对于成圣而言，在称义的礼物中人作为接受者处于一个被动的地位上，除了感激之外，他无法以其他形式的行动回应上帝的赠予；而在成圣的礼物中，人在作为接受者的同时，还能够以他在世界中的行动回应上帝的赠予，从而在他与上帝之间达致一种相互性的赠予关系。

那么，人在世界之中怎样的行动，才是对上帝之赠予的回应，而这种回应又是否可能呢？首先，在路德和加尔文看来，这一回应不可能是直接指向上帝的。正如前文已经指出的那样，人没有什么不是从上帝那里获得的，而这反过来也就意味着没有什么人所有的，是上帝所没有或需要的。因此，人事实上不可能将任何东西直接赠予上帝，特别是在"我们所有的一切都源自上帝的恩典"这一前提下。正如路德所概括的那样："……我们不能赠予上帝任何东西，以报答他的善即恩典"②。然而，对路德和加尔文而言，对

---

① J.Todd Billings, *Calvin, Participation, and the Gift*, pp. 105–143.

② Martin Luther, *The Gospel for the Early Christian Service*, LW, vol.52, p. 38.

上帝之直接回赠的不可能性并未取消人对上帝之赠予的回应；相反，对二人而言，除了对上帝的赞美与感激之外，这一回应亦能够被恰当地实践于对邻人之爱的行动之中。

的确，正如我们在路德和加尔文的神学中看到的那样，人之所以能够在世界之中遵循爱的律法、在和他人的关系中实践爱的行动，本身即是由上帝在救赎中所赠予的礼物带来的。然而，这并不意味着人在实践爱的行动时，处于一种全然被动的状态。换句话说，人在接受了成圣的礼物的同时，并没有失去他的主动性及自由意志；相反，在上帝赠予人的礼物中，包含了使人能够在他的实践中模仿上帝自身生命模式的主动性。这意味着，人们能够在圣灵的帮助下，在分享基督之生命的同时，自由地在其实践中反映出上帝的形象，正如加尔文所表达的："因为上帝已经在律法之中雕刻出了祂的形象，因而如果任何人在行为中实践出律法所要求的，他便在自身的生命中，表达出了上帝的形象。"[1] 正因如此，虽然在上帝的恩典面前、在接受上帝的礼物时，人所表现出的是一种被动性，但这并未取消人们在运用上帝之礼物时所能够具有的主动性。正如凯瑟琳·唐纳所言，通过圣灵而与基督联合，并不意味着我们的主体性为基督的位格所替代[2]；亦如巴特对人之主动性的肯定："不，理性的正常活动并未被破坏；相反，它被某种超越自身者所引导、指引和规划"[3]。

事实上，在路德和加尔文的神学中，我们能够清楚地发现二者对以服侍邻人的方式回应上帝之赠予的肯定。对路德而言，通过信仰，人重新成为上帝之子，而他所应做的，便是以仆人的角色——

---

① John Calvin, *Institutes*, Book 2, Chapter Ⅷ, p. 51.

② Kathryn Tanner, *Jesus, Humanity and the Trinity*, Edinburgh: T&T Clark, 2001, p. 72.

③ Karl Barth, "Faith and Idea in Theology", in *The Way of Theology in Karl Barth: Essays and Comments*, ed. H.M. Rumscheidt, Allison Park, Pennsylvania: Pickwick Publications, 1986, p. 54.

如同耶稣所做的那样——通过爱服侍他的邻人。① 不可否认的是，路德总是强调这一对邻人的爱是上帝的礼物所带来的，是借着圣灵工作才能实践出来的，然而他也总是同时强调人们应主动地行出爱的实践，以回应上帝的礼物："上帝期望的并非语言的倾听者和重复者，而是行动者和跟随着，他们在由爱而工作的信仰中实践自身。"②路德的这句叙述清楚地表明，指向他人的爱的实践是上帝所期待的，因此可以作为对上帝之礼物的回应。同样的意思亦被表达于下面的话中："没有比基督徒的爱——即帮助并服侍那些需要的人，再好的服侍上帝的方式了……"③ 在这一点上，上帝的赠予行动再次显示出自身与现代资本主义社会中"作为宣泄的赠予"之间的差别。在后者的情况中，由于其行动的宣泄性质，赠予者并不关心礼物往何处去以及被何人所接受，因此也就没有任何对来自接受者之回应的期待。相反，上帝的赠予行动使我们看到，一个关心其礼物是否被真正接受的赠予者，总是期待着另一次赠予行动作为回应。

上帝的这种对回应的期待亦为加尔文所肯定。他的救赎论强调通过圣灵而分享基督的生命，同样并未取消信仰者在爱之中自发的行动，反而因着圣灵之功，更使人的这一行动成为可能。④ 换句话说，借着圣灵之力量的帮助，在与基督的合一中，祂给予人们祂的生命及从父那里领受的祝福，使人有能力将这一祝福带给其他人。

---

① Martin Luther, W.A., vol.25, 394, vol.23, p. 363.Cited from Geroge W.Forell, *Faith Active in Love*, pp. 108-109.

② Martin Luther, "The Eight Wittenberg Sermons", *Works of Martin Luther*, vol. II, p. 392.

③ Martin Luther, "Preface to an Ordinance of a Common Chest", *Works of Martin Luther*, vol. IV, p. 95.

④ John Calvin, *Institutes*, Book 2, Chapter 8, 49; *The Bondage and Liberation of the Will: A Defence of the Orthodox Doctrine of Human Choice Against Pighius*, trans.Graham L. Davies, ed.A.N.S.Lane, Grand Rapids, MI: Baker Books, 1996, pp. 193-200.

而正因上帝这一助人成圣的礼物并未取消人的自由或主体性，其中便自然包含了一种对回应的期待。正如在论及人的祈祷时，加尔文主张人们需要有"发自内心的感激及感恩"① 一样，在人们的生活中，他亦应以指向邻人的爱的行动回应上帝通过祈祷、律法及圣餐等方式所赠予人们的一切礼物。因此，加尔文的神学并非如许多人所认为的那样，单方面强调上帝的荣耀和祂的主权以及人的无力性；相反，虽然爱邻人的行动本身仍来自上帝的礼物，但它同时亦是通过信仰者主动地生活在同邻人之爱的关系中才得以表达的，而这种表达正是人对上帝之礼物的回应，它所反映的实际上是人与上帝之间的一种相互性关系。②

正是在人通过其指向邻人的爱的行动对上帝之赠予的回应中，我们发现了礼物神学与人类工作的关联，在路德和加尔文的神学中，这一关联被表达为人以其作为呼召的工作，将上帝赠予人的礼物赠予他的邻人，并以此作为对上帝之赠予的回应。事实上，"呼召"一词在路德和加尔文的神学中，已经很清楚地指向了上帝对人的一种期待，即是期待人在他的工作中，以将上帝的礼物赠予他人的方式，回应上帝自身的赠予。不仅如此，也正是通过"呼召"的概念，我们能够将人通过爱邻人而回应上帝的行动，与一种自利的交换活动区分开来。正如前文已经表明的，上帝对人的赠予是一种基于丰盛的、爱的行动，而非以交换为前提。换句话说，上帝的赠予并未施加给人一种偿还的义务或要求，祂也不会因人没有作出回应就收回祂的礼物，甚至连人们实践对邻人的爱这一回应本身亦是祂自由的赠予，因而人们在上帝的礼物中也并不处于一种亏欠的

---

① John Calvin, *Institutes*, Book 4, Chapter 20, p. 3.
② J.Todd Billings, *Calvin, Participation, and the Gift*, pp. 141–143.

状态。然而与此同时，上帝关心着祂的礼物，亦即关心着礼物的接受者是否恰当地使用了祂的礼物、是否真正受惠于祂的礼物，在这个意义上，作为接受者的上帝必然期待着某种回应。正如路德和加尔文的神学所暗示的那样，对上帝之礼物的真正接受必然包含一种感激，而这一感激就体现在人们爱的行动之中。因此，在路德和加尔文的神学中，以呼召的形式体现出的上帝对回应的期待，并不会取消上帝之赠予的慷慨本质，因而也就不会取消礼物自身；相反，这一对回应的期待恰恰是建构"礼物之赠予"的必要因素。

由此，在上帝的呼召之中，即通过日常的工作，人们有了一个回应上帝之期待——亦即回应祂的赠予——的地方；而这一回应的具体实践，是通过他在工作之中，以使上帝在创造时所赠予人的礼物延伸、扩展——即将它们赠予别人的形式——来完成的。对路德而言，上帝赠予人创造的礼物以及正确使用它的秩序，是为了整个人类能够享受到它的益处。然而随着亚当的堕落，人们遗失了创造的礼物——并非上帝停止了赠予，收回了阳光、雨露、动植物以及一切美好的创造，而是人因他对创造的滥用而不再能够妥善地接受以及保存创造的礼物。在这种情况下，上帝在救赎之中将基督和圣灵赠予人们，其中不仅包含称义的礼物，更包含使人得以重新成为创造礼物之接受者和保存者的成圣礼物。与此同时，上帝期待人们能够对这一礼物作出回应——并非因为上帝自身需要它，而是人们自身和他的邻人需要它，因为上帝真正期待的回应，只是人们能够主动地正确使用创造的礼物，即便这种正确的使用本身仅仅因为上帝的救赎礼物才成为可能。因此，在路德看来，当人因三一上帝在救赎中的工作而得以重获创造的礼物后，他所应做的便是努力实践他的呼召，即在圣灵的帮助下，通过他的工作主动地散播及扩展上帝在创造中赠予的礼物——在将礼物赠予他人的过程中实践爱的行动，并以这种方式回应上帝的赠予。用路德自己语言表达，即"从基督那里，好的事物曾经并正在流入我们之中……从我们这里，它们流向那些需要它们的人……这是真正的爱和一种基督徒生活的真正准则"①。

事实上，在论及人在其呼召之中的这种赠予时，路德强调的重点仍是上帝的恩典。具体地说，人在工作中将礼物赠予他的邻人时，所赠予的仍是来自上帝的礼物、来自上帝的祝福。在人的呼召之中，上帝的创造性工作始终没有停止过，以将创造的美好带给有需要的邻人。在这个意义上，人的工作及赠予活动只是上帝的工具——"上帝自己才是生命的来源及创作者"②。然而，路德对呼召中上帝之创造性工作的强调，并非是为了贬低甚至取消人们在呼召及赠予活动中的自由及主动性；恰恰相反，他的目的是为了督促人们致力于工作这一爱的行动，因为这一指向邻人之幸福的行动不仅符合上帝的意志，更是参与上帝自己对人类的照管。正因如此，人们在其工作中不应焦虑，因为上帝不仅赠予创造的礼物，更不断赠予礼物（包括三位一体自身）以维系这一创造，并将创造的礼物通过人的工作赠予需要者。与此同时，路德的这一强调，亦包含了一种对人的礼物赠予而言非常重要的前提，即"上帝之创造的丰盛性"。正如前文所提及的那样，上帝对人类的赠予是一种基于丰盛的赠予，而丰盛性正是真正无偿和慷慨的礼物之存在的必要条件。同样，在路德的神学中，这一丰盛性亦反映在人在水平维度（即世界之中）的赠予行动中：人通过工作将来自上帝的礼物赠予他的邻人，因而真正的赠予者事实上是上帝自己。由此，人之赠予

---

① Martin Luther, "The Freedom of a Christian", LW, vol.31, p. 371.

② Martin Luher, W.A., vol.40 Ⅲ, p. 210. Cited from Gustaf Wingren, *The Christian's Calling*, p. 207.

的丰盛性便由上帝自身的丰盛性所保证，人们才得以在其工作实践中，逃脱由"稀缺的形而上学"所主导的自利交换的逻辑，并真正慷慨地将自身的工作当作礼物赠予他的邻人。正如路德自己所言："上帝将一种关于这些祝福的丰盛性赠予祂的民，为了他们自身的安逸，以及其他人的安逸"①；因此，人"不应忧虑，不应贪婪，不应绝望，即认为他将不会所得丰足"②。

同样，加尔文的神学亦包含人们应将上帝在创造中赠予人们的礼物转赠他人的要求："这便是基督之规则的本质，即祂将祂从父那里领受的一切与我们分享……祂以祂的力量装备我们，以祂的美装饰我们，以祂的财富令我们富足。由此，这些益处给予我们最富有成果的机会……无惧地与邪恶、罪恶及死亡斗争……正如祂自己无偿地将他的礼物慷慨赠予我们一样，反过来，我们也可以将成果带给祂的荣耀。"③ 在这段话中，加尔文清楚地表达了三方面的含义：首先，基督无偿、慷慨地赠予人们礼物，而人们则应对这一赠予的行动作出回应，即以某种方式回赠基督的礼物；其次，基督的礼物是丰盛而非稀缺的，因而祂的赠予令我们有能力克服由稀缺而产生的自利或自我中心，换句话说，即我们亦被赋予了赠予礼物的能力；再次，我们回应基督的方式应该是荣耀上帝，而荣耀上帝的方式则应如基督自己的方式一样，即以赠予他人礼物的方式。事实上，在加尔文的神学伦理中，人的"自我拒绝"（不以自我为中心）以及寻求上帝的意志、服务于祂的荣耀，始终是一个核心的要求。④ 这样的要求意味着，当人通过圣灵而与基督联合，从而重

---

① Martin Luther, "The Fourteen of Consolation", Works of Martin Luther, vol.Ⅰ, p. 164 f.

② Martin Luther, "Treatise on Good Works", Works of Martin Luther, vol.Ⅰ, p. 279.

③ John Calvin, *Institutes*, Book 2, Chapter 15, 4, see Kathryn Tanner, *Jesus, Humanity and the Trinity*, p. 80.

④ Ibid, Book 3, Chapter 7, 1, p. 2.

新成为天父的子女后，他便能够以他的主基督荣耀天父的方式荣耀他的上帝；而基督荣耀父的方式，即是顺从父的意愿，将包括其自身在内的天父的礼物赠予人们。

以这样一种方式，加尔文的神学肯定了上帝与人在"礼物之赠予"中的一种相互性关系：上帝在赠予礼物的同时，期待人们同样以"礼物之赠予"的方式作出回应，且前者为后者提供了作为基础的丰盛性。因此，就像路德在其"呼召神学"中肯定信仰在爱的实践中表达自身，而爱又在相当程度上体现为将上帝的礼物赠予邻人一样，在加尔文眼中信仰者对自身的弃绝同样指向的是爱的工作，且这一爱的工作同样被具体地表达在"将上帝赠予人们的益处转赠他人"这一行动中："圣经……告诫说，我们从主那里获得的一切益处都在这样一个条件下被交托于我们：即它们必须被用于教会的大众公益。因此，对一切益处的合法使用，都在于自由并慷慨地同他人分享它们……我们所拥有的、为上帝所赠予并交托于我们的一切礼物都以此为条件，即它们须为我们的邻人的益处而被分配"①。当然，与路德不同的是，加尔文并未在这一"礼物之赠予"同人类的工作之间建立明确的关联。然而，正如我们在第一章论及加尔文的"呼召"观念时所看到的那样，在加尔文的神学中，人类的工作同样是自我弃绝、实践爱的行动的场所，因此它亦必然同样是与邻人分享上帝之礼物的场所。这样，对于加尔文的神学而言，我们实际上还是能够合理地在人类工作和"礼物之赠予"之间建立一种关联。

三、批判

通过上述对路德及加尔文之"礼物神学"的分析，我们得以

---

① John Calvin, *Institutes*, Book 2, Chapter 15, 4, see Kathryn Tanner, *Jesus, Humanity and the Trinity*, p. 5.

发现一种与现代资本主义社会的礼物理论及实践全然不同的关于
"礼物之赠予"的叙事。对我们今天的议题更为关键的是，在二者
的诠释中，这一叙事不仅包含了上帝在创造及救赎中将礼物赠予人
类这一垂直的维度，还包含了人在水平维度的礼物赠予，以及这两
个维度之间不可或缺的关联，即前者为人在水平维度的礼物赠予提
供了基础，而后者则是作为对上帝之礼物赠予的回应。同时，正如
我们所看到的那样，礼物的赠予在路德和加尔文的神学中并未作为
一个单独主题存在，而是被包含在二者对创造、救赎、人以及三位
一体的上帝等基督教神学传统主题的讨论中。正因如此，礼物的赠
予在二者的诠释中均具有一种坚实的系统神学的基础，从而使我们
能够相对容易地在两人的诠释的基础上展开讨论。

事实上，路德和加尔文的神学所呈现给我们的相对清晰、完整
的礼物叙事，已经能够在几个重要的方面为我们突破现代礼物实践
的困境提供一种神学基础。

首先，我们在两人那里所看到的基督教神学的礼物叙事区别于
现代实践中的礼物叙事的第一个特征，即是我们已经提到过的上帝
自身及其礼物的丰盛性，以及为此所保证的、作为人在水平维度的
赠予之基础的资源丰盛性。在路德和加尔文言说"礼物"的过程
中，这一丰盛性并未被特别突出地提及，因为其在二者的恩典神学
中可以说是不言自明的。然而，这种丰盛的观念对生活于现代社会
的绝大多数人而言却是一个"新鲜的"事物，这是因为我们今天
的世界观已经在相当程度上被作为资本主义经济之前提的"稀缺
的形而上学"所影响及塑造。而正如我们已经看到的，以"稀缺
的形而上学"为基础的资本主义市场经济在现代社会的主宰，恰
恰是现代社会中"礼物"之困境的根源所在。在稀缺观念的主导
下，根本不可能有真正无偿和慷慨的礼物；当人们所给予的东西对

他来说因稀缺而是一种牺牲时，他势必要求偿还，继而带来亏欠。在这一前提下，人们——正如德里达所设想的那样——甚至不能认出礼物，否则赠予即刻便转化为交换——除非礼物以宣泄的形式被赠予，即建立在一种由自利的交换所产生的局部过剩的基础上。

相反，我们在路德和加尔文关于上帝之赠予的叙事中发现了稀缺的反面，即丰盛性。上帝自身的丰盛性保证了赠予可以真正地成为一种慷慨的举动，而非一种对偿还的要求，从而不致使"礼物之赠予"堕入自利的交换的逻辑；这种丰盛性同样保证了上帝作为赠予者能够在认出礼物、关心礼物的接受者之需要的同时，继续保存礼物的无偿性；也正是这一丰盛性的存在，令无偿性不是只能在自利的交换所产生的局部过剩之处才（作为宣泄）出现，相反却是一种普遍的、始终如一的慷慨——如同我们在上帝的礼物中所发现的普遍性和持续性那样。与此同时，上帝自身的丰盛性也保证了创造中可供人类使用的资源之丰盛性，因此路德才会告诫人们无需忧虑，应通过工作将上帝赠予的丰盛礼物转赠他人。更重要的是，上帝的丰盛性不仅体现在创造的丰盛——即物质的维度，亦体现在祂将作为三位一体的自身赠予世界，从而使人类既能够认出上帝在创造中赠予的礼物，又能通过分享基督的生命而正确地使用这一礼物。这意味着慷慨的赠予行动不仅能够出现在由上帝至人的垂直维度中，亦能够出现在人类社会（由"我"至邻人）的水平维度中。这不仅有赖于上帝在物质维度所保障的丰盛，亦有赖于人以真、善、美为目标的整个生命的丰盛，两者皆由上帝之丰盛的恩典带来。因此，路德及加尔文神学中的礼物叙事，事实上能够为人们改变"礼物之赠予"在现代资本主义社会中的现状，建立一种真正慷慨的赠予模式，提供一种至关重要的基础。只有基于一种包括物质及属灵两个维度在内的丰盛性，"礼物之赠予"才能真正由自利指向的交换转变为一种从爱出发的、无偿的、他者指向的人类实践。

除了丰盛性之外，路德和加尔文的礼物叙事亦在另一个重要的方面为我们今天建构一种恰当的礼物赠予模式提供了启发，这便是"礼物之赠予"中的相互性（互惠）。显然，路德和加尔文的礼物叙事并不拒绝相互性，"呼召"一词便直接指向了上帝对人在接受其礼物之后的回应之期待。更重要的是，在路德及加尔文的呼召神学中，人的这一回应能够清晰地将自身与亏欠及交换区别开来。与此同时，虽然将上帝赠予我们的礼物赠予邻人这一回应并非直接以上帝为对象，然而这并没有取消人与上帝之间一种互惠的可能。在路德对"呼召"的诠释中，当人通过其日常工作将礼物赠予邻人之际，他便是作为上帝的合作者（co-worker）参与了上帝自己对人的照管，从而以这一间接的方式令上帝因为人的赠予行动而受惠——尽管上帝其实并不需要人的这一帮助，但祂还是通过给予人恩典，使得他们有机会并且有能力回应上帝的赠予。因此，"呼召"的观念中包含的礼物叙事不仅突破了莫斯的礼物交换理论及市场经济的交换实践，同时亦突破了德里达所坚持的单边礼物理论以及单边的、"作为宣泄的赠予"实践。路德和加尔文的礼物叙事令我们看到，真正慷慨的赠予并不与互惠相冲突，相反，后者正是建构一种真正的"礼物之赠予"的不可或缺的条件。

事实上，德里达对单边礼物的坚持的根源仍在于一种稀缺的观念，正是后者使得德里达认定一切相互性都必然在赠予者一方表现为要求，在接受者一方表现为亏欠，最终则呈现为赠予双方之间的一种交换。然而在稀缺观念的主导之下，单边的礼物实际上又是不可能的，因而才有了德里达关于礼物之不可能性的结论——除非礼物不会被赠予的双方认出，如我们在"作为宣泄的赠予"实践中所看到的那样。因此，德里达的单边理论自身即包含了一种悖论，即在稀缺的条件之下，礼物必须是单边的，但同时又不可能有真正的单边礼物这一悖论。相反，我们在路德和加尔文的礼物叙事中发现了一种建基于丰盛的、从而允许并保证了互惠之可能性的礼物赠予。这种互惠的结果并没有取消赠予；相反，以回赠的方式，上帝的礼物被进一步延伸、扩展及循环，礼物的叙事因此被进一步延续并且进一步体现出它的完整，同时在这一过程中，一种真正意义上的接受也被定义。

然而在许多方面，路德和加尔文的礼物叙事亦存在着它的问题，而这些问题使得"呼召"的观念并不足以在现代社会的处境中，建立一种恰当的"作为礼物之赠予"的人类工作模式。路德及加尔文的"礼物"观念中的首要问题事实上并不存在于二者对这一观念的诠释，而在于这一观念与两人整体神学框架的冲突。在本文的第一章中，我们已经看到了"呼召"的观念存在于二者整体神学框架中时的困难，而造成这一困难的原因，便是两人都未能充分地整合"自然"与"超自然"。在这种情况下，工作中"礼物之赠予"作为呼召的具体表达，必然也会遇到相同的困难，即这一赠予活动只能通过基督徒个人实践出来，与此同时却无法建立一种恰当的社会经济结构来促成这种实践。然而正如我们所看到的，现代资本主义市场经济对"礼物之赠予"的排斥是通过其整体经济结构来完成的，因此，除非神学将对"礼物之赠予"的诠释从个体基督徒的维度扩展至社会经济制度的维度，否则"礼物之赠予"在现代社会便永远无法摆脱被边缘化和私人化的局面。但这一使命，却是路德和加尔文的关于"呼召"及"礼物"的阐释所无法完成的。

路德和加尔文的礼物叙事中存在的另一个问题则与"礼物之赠予"中的相互性有关。更确切地说，二者无论是谁，都未能在自己

223

的礼物叙事中对赠予中的互惠或相互性保持一种前后一致的诠释——这一点特别体现在路德的神学中。诚然，二者在论及礼物时，都不约而同地认可在上帝与人之间存在一种赠予的相互性，同时主张上帝自身及其礼物的丰盛性能够使得这一与自利的交换有着本质区别的互惠成为可能。然而，当谈及人在水平维度的赠予实践时，两人对这种相互性的认可却同时消失了（如果不是全然将其否定的话）。

对路德而言，其对水平维度的赠予中互惠之可能性的消极态度，在相当程度上源自他对 agape 这一概念的理解。萨里宁正确地发现了路德对 agape 观念的诠释中"渗透着对赠予者与接受者的激进区分"[1]；换句话说，在路德看来前者只能是赠予的一方，而后者亦只能是接受的一方，双方的角色不能混淆。因此，在他的诠释中，人们所实践的 agape 接近一种自我的牺牲的爱，它全然只考虑邻人的需要，而丝毫不考虑自己的需要。事实上，路德对在"礼物之赠予"中实践的 agape 之诠释包含着一种矛盾：一方面，上帝以祂的爱赠予人们礼物时，当然没有考虑到自身的需要，而只是为了满足人的需要，然而这并不意味着上帝不能期待着某种回赠，以及人不应该实践某种回赠——路德显然认同这一点；另一方面，当人将这一对上帝的回赠具体实践于他在呼召之中将礼物赠予他的邻人时，agape 似乎就必须成为自我牺牲的，路德几乎从未提及赠予者可以有对回赠的期待（而非要求），或者接受者应以某种方式回赠；相反，他强调的重点总是在于爱的"舍己"而非"如己"，亦即从"礼物之赠予"中排除一切自我关注的可能。

在加尔文的神学中，我们同样无法找到比路德更多的、对水平维度的赠予中的互惠之肯定。事实上，从他对人在基督中之自我弃

---

[1] Risto Saarinen, *God and the Gift*, p. 57.

绝的反复强调即可看出，加尔文对爱的理解与路德所遵循的是同一条单边的进路。因此，基于这样一种理解，路德和加尔文的礼物理论就其在水平维度而言，更接近一种单边的赠予理论。然而，如果我们在这里所欲建构的赠予实践并不仅仅是一种在经济领域之外被边缘化的实践或一种私人情感的表达，而是希望礼物的赠予能够代替当下的市场交换以及建基于这种交换的、异化的人类工作，那么单边的赠予模式则显然并不足够。这是因为，私人化的赠予仅仅是作为主观偏好的表达，而不用与某种真、善、美的目标相关联，因而也就不用考虑公平及公义的问题；相反，如果赠予是作为一种公共性的实践活动存在，那么它便必须考虑公义的问题，因为这时所有的赠予者及接受者都是作为一个整体相互关联的。然而，路德和加尔文所主张的全然舍己的赠予，以一种极端的方式不仅拒绝了人的自我中心，更一举取消了人之任何形式的自我关注，与此同时也遗失了赠予实践之中的公义。而一种没有公义为基础的作为"礼物之赠予"的工作，如何能够克服工作中存在的异化呢？

简言之，路德与加尔文的礼物叙事，虽然能够为我们建构一种基于"礼物之赠予"的对人类工作的诠释提供重要的神学基础，然而它仍需在某些重要的方面被更新。在下一节的内容中，我们将从一些当代神学对"礼物"的讨论中寻找这样的资源，并进一步将这一更新了的礼物叙事同人的工作关联起来讨论。

第三节　作为礼物之赠予的工作

按照萨里宁的理解，路德确实"有计划地发展出一种关于赠予的神学"①；与此同时，在唐纳的眼中，加尔文神学中所包含的礼物观念也是显而易见的。② 然而事实却是，对路德及加尔文神学中"礼物"观念的重视是非常新近的事，它是随着当代礼物神学的兴起，在近几年才出现于神学视域中的。因此，与其说路德及加尔文的礼物叙事在很大程度上带动或塑造了当代神学对礼物的讨论，不如说随着后者的出现及发展，才逐渐有神学家开始尝试从这两位宗教改革家的神学中挖掘与"礼物"观念有关的神学资源。在相当程度上，重新激发出神学家对这一古老神学议题之兴趣的不是其他，正是我们在前文中讨论过的，包括莫斯与德里达的礼物理论在内的哲学及社会科学领域中的讨论。然而，恰恰由于当代的礼物神学同路德及加尔文的礼物叙事之间存在着这种距离，才使得前者一方面能够从宗教改革家们的"礼物"观念中汲取营养，另一方面又敢于探索在这一观念中路德和加尔文未曾抵达过的新领域，从而把对经济领域中的"礼物之赠予"的讨论提升至一个新的高度。

一、当代的礼物神学与经济领域中的礼物赠予

"礼物"近些年来已经成为当代神学中的热点议题之一：继有着罗马天主教背景的宗教哲学家马西昂开启了当代对这一观念的神学讨论之后③，诸多来自不同传统的神学家也相继参与到对礼物的讨论中来。本文没有篇幅亦没有必要详述这一仍在进行的讨论中的每一类观点，因而这里仅会有选择地挑选三位神学家进行讨论，他们的观点都与本文的议题有着密切的关联，即都论及了如何在经济

---

① Risto Saarinen, *God and the Gift*, p. 45.
② Kathryn Tanner, *Economy of Grace*, pp. 52-55.
③ Jean-Luc Marion, *Reduction and Givenness*, Evanston: Northwestern University Press, 1998.

领域中建构一种恰当的"礼物之赠予"的模式。

前文中已经提到的美国神学家唐纳便是其中之一，她在《恩典的经济》一书中的讨论直接指向了经济领域。具体地说，唐纳一方面以神学为基础批判当前主宰世界的经济体系，即一种竞争性的市场经济，另一方面则尝试以基督教神学中的礼物的叙事为基础，建构一种新的、以礼物之赠予代替市场交换的经济模式。就前一个方面而言，唐纳在稀缺的形而上学、资本主义经济之排他性的私产权以及市场经济的交换方式三者之间建立起一种因果关联。在她看来，在资源稀缺观念的前提下，绝对的私产权便成为了唯一可能的避免冲突的方式。而当这一排他的私有财产权成为经济之基础时，资源分配的方式便只能够以交换的方式进行。然而，这种自利指向的交换却最终给人们带来严重的后果，这其中既包括了使以对劳动力的所有权为基础的雇佣工作成为可能（正如我们所看到的，这是构成现代社会工作异化的基本要素），还包括了由市场交换中的竞争关系所导致的分配上的极端不公义。因此，唐纳的结论是，以基督教神学的叙事作为基础来审视的话，资本主义经济无论在原则与结构上都是不可接受的；相反，神学家们需要在自己所拥有的资源中寻找一种新的经济模式，以代替资本主义。①

唐纳认为，虽然在诸如约翰·洛克（John Locke）等人的理论中，我们也能找到某种似乎同资本主义经济有别的经济模式，然而洛克的财产和交换理论却在一个最为关键的地方同基督教神学的叙事有着本质的区别，那便是上帝的恩典，而恩典——正如我们在路德和加尔文的神学中所看到的——正是上帝之礼物的一个别名。在唐纳看来，这一区别是致命的，因为我们只有在恩典——即"礼

---

① Kathryn Tanner, *Economy of Grace*, pp. 31–40.

物之赠予"的叙事中，才能找到一种真正与资本主义不同的经济
模式。因此，唐纳并不意外地主张在上帝的赠予同人的赠予之间建
立一种关联以及一种类比——尽管这种类比是一种有条件、有差别
的类比，因为即便我们通过圣灵而与基督联合，"人性自身仍在其
有限性之中"①。

事实上，唐纳在上帝的赠予同人的赠予之间找到的关联——亦
是她为一种基于"礼物之赠予"的经济模式所建立的系统神学基
础，同我们在路德和加尔文的救赎论中所发现的逻辑的几乎是完全
一致的。具体而言，她同样主张上帝同人的关系从创造伊始直至救
赎，始终是一种"礼物之赠予"的关系：在创世之初，人从上帝
那里接受了创造的礼物；在上帝的救赎行动中，人们则通过圣灵的
工作而与基督联合，并因此领受上帝无偿赠予的称义及成圣的礼
物；而当人们与基督联合时，也就意味着他们进入了三一之间的赠
予关系。因此，作为上帝之赠予的接受者，即便上帝对人们没有任
何偿还的要求，我们也应尽力回应上帝的礼物——以散播上帝之礼
物的方式，亦即将上帝赠予我们的礼物赠予我们的邻人，而在这一
人的主动的行动中，圣灵的引导仍是必不可少的。以这样的方式，
人一方面回应了上帝的赠予，同时亦在他自身的赠予同上帝的赠予
之间建立起一种类比，正如唐纳所言："我们以一种符合上帝决意
为了我们而在基督中与我们同在的行动方式荣耀上帝……这一行动
方式是用由上帝而来的益处服侍他人，它与耶稣自己用由父而来的
益处服侍人类的做法相一致——治愈、培养以及照管世界的需
要——亦即耶稣在祂的生命中所成就的，一个在我们之先、并令我

---

① Kathryn Tanner, *Jesus, Humanity and the Trinity*, p. 82.

们自己的服侍成为可能的服侍。"①

对唐纳而言，人的赠予同上帝的赠予之间的类比，意味着一种所谓的"恩典经济"（economy of grace）必须具备以下特征：首先，赠予应该是无条件的（unconditional）。这一无条件性是区分"礼物之赠予"同交换的最基本特征——后者指向的是某种自利的动机，而前者则指向他人的需要；后者是当下经济结构的基本模式，而前者则是上帝赠予礼物与人时的基本模式。因此，无条件的礼物赠予不考虑接受者是否"值得"，亦不要求从接受者而来的偿还；它所考虑的只是接受者的需要，在这一点上它与资本主义经济的分配关系截然不同。其次，人在水平维度的赠予应具有同上帝之赠予一致的普遍性（universal distribution）。正如上帝的赠予不考虑接受者是罪人还是义人、犹太人还是外邦人、富有者还是贫穷人一样，我们亦必须认识到一种使用上帝礼物的普遍权利，并以此为基础使我们在水平维度的赠予打破群体的界限，将来自上帝的礼物普遍地赠予他人。事实上，这一关于普遍性的要求所强调的，仍是"礼物之赠予"须以他人的需要而不是其他条件为首要考虑的因素。

再次，人的赠予与上帝之赠予的类比，意味着礼物的接受者应该能够同时成为赠予者，对其所接受的礼物作出回应。同上帝与人的赠予关系一样，人与人之间的这一相互性也并非一种交换；与此同时，无条件的赠予在取消交换的同时并没有取消期待及回应，相反，正是这一真正指向他者之需要的赠予令感激与回应成为可能，也就是使群体之间的相互满足成为可能。最后，水平维度的礼物赠予应同上帝所建立的赠予关系一样，是非竞争性的。在上帝的赠予中，上帝并未因为赠予人礼物而失去什么，而作为礼物之接受者的

---

① Kathryn Tanner, *Jesus, Hum anity and the Trinity*, p. 79.

任何个人亦没有对上帝之礼物的排他性的所有权。因此，在这一赠予中，无论是作为赠予者的上帝同作为接受者的人之间，还是同样作为接受者的个人之间，都并非一种竞争性的关系。同样，在水平赠予的维度中，由于没有人对上帝的礼物拥有绝对的所有权或使用权，因而人们在赠予之际并不会失去礼物；相反，正如父以将子赠予人的方式而拥有子一样，人们亦是通过将上帝的礼物赠予他人，才真正拥有了上帝的礼物。①

通过对上述四个特征的阐述，唐纳为礼物经济的模式提供了一种较之路德和加尔文而言更为详细的说明——虽然这一说明的系统神学基础与两位宗教改革家并没有本质的不同。在唐纳的论述中，恩典经济或曰礼物经济的提出，是建立在对资本主义经济的神学批判之基础上的，正因如此，我们得以更清晰地看到一种与现代资本主义经济不同的且有可能替代前者的经济模式。然而，唐纳的理论在一些特定的方面仍有欠缺。其中最重要的，是她的礼物叙事并未特别重视稀缺与丰盛的对立这一资本主义经济与礼物经济之间最重要的差别。但正如我们在讨论路德和加尔文的礼物观念时已经看到的，丰盛性是礼物之存在不可或缺的基本条件。事实上，唐纳所主张的赠予之无条件性、普遍性、相互性以及非竞争性，无一不是以丰盛性作为基础才可能的。因此，缺少对丰盛性的强调，便会令礼物经济的自身基础成疑，而这样一来，礼物经济何以能够克服并代替资本主义经济之自利的交换，也就同样成为可疑的了。

此外，在关于礼物之赠予的相互性或互惠的问题上，唐纳所给出的观点在相当程度上也并不清晰。一方面，她明确反对德里达那

---

① Kathryn Tanner, *Jesus, Humanity and the Trinity*, pp. 83–95. See also *Economy of Grace*, pp. 62–85.

种"纯粹单边赠予"的观念：在她看来，纯粹的礼物赠予只能在私人领域发生，而无法成为一种与资本主义不同的经济模式的选择；它只是一种情感表达的诉求，而与邻人的需要无关。① 另一方面，她却对密尔班克、米克斯（M. Douglas Meeks）等神学家所论及的包含了互惠的礼物模式进行了批判，并将其同莫斯的礼物交换等同起来。然而事实上，密尔班克等人所主张的包含了互惠的礼物，同莫斯的礼物交换之间有着本质的区别，两者所依据的后设叙事是完全不同的。正因如此，唐纳所主张的互惠究竟是一种怎样的模式，其面貌是相当模糊的。不仅如此，这一互惠性在她的礼物经济中也并没有专门的讨论，而这也会令我们对她所主张的礼物赠予如何能够与纯粹的单边礼物区分开来，成为一种经济领域内的行动模式，在一定程度上持怀疑的态度。而在这一问题上，为唐纳所误解的密尔班克的礼物叙事，恰恰为礼物经济的互惠性提供了更详尽的神学诠释。②

在密尔班克看来，一种真正意义上的接受必然与赠予相关联，或者可以反过来讲——正是在赠予的行动之中，接受才被最终确认。用他自己的话说，即"……赠予某物与回赠某物是不可分离的"③。在相当程度上，密尔班克对互惠的认可，是通过对德里达和马西昂关于纯粹礼物的观点之批判来进行的。他认为，马西昂的纯粹礼物及纯粹的被给予性（givenness）是没有主体的，而一种没有主体亦没有存在（being）的礼物根本算不得是一种真正意义上的礼物。在他看来，对礼物之纯粹性的强调在相当程度上就反映在

---

① Kathryn Tanner, *Economy of Grace*, pp. 58–61.

② John Milbank, "Can a Gift Be Given? Prolegomena to a Future Trinitarian Metaphysic", in *Rethinking Metaphysics*, pp. 119–161; also see John Milbank, *Being Reconciled, Ontology and Pardon*, London: Routledge, 2003.

③ John Milbank, "Can a Gift Be Given?", in *Rethinking Metaphysics*, p. 120.

现代社会对合约与赠予的二元区分中：后者完全是私人的选择，不期待回赠，且在这一赠予中缺乏对礼物之内容的关心。因此，这种礼物的特征是形式的（formal）以及单边的，其与合约之间的区别代表了现代社会对私人生活与公共生活的区分。在这里，密尔班克显然和所有关注在经济领域中实践"礼物之赠予"的神学家一样，认识到了纯粹的单边礼物的观念最终将导致"礼物之赠予"在现代社会的边缘化。

密尔班克主张，对礼物的理解应根据相互性而非单边性来进行；换句话说，一个好的礼物能够并且应该接受某种回赠。然而，赠予所期待的这一回赠并非偿还，而是另一次赠予：前者基于一种稀缺的形而上学，因而体现为强制性以及亏欠，而后者则基于上帝创造之丰盛，出于真正的感激，并且包含一种风险。事实上，密尔班克之礼物叙事的最大贡献，也许就在于他以十分微妙但同时又清晰的方式区分了相互的赠予及合约式的交换。在他眼中，二者的最大区别并不在于自由与契约的对立——完全自由的纯粹礼物同样是他所反对的。相反他主张，如果赠予是基于慷慨的行动，那么它就必然包含了某种义务（obligation）——因为慷慨是一种美德（virtue），而美德则是与一种义务性相关联的，就如同基督教之爱的诫命一样。[①] 因而他认为，相互的赠予包含了某种合约的因素，但又不可被化约为合约，同时它也绝非纯粹自由无偿的礼物。

在密尔班克的诠释中，相互的赠予及合约式的交换这二者之间的本质区别在于它们的目的之不同——前者以他人的需要为目的，指向一种实质上的公义（justice），赠予双方所拥有的并非一种绝对的权利；后者是以自身的需要为目的，指向一种形式上的公平

---

① John Milbank, "Can a Gift Be Given?", in *Rethinking Metaphysics*, p. 123.

（equivalence），因而交换本身亦是一种必须被实现及延续的目标。如果说后者的表现形式是现代市场经济的合约，那么前者则能够在圣经中上帝与人之间缔结的约（covenant）中得到集中体现。在二者之中，无论是合约中的偿还抑或约中的回赠，都非纯粹自由的行动，然而偿还与亏欠相关联，是一种绝对强制的义务，同时也是为了延续交换以满足自身的需要；而回赠则与感激相关联，是一种自发性的美德，同时更是指向公义的行动。① 在《旧约》中，上帝的礼物不能为人所购买，而以色列人的献祭亦几近全然的感激；对双方而言，赠予皆非一种强制及自利的行动——尽管它体现为一种类似于交换的形式，相反却是与真、善、美的目标紧密关联的行动，"交换"在这里不是目的，而是爱的表达。更重要的是，在约的关系中，上帝之无限的善与怜悯是这一互惠关系的基础，正是这一丰盛性使得人无限的、愉悦的回赠成为可能，同时又保证了这一互惠不会堕入自利之交换的逻辑。② 与此同时，密尔班克还接纳了布尔迪厄（Pierre Bourdieu）关于互惠的某些观点，并以其作为区分礼物的互惠与合约式交换的重要标准。这些观点包括赠予之中的回赠必须满足时间上的推延（time delay）以及非同一的重复（non-identical repetition）这两个条件。而这两个条件之所以能够成为区分的标准，原因在于在特定的时刻，回赠中的延迟和非同一的重复表达的是对他人之需要的关注，而非仅仅试图达致一种形式上的等价或公平——其目的是为了偿还亏欠，使交换延续下去，而最终则是为了满足自身的需要。

　　然而，必须注意的是，密尔班克在单边的礼物与互惠的礼物之

① John Milbank, "Can a Gift Be Given?", in *Rethinking Metaphysics*, pp. 144-154.
② Ibid, p. 148.

间选择后者，绝非仅仅为了实践的需要——或者说，仅仅为了防止
"礼物之赠予"在现代社会中被私人化及边缘化——而是基于神学
上的考虑。他认为，现代单边的礼物观念在相当程度上所基于的是
基督教中某一种思考 agape 的方式。我们已经在路德对爱的诠释中
看到过这一思考方式——它将爱邻人与爱自己完全对立起来，号召
一种弃绝自身的对他人的付出。在他看来，这种对 agape 的理解是
一种过于严格的自我战胜，它不考虑赠予者自身的幸福，不考虑任
何同接受者在一起的渴望，不考虑公义，亦不考虑说服他人参与这
一赠予的行动。基于这种对圣爱之理解的赠予，是一种自杀式的自
我牺牲，并且它取消了自我的主体性，使自我化约为一个实用的客
体。① 因此，密尔班克反对这种将 agape 与 eros 完全对立起来的观
点。在他的分析中，agape 应该包含着一种"渴求的"爱（a "de-
siring" love），后者是属于 eros 范畴的；换句话说，agape 不仅是一
种赠予的爱，它亦包含了对回赠的渴望。因此，agape 不是单边的，
而是一种包含了相互性的爱。② 事实上，这种对 agape 的理解与当
代东正教神学对 agape 的理解是一致的，后者同样反对 agape 与
eros 之间的二元对立及分离，而是希望在二者之间寻求一种有区别
的联合。③ 因此，如果将密尔班克的这一观点放在礼物的叙事中，
那么 agape 所要求的便不是自我牺牲的单边赠予，而是礼物的相互
赠予。正如我们在前文中已经提到的，一个好的礼物总是能够激发
并且接受某种回馈；相反，一种不关心自我、公义以及礼物之正确
使用的 agape 并不符合上帝与人之间的礼物叙事。

---

① John Milbank, "Can a Gift Be Given?", in *Rethinking Metaphysics*, p. 132.
② Ibid, p. 124.
③ Vigen Guroian, *Incarnate Love: Essays in Orthodox Ethics*, Notre Dame, Ind.: University of Notre Dame Press, 1987, pp. 17–20, pp. 39–42.

　　如果说唐纳的礼物神学结合了对现代资本主义经济的批判，尝试性地提出一种礼物经济的模式，但却缺乏对丰盛性及相互性的明确讨论，而密尔班克的诠释则详细地论证了"礼物之赠予"中互惠的正当性，并指出了丰盛在礼物中的重要性，但并没有在与经济领域的关联中详细讨论赠予的行动，那么怀伯的礼物叙事则可以说在相当程度上结合了二者的观点，并尝试构建出一种更完整的"关于礼物的神学—经济学"。①

　　怀伯的礼物神学建立在对当代社会中礼物赠予之困境的分析上，这一困境即我们刚才已经提到过的市场交换以及"作为宣泄的赠予"这一两难。而这一两难的背后——在他看来，是以稀缺的形而上学为基础的资本主义市场逻辑在当代社会中的主宰。因此，怀伯认为，基督教神学的礼物叙事必须有能力突破这一两难，而他依据这一叙事所提出的礼物模式既保留了赠予之无偿与慷慨的本质，同时又在赠予中保存了相互性即互惠的维度，以避免纯粹的单边礼物在现代社会中被边缘化的命运。而使这两者得以同时在礼物中存在的基础或曰条件，是上帝之创造的丰盛。对怀伯而言，谈论礼物就是谈论丰盛，只有在丰盛的基础上，"礼物之赠予"才能既延续相互性的模式，同时又是对当下主宰的相互性模式——即自利的市场交换——的挑战。因此，丰盛既保证了礼物不会堕入市场交换的逻辑，又保证了公义与团结不会在指向他人之需要的慷慨行动中消失。以这种方式，怀伯建构了他的"赠予神学—经济学，其中慷慨由一位丰盛的上帝所保证，但他亦同时促进了互惠与相互性"②。

---

① 　See Stephen H. Webb, *The Gifting God, A Trinitarian Ethics of Excess*.

② 　John Milbank, "Can a Gift Be Given?", in *Rethinking Metaphysics*, p. 9.

　　同路德、加尔文以及唐纳一样，怀伯亦尝试在上帝对人的赠予与人们在水平维度的赠予之间建立一种关联及类比。这一关联在于，上帝之丰盛的赠予之目的，是为了创造更多的赠予，亦即创造一种源自丰盛、指向公义与平等的相互性赠予行动；换句话说，我们在水平维度的赠予活动是为上帝的赠予所保证及期待的。至于类比，怀伯认为，我们在水平维度的赠予模式既不能与上帝的赠予全然相似，但两者亦不能完全不同。正如在与上帝的赠予关系中，我们无法回赠上帝等价的礼物，而只能以将由上帝而来的礼物赠予他人的方式回应上帝，因为上帝比之人总是超越的，而他的恩典亦总是在先的；但另一方面，由于我们的赠予是以上帝的赠予为基础的，我们的赠予之中的丰盛性亦是源自上帝自身的丰盛，因而我们在水平维度上的赠予实际上仍然能够在相当程度上模仿上帝同人之间的赠予关系——尽管这一模仿的实质是上帝转化（transform）我们的赠予。①

　　较之唐纳与密尔班克，甚至于较之路德和加尔文，怀伯对于"礼物神学—经济学"的最大贡献，在于他在与三一上帝对人的赠予之关联中，详细阐述了人之赠予行动的发生机制。对他来说，上帝同时是赠予者（the Giver）、被赠予的礼物（the Given）以及赠予本身（the Giving）。具体而言，上帝是赠予者意味着他是第一赠予者——赠予并不起源于人，亦非人所应完全负责的事；相反，它是我们所应回应之事。赠予始于上帝，始于"一次丰盛注入我们的生命"②。与此同时，上帝是赠予者的事实和祂所赠予的礼物关联在一起；换句话说，作为赠予者的上帝必然赠予了人们可被拥有

---

① John Milbank, "Can a Gift Be Given?", in *Rethinking Metaphysics*, pp. 10–11, pp. 123–129.

② Ibid, p. 91.

的、真正被赠予了的礼物。因此，人们便对如何使用以及回应这些礼物负有责任。不仅如此，"上帝的礼物总是多于我们所能利用的，这意味着上帝之赠予的经济建基于丰盛而非稀缺之上"①。按照传统的观点（亦是我们在路德及加尔文那里看到的观点），上帝赠予的礼物同时包括了创造与救赎这两个互补的维度。在怀伯看来，前者包含了"礼物是真正被赠予人们"——即人们能够自由地决定如何处置这一礼物——的观念；而后者则强调了礼物与赠予者之间的关联：在道成肉身中，礼物不仅在世界中真实存在，而且它就是赠予者本身。最后，上帝是赠予本身这一事实，意味着"上帝的赠予是一种接受的形式"②。也就是说，上帝（同时也是祂的礼物）的目的是为了创造一个真正的接受者的群体——亦即一个真正的赠予者的群体：上帝以一个先在的行动令我们的赠予成为可能，祂维持、指引及延续我们的赠予，而我们则以将由上帝而来的礼物赠予他人的方式回赠上帝。怀伯将这一过程称为"gifting"，而使用这个词是为了提醒我们，是由上帝而来的、包括了我们自身之存在的先在的礼物（gift）才使得赠予（giving）成为可能。③

不难发现，怀伯的"礼物神学—经济学"事实上是以一种经世的三一论（economic trinity）为依托的。同马西昂这位批判本体神学（onto-theology）的神学家一样，怀伯亦主张用赠予（giving）而非存在（Being）定义上帝。而这意味着三一上帝不仅仅是人在水平维度的礼物赠予之基础，更维系及推动着人的赠予活动。也同莫特曼一样，怀伯赞同经世三一与内在三一的一致性，而在他的礼

---

① John Milbank, "Can a Gift Be Given?", in *Rethinking Metaphysics*, p. 92.

② Ibid.

③ Ibid, pp. 92-94.

物神学中，这意味着"上帝的赠予即是上帝之所是"①。另一方面，当这种经世三一同时建构了上帝自身和一个赠予的社会时，就意味着上帝的 agape 同人的 eros 之间无法是一种对立的关系。换句话说，关于礼物的语言能够同时强调丰盛和相互性这两个维度，也只有这样，作为赠予的上帝之经世才可能是真实的，否则"礼物之赠予"便不可能逃离被边缘化的命运，甚至必须从属于市场交换的逻辑。因此，怀伯反对米克斯（M. Douglas Meeks）在其神学经济学中将丰盛与交换对立起来的做法，认为这样做的结果是使得上帝的经世与经济领域相互分离，从而根本无力改变当下关于礼物之赠予或者作为单纯的过剩或者作为自利的交换的意识形态。②

　　因此，在怀伯的神学—经济学中，是三位一体的上帝以其自身的经世行动维系并引导着人在水平维度的既具有丰盛性又具有相互性的赠予活动；三位一体的每个位格都参与其中，然而每个位格又在其中有所侧重地扮演着某一个角色。三一的每个位格事实上都是赠予者，然而这一角色在父身上展现得最为明显，因为子与圣灵皆为他所赠予给人，祂是丰盛与超越的赠予者，亦是我们的赠予之创造者；对子而言，虽然祂自身亦是赠予者，但祂的形象更为突出地展现为礼物，正是在耶稣基督身上，我们看到了包括丰盛性在内的上帝礼物的所有特征；至于本身亦是上帝赠予人们之礼物的圣灵，其代表了上帝不仅赠予人们礼物，更延续这一礼物的行动，而延续的方式则是通过圣灵的工作拓展人们的赠予。由此，三一上帝通过赠予既建构了自身的存在，同时亦建构了世界之中的赠予关系，而人则在上帝之恩典的帮助下，通过将由上帝而来的礼物赠予他人的

---

① John Milbank, "Can a Gift Be Given?", in *Rethinking Metaphysics*, p. 127.
② Ibid, pp. 133－139.

方式回应上帝的赠予，同时也参与了三一上帝自身的建构。①

二、礼物经济下的人类工作

通过追溯路德和加尔文的礼物叙事及二者的呼召神学中包含的礼物观念，亦通过分析并批判由当代礼物神学所提供的对礼物的理解，特别是其中一部分神学家所做的、以"礼物之赠予"为基础建构一种神学—经济学的努力，我们已经拥有了一种相对全面及完整的对世界中"礼物之赠予"的认识。这一认识概括而言，即人在水平维度的赠予行动以上帝首先赠予人的丰盛礼物为基础，由三一上帝的行动维系并推进，它既是真正慷慨的赠予，又包含了互惠的维度，因而既真正指向他人之需要，又能够保障团结及公义，并因此真正有可能成为一种替代资本主义的经济模式。事实上，基于这样一种认识，一种"新的"工作模式已经出现在了当代工作神学的视野之内，它即是我们在路德和加尔文的呼召观念中已经看到其雏形的，一种"作为礼物之赠予"的对工作的理解。

正如我们曾提及的，以教宗若望·保禄二世及沃弗为代表的、将人类工作视为"合作创造"的观点，无法克服现代社会中的工作异化的问题，其根本原因就在于它未能对作为这一异化之根源的、基于稀缺形而上学的现代资本主义经济提出强有力的批判，而只能认同以资本主义方式组织的工作模式，并辅以外在的伦理价值。相反，"作为礼物之赠予"的人类工作，其本身就是一种迥异于资本主义生产方式的工作模式：它不受稀缺的形而上学观点的控制，反而肯定创造的丰盛；它能够不以自利或效用为工作的起点，而是关注他者的需要；它不以获得用来消费的工资为目标从而令工作成为一种异己的工作，而是关注工作的内在及外在成果——亦即

---

① John Milbank, "Can a Gift Be Given?", in *Rethinking Metaphysics*, pp. 139–158.

礼物——是否被恰当地接受及使用；它的参与者之间并非相互竞争的关系，而是共同组成一个团结的赠予群体，共同享受上帝所创造的丰富资源。

基于稀缺的形而上学、以效用为目标的现代资本主义经济，只能将工作世界中人与人之间的相互关系牢牢钉在合约这一唯一的形式上。而在以合约关系组织起来的工作世界中，工作中的付出通常对于工作者而言只能是一种牺牲，不得不作出这种牺牲是因为他亏欠了他人，而以牺牲偿还亏欠的最终目的是为了交换。通过这一合约式的交换，一种并非真正意义上的公平得以被维护，其中受保护的只是合约缔结双方的消极自由（negative liberty），但却与公义等积极的目标无关。此外，因为这一合约式的交换其目的就是交换本身，所以在这一交换之中，人们进入了一种抽象性（如马克思所认识到那样），包括人们的工作自身及工作成果在内的所有用来交换之物，最终都必然只能作为交换的手段而与其原来的拥有者疏离。在资本主义的雇佣生产中，这一交换特别表现为与工作的人相疏离的工作、与购买这一工作的工资之间的对立。事实上，不仅是用来交换的事物，交换的主体之间亦并非伙伴或真正的合作者：对每个工作的人来说，他人实际上是作为竞争者存在的，因而他人在"我"看来仍然是一种手段——这不仅仅是因为每个人都试图用最小的牺牲换来最大的效用，亦是因为每个人都试图使自身始终处于被亏欠的状态，以保持一种无限生产的能力，而这则代表了一种内在的暴力。①

相反，"作为礼物之赠予的工作"——其赠予的终极对象是上帝，而直接对象是他人——其基础并非稀缺的形而上学，而是上帝

---

① John Milbank, "Can a Gift be Given?" in *Rethinking Metaphysics*, pp. 144–145.

在过去、当下及未来持续不断赠予的丰盛礼物；经世三一的赠予行动在建构了上帝自身之存在的同时，亦保证了人在水平维度之赠予的丰盛性。上帝的丰盛礼物之所以能够成为人类工作的基础，不仅是因为其所赠予的礼物中所包含的整个创造令人类工作有了对象，甚至也不仅是因为人类工作的能力、技艺本身亦是来自上帝的赠予，更重要的原因在于，工作只有成为对上帝的回赠（以将由上帝而来的礼物赠予他人的形式）时，才是一种真正善的工作，而这其中最重要的部分——即人们的赠予行动本身（giving）亦需靠上帝维系、指引以及延续。可以说，人类的工作是由一个三位一体的、赠予的上帝（a gifting God）所定义的。而这更揭示了资本主义经济中的工作模式远远不是一个与价值无涉的事实，而是内在地有悖于上帝所赠予人们的道德生活结构——因为人的道德生活就是回应上帝的爱（礼物），是"在我们与他人的关系中表达我们与上帝的关系"①。也正因如此，工作之中的赠予并非绝对自由的选择，相反却是爱的诫命之表达。

另一方面，工作世界中的礼物赠予同样必须是一种互惠。这不仅是因为单边的礼物赠予根本无法在经济领域中找到合适的位置，而工作正是经济领域的核心部分；更是因为以上帝的礼物为基础的丰盛性保证并要求一种互惠的赠予发生于工作世界。正如我们在上文中已经提到的，尽管完全自由的、单边的礼物看上去与资本主义的合约完全不同，但是事实上前者是以后者为基础并被后者所边缘化的。因此，纯粹的单边礼物和合约形式中自利的交换一样，也是基于一种稀缺的形而上学，并且仅仅与保障个体的消极自由相关，

---

① Richard M. Gula, *Reason Informed by Faith: Foundations of Catholic Morality*, New York: Paulist Press, 1989, p. 172.

而与促成公义的目标无关。因此，现代世界中的工作迫切需要摆脱合约之"牺牲—亏欠"的模式，转化为"慷慨—感激"的模式——在后者之中，工作的人为一种包含了 eros 的赠予之爱（agape）所驱动，而被赠予者亦能够真正出于感激而回赠。在这一互惠的过程中，工作的人并非牺牲了某物以换得某物，而是在赠予了自身的工作（成果）之后收获了一个回赠——在前一个情况下人们所拥有的被为了交换的目的而牺牲，与他自身疏离；而在后一种情况中，无论是赠予的抑或收获的礼物全部都来自上帝，属一切人所共同享有。人们并未失去那被赠予之物，亦不对所接受之物拥有绝对权利，因为"一切事物是你们的，你们是基督的，基督是天主的"（《哥林多前书》3：21，23）①；也正因如此，在作为礼物之赠予的工作中，并不存在工作者同其自身的工作（成果）之间的疏离。事实上，工作之中包含了互惠的赠予同样应该体现为一种约（covenant）的形式。而这一约的实践同时也提示我们工作之中的赠予亦应遵循礼物内容的非重复性原则，即根据他人的需要而赠予，而这种非重复的礼物交换显然与资本主义以工资交换雇佣工作的实践有着本质的区别。

那么，对于作为礼物之赠予的工作而言，礼物的具体内容是什么呢？显然，这里需要某种类似于"工作成果"的概念以描述礼物的内容，但这样一来，似乎又将走进我们在资本主义生产中所发现的仅仅将工作视为手段的错误中。然而，问题的关键在于，谈论工作的成果或目的，并不意味着只将其视为一种手段。事实上，我们根本不可能谈论一种仅仅作为手段的工作。即便我们设想工作的唯一目的只在于物质财富的生产，我们也不能忽略一个事实，即物

---

① *Gaudium et Spes*，48. 参见《梵蒂冈第二届大公会议文献》，第 239 页。

质生产的成果总是与工作中的技艺（skill）内在地关联着，因而手段与目的根本无法全然分离。更何况，当我们提及工作的目的亦在于促进一种富有创造力的人性发展，或者一种和睦的合作关系时，我们更不难发现这些目的或成果本身亦是工作自身的组成部分。然而另一方面我们也应认识到，工作亦不应在任何时刻仅仅以自身为目的：在基督教神学的视域中，一种真、善、美的工作自身并非其最终目的，因为人的一切活动（当然亦包括工作）的最终目的只有一个，就是回应上帝的爱，与此同时这一目的无可避免地与这些活动自身内在地关联，从而保证它们不会沦为纯粹的手段。

因此，我在这里倾向于使用麦金太尔（Alasdair MacIntyre）关于实践的外在价值（external goods）和内在价值（internal goods）的概念来谈论工作中礼物的互惠。① 对于人类工作来说，外在价值即是由工作创造并提供的产品和服务，而内在价值则包括在工作中形成的富有创造性的技艺及和睦的人际关系。正如我们已经看到的，二者中无论哪一个都不可能令我们将工作仅仅视为手段，同时二者的最终目的亦都是将自身赠与他人，以回应上帝之爱。因此，人们通过工作所能够赠予的礼物就包括了以上两种价值。其中，外在价值的可赠予性是十分明显的，而内在价值的赠予——即将富有创造性的技艺以及和睦的人际关系赠予他人——则体现为不将工作中产生的新技术、新经验以及新的管理或组织工作的方法私有化，而是将它们与他人分享，以促成人类工作的整体发展。事实上，这一内在价值的赠予在今天的世界中显得尤为重要，因为现代资本主义经济不但将服务与产品视为稀缺的，而且将上述显然不会因为赠予他人就与"我"疏离的内在价值也纳入稀缺形而上学的范畴并

① Alasdair MacIntyre, *After Virtue*, pp. 181–203.

加以商品化，且以专利等形式进行合约式的交换。此外，工作中无论是外在，抑或内在价值的赠予都应该是一种互惠，而这也意味着工作的人不仅赠予了礼物，同时亦收到回赠。回赠的礼物应该能够既满足工作者的物质生活需要（享受创造的礼物），同时也能够创造一种恰当的工作条件，使得工作的主体能够在工作中自由地发挥自身的技艺（使用圣灵的礼物），从而更好地将工作的成果赠予他人（运用基督救赎的礼物）。

如上所述，在现代社会中，"作为礼物之赠予的人类工作"表现为一种同当下资本主义经济中的人类工作截然不同的模式，而这一不同则意味着资本主义中导致工作异化的机制在这一新的工作模式中已经不复存在，从而也就使得对异化之克服成为可能。具体来说，礼物模式对当下工作异化的克服主要体现在以下几个方面：首先，同时也是最重要的一点，在于礼物模式的工作并非一种雇佣工作。礼物模式的工作必须依托于一种整体性的礼物经济（如同唐纳所设想的那样）才是可能的，而一种以资源之丰盛性为前提的礼物经济则意味着其中的生产不再是资本主义的商品生产，这又进一步意味着其中的工作亦不再是一种以自身的劳动交换薪酬的活动。当工作摆脱了雇佣的模式后，工作的人便能够从异化状态下工作的客体恢复成为工作之主体，因为这时通过工作换取报酬已经不再是工作的目的；而当工作不以薪酬为目的、人亦重新成为工作之主体时，工作对人而言便不再是一个异己的过程、一种必须忍受的牺牲，而是重新成为一种有着内在满足的过程。在一种作为"礼物之赠予"的工作中，人们乃是出于感激来回应上帝的恩典——也就是出于爱——为了他人的需要而工作。因此，工作自身及其成果便都不再是一个与他自身无关的事物；相反，他必须关注自身的工作过程以及工作的成果是否合乎邻人的需要，因而也就必须自觉而严肃地在工作中发挥自己的精神和肉体力量。这样一来，人们与其工作及工作成果之间的疏离便消失了，而工作也将重新成为吸引人的工作，成为富创造力的、促进人的自我之整全发展的工作，而不再仅仅以物质财富的无限增加为目标。此外，正如前文中已经指出的那样，在礼物的赠予中，没有任何一方对礼物拥有绝对的权利，因而人们在赠予之际并不会失去礼物，而这一事实也进一步保证了被赠予的工作成果并不会与工作的人发生疏离。

其次，当作为礼物之赠予的工作摆脱了雇佣的模式后，随之改变的就是工作群体中的人际关系。唐纳在其《恩典的经济》一书中，将礼物经济描述成一种非竞争性的经济，而这一经济中的群体则由一种相互助益的非竞争性关系所构成。① 作为赠予的工作模式基础之一的丰盛性，令工作的人得以摆脱稀缺观念的束缚，从而也就随之摆脱了将工作领域的合作者以及交换的对象视为自身之竞争者的观念——这种竞争性观念将他人视为自身的对立面，而其结果则是人与人之间的疏离。但作为"礼物之赠予"的工作所带来的改变绝非仅仅是观念上的，更是社会经济结构中经济关系的实质性改变，是由一种疏离的关系，转变为一种团结、合作、互助的关系，也即是一种以爱和他人的需要为出发点的赠予关系。这一实质性的改变必须首先体现在工作的人之主体性的恢复——这里的主体性所强调的不是工作者相对于工作自身的关系，而是他相对于其他人（特别是其礼物的接受者）的主体性，亦即是若望·保禄二世所欲恢复的那种主体性。

再次，在韦伯的社会学分析中，资本主义的"铁笼"——即官僚体系，所反映的便是资本的所有者依据形式理性（计算获利

①　Kathryn Tanner, *Economy of Grace*, pp. 75-85.

的理性）以去人性化的方式规划个体实践的行为。如我们已经看到的，在这一官僚体系中，工作的人仅仅被当作达成利润最大化的工具——亦即一个客体，而这一工具化或客体化又具体表现在对工人的剥削或不公平的报酬、去技术化以及生产过程中的权力机制对人的控制等方面。相反，在礼物经济中，由于经济活动不再为稀缺的形而上学所主宰，因此形式理性地追求利润最大化也就不再是生产活动的目标。这样一来，则意味着韦伯所发现的对人的客体化机制在这一经济模式中已经不复存在；不仅如此，指向他人之需要的礼物赠予才是礼物经济的核心目标。

　　一种作为"礼物之赠予"的工作模式，除了能在上述三方面对克服当下资本主义工作世界中的异化现象起到直接的、关键的作用之外，还能够在相当程度上克服我们在前文中所提到的一种消费主义的意识形态。正如马克思的政治经济学所启发我们的那样，消费主义意识形态的出现同人类工作的异化有着直接的关联。在他具有"神学性"的分析中，正是工作的人同其自身的工作（成果）之间的疏离，才导致商品对工作的人而言成为了一种异己之物——即一种抽象而独立的、可交换的、神秘提升了价值的、可感觉而又超感觉的物神①。而正如我们已经看到的，礼物模式的工作恰恰能够克服工作的人同其工作成果之间的疏离。在赠予的过程中，他并不会因赠予行动而失去他的工作成果，或是将其神化，而是同被赠予者一起共同享受上帝的礼物；人们明白生命与工作的真正意义在于将由上帝而来的丰富礼物转赠他人，而非消费作为象征符号的商品。因此，礼物模式的工作在代替了雇佣模式的工作之同时，也使由后者

① 参见马克思：《资本论》（一），《马克思恩格斯全集》第 23 卷，第 87—101 页。

所导致的人们同其工作成果之间的扭曲关系恢复正常——不再是消费者同商品之间的对立，而是赠予者同其礼物之间的和谐统一。

然而，正如我们在批判马克思关于商品拜物教的理论时已经指出的，工作异化与消费主义的关系并非只是一种单向的因果关系——即前者导致了后者的形成；事实上，当今资本主义世界中的消费主义意识形态更反过来加强了工作的异化。这里的原因在于，消费主义意识形态的制造机制不仅存在于工作者同其工作成果之间的疏离，它同时亦存在于雇佣工作之异化的另一个方面——即工人同资本所有者之间的疏离之中，而其背后的根源仍在于作为资本主义之基础的稀缺的形而上学。唐纳在其对资本主义的批判中是这样阐述消费主义之产生机制的：资源的稀缺性作为资本主义之竞争的条件，导致了雇佣者同被雇佣者之间的竞争性关系；换句话说，即资本主义企业总是试图以其工人（的收入）为代价获取更多的利润，而其最终的结果则是整个资本主义社会的生产过剩。在这种情况下，消费者的购买力便成为所有企业必须残酷竞争以获得的稀缺资源，而这场战争的失败者将会陷入利润减少甚至最终破产的境遇。

因此，资本主义工业社会中的巨大的生产能力全部被用来不断制造新的需要——亦即新的消费品，以抢夺稀缺的购买力，从而在竞争的市场之中生存下来。① 在这一过程中，一方面，人们原本没有但却能够被制造出来的需要是无穷无尽的；另一方面，被不断制造的不仅是商品的使用价值，更是一种使用价值之外的、其所指（signified）的出场可以无限延异（différance）的意义（如幸福、自由、权力、时尚、品味等），这一意义通过广告等媒介被不断地传达给消费者，从而在消费者那里建构出一整套意义系统——即一种

---

① Kathryn Tanner, *Economy of Grace*, pp. 37-38.

消费神话的意识形态——以实现对消费者的控制。这种控制的力量如此惊人，以至于它以一种类似于宗教的形式控制了人们的整个生活意义体系。[1] 与此同时，包含在资本主义经济中的生产与消费、工作与闲暇（娱乐、文化等）的既相互分离、彼此对立又相互支撑的结构，又进一步增加了人们为消费主义意识形态所控制的可能性，因为工作对他而言是一个没有内在意义但却必须被牺牲的过程，它唯一的意义仅仅在于换取薪酬以在消费市场上寻找意义的满足。

如此，我们不难发现，消费主义意识形态及商品拜物教在当今社会的盛行，其根源相当程度上就存在于工作的异化之中，而这种异化之产生则是由于我们错失了工作的真正意义，即一种"礼物的赠予"。在礼物模式的工作中，雇佣者与被雇佣者之间的疏离不复存在，而企业的目标亦不再是于市场中不断制造新的需要及虚假的意义系统以获取最大利润；相反，整个工作群体的目标都在于赠予由上帝而来的礼物以满足人们真正的需要。与此同时，在作为"礼物之赠予"的工作中，工作本身即是一个充满意义的过程，工作与消费之间的二元对立在这一模式中被打破了，人们无需在与工作分离的消费过程中寻找意义，相反，意义是在相互赠予的过程中被建构的。

最后，作为"礼物之赠予"的工作对解决当今世界同消费主义意识形态紧密相关的生态问题，同样有着重要的意义。生态问题之所以与消费主义有关，是因为后者的存在机制即是将不断被制造出来的新的欲望神秘化、形而上学化，使其披上诸如"幸福"、"品味"等具有形而上意涵的外衣，而正是不断产生的欲望带来了

---

[1]　See Thomas Luckmann, *The Invisible Religion: The Problem of Religion in Modern Society*, New York: Macmillan, 1967.

对上帝之创造的肆意消耗。如我们所知道的那样，消费主义意识形态是在一种基于稀缺的形而上学而建立的资本主义市场经济中产生的。正因如此，与消费主义紧密相关的生态问题之根源，同样存在于稀缺的形而上学之中。稀缺与生态问题中的过度消耗看似是一对矛盾，实则不然。正是因为稀缺观念的存在，人们才必须以征服及竞争的方式获得更多的资源；正是因为稀缺，拼命占有的欲望才会产生；同样正是因为稀缺所带来的死亡恐惧，效率才会如此重要。相反，在作为"礼物之赠予"的工作中，人们认识到上帝之创造的丰盛，而工作的意义亦由效用的满足转向对邻人的服侍。这意味着我们无需将人们之间的基本关系定义为竞争性的，意味着占有并非是生命的意义，也意味着效率并非如人们所想的那样重要。事实上，即便是以保护自然为目的的生态神学，如果其理解自然的方式是以稀缺的观念为基础，那么它便仍是不可取的，因为这种生态神学从自然的机械论出发，认为"个体必须将自己交付于这个星球——地球，并接受他们的命运——甚至是死亡——以便为其包含一切的总体性作出贡献。"① 相反，只有在对创造之丰盛的认同中，在一种"作为礼物之赠予"的工作中，欲望才得以被合理地规划；与此同时，人们仍能在团结及合作的喜悦中分享上帝的礼物。②

小　　结

在本章中，我们尝试从若望·保禄二世以及沃弗之工作神学的

---

① Stephen Long, *Divine Economy*, p. 256.
② Ibid, p. 265.

失败之处，开启一种"新的"工作神学进路，即一种"作为礼物之赠予"的对人类工作的理解。通过上述分析我们能够清晰地看到，这种依据礼物以及赠予诠释人类工作的方法，早已存在于路德和加尔文的神学，特别是两人关于"呼召"观念之中。然而，我们却不能就此停留于两位宗教改革家的诠释，这是因为：一方面，我们需要把两人的诠释放在一个更充分地整合了自然与超自然的神学框架下，只有这样，一种"作为礼物之赠予"的对工作的理解才能在神学上具有更强的合理性；另一方面，我们也需要适当地吸收当代神学对"礼物"的讨论——这既是为了获得一种更充分的对礼物的神学理解，也是为了能够更好地在当代经济语境中诠释一种"作为礼物之赠予"的人类工作，并说明这一对工作的神学理解如何能够克服资本主义经济中的工作异化。

较之若望·保禄二世以及沃弗的工作神学，这一基于礼物对工作的理解其最大不同在于：首先，它关注的重点并非赋予人类工作以较之以往更大的神学价值，而是工作如何在当代社会采取一种恰当的模式，从而能够克服在资本主义工作世界中存在的异化问题，并使得工作在当代社会中成为一种具有美德的、指向真、善、美之目标的实践。其次，"作为礼物之赠予的工作神学"并未采纳自韦伯而来的"事实—价值分离的策略"。换句话说，这一工作神学的进路并不认同现代资本主义政治经济学的结论是一种不可更改的事实，而神学只能在认同这些事实的基础上从外部为其提供一种道德；相反，它发现作为这一经济学之基础的假设包含了特定的价值，而这些价值正是工作之异化所以产生的根源，亦是基督教神学能够以自身的叙事为基础进行批判的。不仅如此，它同时认为基督教神学自身即包含了社会科学的资源，而这些资源可以在用来批判社会科学之结论的同时，以作为后者之后设叙事的方式与其合作，共同建构一种恰当的工作模式。

正如我们所看到的，本章所论及的工作神学进路对资本主义中的工作异化的批判并未仅仅从道德的维度入手，而是直接进入了经济结构的层面。换句话说，它认为现代社会中的工作异化的根源不在别处，而就在资本主义市场经济自身的结构与模式之中。因此，礼物进路的工作神学一方面分析以及批判以稀缺的形而上学为基础、以自利的交换为核心的资本主义工作模式，另一方面从传统的神学语言入手，尝试建构一种以"礼物之赠予"为基本结构的工作模式；与此同时，我们也已经清楚地看到"作为礼物之赠予"的工作如何可能克服资本主义工作世界中存在的那些异化现象，并重新使人类工作成为具有美德、包含内在价值、促进公义与团结以及人之整全发展的实践活动。

结　论

"坐宝座的说：'看哪，我将一切都更新了。'"

——《圣经·启示录》21章5节

一、合作的创造与礼物的赠予：辩证的平衡

本次研究开始于对人类工作以及现代资本主义社会中的工作异化现象的一般性描述，并在此基础上提出基督教神学参与到这一议题之讨论中的必要性，亦即建构一种恰当的当代工作神学的必要性（导论）。在这之后，我们便开始了对现代以来重要的工作神学理论的分析与批判。正如我们所看到的，自宗教改革以降，对人类工作的神学诠释经历了一次重要的范式转换。作为现代工作神学的起点，路德及加尔文在其恩典神学的框架下，恢复了为中世纪经院神学所扭曲的属灵生活与日常工作之间的关系，重新将工作同呼召关联起来，从而一方面提升了日常工作之于信仰生活的意义，另一方面也用对信与爱之关系的诠释为这一作为呼召的工作提供了一种具有美德的模式（第一章）。然而，受两人自身整体的神学框架所限，这一基于呼召的工作神学无法抵御或批判其后所出现的资本主义经济所带来的结构性异化；同时，由于整个基督教神学都曾在启

蒙运动之后的资本主义发展和世俗化运动之影响下退至私人领域，因此，当 20 世纪的神学重新整合了恩典与自然，并强调自身在公共领域之合法性后再谈论人类工作时，当务之急便是抛弃路德和加尔文之呼召的工作观，转而开启一种新的工作神学进路。

　　然而，正如托马斯·库恩（Thomas S. Kuhn）对范式转化的描述所表明的那样，范式的更迭并非自然发生的，它是一个缓慢而复杂的过程，并且需要以危机的出现作为条件①。我们已经看到，带来工作神学由呼召向新范式之转换的危机，是资本主义的生产方式在世界范围的主宰；而在危机出现前后这一漫长的过程中，在工作神学尚未准备好进行一次范式转换的时间里，社会科学首先开始了对资本主义工作世界之异化的分析与批判（第二章）。无论是马克思的政治经济学理论，抑或韦伯的社会学理论，都包含了对现代性以及工作异化现象的深刻剖析与批判。从某种意义上说，马克思及韦伯的论述在工作神学的发展过程中起到了一种承上启下的作用：两人对现代工作模式的批判对基督教神学而言，同时包含着对"呼召的工作观"之批判，因为资本主义经济中工作的异化不仅为呼召的观念所无力批判，甚至在某种程度上还为后者所加强。就此而言，社学科学的批判提醒着神学，由路德及加尔文而来的呼召观念需要作出改变，才能使关于上帝的思考重新成为对我们的直接旨趣和需求之修正，亦即对实践之修正。② 与此同时，它亦敦促神学以自身作为后设叙事修正社会科学的结论，并从自身的资源中寻找能够克服异化的新的工作模式。因此可以说，正是社会科学对工作问题的讨论，在这两个方面激发了 20 世纪的基督教神学重新开始

① 参见托马斯·库恩（Thomas Kuhn）：《科学革命的结构》，李保恒、纪树立译，上海科学技术出版社 1980 年版。
② 参见默茨：《历史与社会中的信仰》，第 69 页。

对人类的日常工作进行思考。

终于，一种工作神学的范式转换在 20 世纪后半叶的神学领域中发生了，转换后的新范式以"合作创造"这一概念作为诠释人类工作的基础（第三章）。这一工作神学新进路的重要性在于，它在人类工作与作为整体的世界之救赎（亦即上帝国的最终来临）之间建立起了一种关联——沃弗的工作神学已经清晰地表明了这种关联之于工作伦理的重要性。① 这样一来，基督教神学便得以对一种具有社会公共性而非仅仅是个人属灵问题的工作异化展开批判。然而正如我们已经看到的，到目前为止，这一工作神学新范式的缺点也十分明显：首先，这一进路的代表人物罗马教宗若望·保禄二世及新教神学家沃弗都不约而同地采纳了韦伯的"事实—价值分离的策略"来谈论作为工作异化之根源的资本主义经济体系。而这样做的结果是，两人均没能发现现代工作异化的根源就存在于资本主义经济的自身结构中，因此，他们的工作神学最多只能从伦理道德的维度消极地批判异化，但却无法依据神学自身的叙事提出一种包含基督教之美德的、能够克服异化的工作模式。不仅如此，即便是二者对工作异化的批判，也更多地依赖自然语言——特别是一种自然主义的人文主义，而非以基督教神学的后设叙事作为批判的基础和依据。正如约翰·休斯（John Hughes）所言："他们似乎总是令他们关于工作的概念在很大程度上同其神学主张分离，反而代之以自然主义及人格主义的理解"②。此外，两人对"合作创造"这一概念的使用亦存在着不小的问题。在教宗对这一概念的解释中，无论是关于"合作创造"的主观维度抑或其客观维度，他均

① Miroslav Volf, *Work in the Spirit*, pp. 89-98.

② John Hughes, *The End of Work*, p. 29.

未能充分证明其在神学上的合理性。而对于沃弗而言，他甚至没能明确地指出人类工作究竟能在哪些维度上同上帝进行"合作创造"。

由此，本文的结论是：截至目前，若望·保禄二世及沃弗以"合作创造"的观念为基础建构的工作神学自身包含着严重的缺陷，它本身并不足以成为一个新的工作神学范式——或者更准确地说，它仍是一个未完成的新范式。虽然它在相当程度上借助系统神学在二十世纪的新发展，克服了路德和加尔文的工作伦理对作为公共议题的工作异化现象缺乏批判性的弱点，但与此同时它却完全抛弃了"呼召"观念中包含有最多神学语言的部分——即一种"作为礼物之赠予"的工作观念。这种观念恰恰是基督教神学自身所包含的一种神学—经济学资源，它使得神学不仅可以对资本主义的工作异化提出批判，更能够建构一种新的工作模式从而真正克服这种异化。正因如此，若望·保禄二世与沃弗的选择事实上太过激进，他们只看到了路德及加尔文的神学无力抵抗资本主义的一面，却忽略了恰恰是在"呼召"的观念中，还包含着真正建构一种非异化的工作模式所不可或缺的神学叙事，亦即"礼物的叙事"。在我看来，"呼召"与"合作创造"对于当代的工作神学而言，绝非一个非此即彼的选择；相反，除非我们能够在二者之间达至一种辩证的平衡，否则一种真正既对资本主义世界中的工作异化拥有批判力，同时又具建设性的工作神学仍将迟迟不能出现。

那么，我们究竟如何在呼召与"合作创造"之间达致所谓"辩证的平衡"？事实上，前文的论述已经大致给出了答案，我在这里只需以结论性的方式将其总结出来。这种辩证的平衡首先意味着，当我们认可"呼召"的观念中所包含的礼物叙事能够作为建构一种恰当的工作模式之资源的同时，我们也必须承认路德和加尔文的神学框架确实无法为一种具有整体性的、"作为礼物之赠予"的工作模式提供恰当的伦理基础。也正因如此，在某种程度上，我们无法赞同巴特关于人类工作的目标只局限于自然领域——即只在于为人们的生活提供保障——的观点。这也就意味着，我们需要在相当程度上接受为教宗、沃弗等主张"合作创造"的神学家所应用的神学框架，将人类工作与作为整体的世界之救赎——亦即上帝国的最终建立——关联起来；而在这个意义上，人的工作确实能够被视为与上帝进行的一种合作。另外，我们必须认识到，通过工作而与上帝进行的"合作创造"在教宗和沃弗的诠释中是不充分的。具体地说，无论是将同上帝的合作解释为在主观维度增加人的尊严，还是在客观维度上为上帝国预备物质材料，在神学上都不具备充足的依据。不仅如此，这一对"合作创造"的诠释无法和一种指向真、善、美之目标的、包含基督教美德的工作模式关联起来，而缺乏这一必须建基于基督教神学自身叙事的认识之后果，便是它并不认为有必要改变现存的经济结构，因而也就无法发现工作异化的根源并将其克服。

由此可见，无论是在"呼召"抑或在"合作创造"的观念中，都包含了建构一种恰当的工作神学所需要的部分，但同时亦有我们需要批判并舍弃的部分。而我们所需要做的，并非是采取两者的中间道路，而是将两者的观点综合起来加以扬弃（肯定、否定并超越）。换句话说，一种恰当的工作神学既应包含"礼物之赠予"的维度，同时亦应包含"合作创造"的维度，这样一来，我们所需要的工作神学便指向了一种"作为礼物之赠予的合作创造"。

这意味着：一方面，人类的工作确实可以作为同上帝的一种合作，其目标指向了上帝在终末的新创造——亦即上帝之国；换句话说，工作同作为整体的世界在终末之救赎的完成之间存在着一种不可被忽视的关联，由此工作神学对异化的批判以及对新的工作模式的建立便具备了伦理基础。另一方面，同上帝的这种合作既非预备上帝国的物质材料，亦非预备一种在终末的人性尊严，而是尽可能地将世界向着一个由爱、公义、自由以及和平建构的团契转化。正如我们在论及现代神学中的终末论复兴时所看到的，无论是在新教神学家莫特曼与蒂里希，还是在天主教神学家拉辛格及古铁雷斯的终末诠释中，上帝国的最重要标志均体现为一种"爱、公义及和平的关系"；亦如天主教社会训导所言："透过圣灵的礼物、在基督之中成就的人性之整全在历史之中发展，并借助人际关系而实现，这一人际关系反过来通过致力于以公义及和平改变世界而达至完善"①。而包含了互惠的"礼物之赠予"所表达以及所建构的不是其他，正是这样一种爱的关系。正因如此，当人类工作以"礼物之赠予"的方式被实践之际，它亦是在同上帝合作进行终末的新创造；与此同时，"人类在水平维度的礼物赠予是对上帝之礼物的回赠"这句话的含义也更清楚地显明了——人所给予上帝的回赠，即是以"礼物之赠予"的形式同上帝一起参与上帝国的建设。

　　事实上，在路德对"呼召"的诠释中就已经包含了人同上帝合作的观念。他认为，当人通过他的工作将从上帝那里接受的礼物赠予邻人之际，他便成为了"一个从上面接受、并向下赠予的中介——如同一条传送管道"②；而这时，工作中的人是作为上帝的面具、祂的一个合作者（coworker）而行动的。③　然而，路德的问题在于，他坚决地切断了这一合作同上帝国（救赎）之间的关联，

①　Pontifical Council for Justice and Peace, *Compendium of the Social Doctrine of the Church*, #58, pp. 30–31.

②　Martin Luther, W.A., vol.10 I , 1, 100.Cited from Gustaf Wingren, *The Christian's Calling*, p. 207.

③　Gustaf Wingren, *The Christian's Calling*, p. 180.

仅仅将其限制在现世的维度。因为他担心一旦工作与救赎有关，那么人们在工作之中便会不再关注对邻人的服侍，而是将注意力集中在自身的利益——即得救上。

当然，路德的这种担心不无道理，但他在正确地分离了工作同个体的称义之间的关联之同时，却未注意到当工作并非与个人救赎有关，而是与作为整体的上帝国之成就有关时，并不必然指向一种自利的实践。这是因为，人类工作与上帝国之间的关联，事实上是一种恩典之下的关联——正如我们在路德和加尔文的神学中所看到的，人们之所以能通过其工作将礼物赠予他人，是因为上帝首先赠予了创造及救赎的礼物，亦即祂的恩典；而在这种情况下，赠予他人礼物并不会成为一种自利的行动，因为它并非是救赎的条件，而是救赎的结果。也就是说，当人们能够通过其自身的工作——一种礼物之赠予的实践——参与上帝国的建设、回应上帝的礼物时，个体救赎的决定性事件已经发生了。换句话说，这时的人们已经通过圣灵而与基督联合。正因如此，通过工作与上帝合作参与上帝国的建设，非但不会与上帝的恩典相冲突，反而是为恩典所成就；它不但不会指向自利，反而在上帝之恩典的帮助下以他人的需要为中心。相反，如果"作为礼物之赠予"的工作同上帝的救赎计划全然无关，一方面固然会贬低工作的神学意义，更重要的是，当通过相互赠予的实践所建构的爱与公义的社会关系丝毫不意味着社会结构开始向上帝国转化时，工作神学或工作伦理便已经在相当程度上失去了其在批判与建构这两个方面的意义。

因此，正如我们所看到的，工作之中的礼物赠予可以合理地被视为与上帝之合作，而这种合作亦可以合理地被视为是指向建设终末之上帝国的合作。以这样的方式，我们便得以在"呼召"与"合作创造"之间达成一种辩证的平衡。这一辩证的平衡分别吸收了"呼召的工作神学"及"合作创造的工作神学"之中的合理之处，再将它们加以整合，从而令两个近乎对立的范式形成一种相互补充的关系，这样做的同时亦弥补了二者各自的缺陷。事实上，整合这两个不同范式的关键，在于将"呼召"中"礼物之赠予"这一具体的工作模式，置于一个新的神学框架之下——亦即在人类工作与终末的上帝国之间建立一种关联，从而使善的工作之实践指向一种对未来世界的信任，以及一种关于整个创造都将被成全的终极希望。只有当这种关联被建立之后，神学才可能说服人们超越个体道德实践的维度，为争取一个爱与公义的经济模式而积极行动，工作神学才真正具有了一种伦理学上的动力。

然而，我们必须注意不能因此便夸大人类工作之于上帝国之建立的意义。在肯定"合作"一词的合理性之同时，我们却不能忘记这样一个事实，即同上帝的合作之所以可能，乃是上帝的恩典使然，因为人们之所以能够回应上帝的礼物，乃是上帝先在的礼物使然。在路德关于人的工作是与上帝之合作的论述中，他特别强调在这一合作中，一切权力都属于上帝——人虽然是凭着其自由意志工作及赠予他人礼物的，但在某种意义上，人的工作只是上帝的工作，人的赠予亦只是上帝在提供祂的礼物。同时，我们亦不能忘记巴特的教导，即上帝根本不需要来自人的回赠（这也是巴特反对一切关于"合作创造"观念的理由）。① 虽然上帝的这种"不需要"，并不意味着祂不能施恩于人、使人有幸参与祂的救赎计划，但我们在作出这种肯定的同时必须牢记包含在巴特这一教导中的一个非常重要的事实，即上帝的礼物——无论是在创造还是在救赎之中——总是丰盛而非稀缺的。这一事实既保证了上帝恩典的自由，

---

① Karl Barth, *Church Dogmatics III*/4, p. 471, p. 482.

同时亦保证了终末之上帝国的超越性；但更重要的是，它保证了上帝国的建立在根本上是由上帝的恩典完成的，因此我们绝不可夸大自身工作的意义或价值，或令工作承担起本不属于它的责任，以免导致对人类工作的偶像化。在这里，我们可以使用菲利普·海夫纳（Philip Hefner）对人作为合作创造者之角色的概括来定位人的工作同上帝的恩典之间的关系，即一种被造的合作创造者（created co-creator）①；或者，我们可以在礼物神学的框架下将人定位为一个被赠予礼物的赠予者，或是一个受恩典的合作创造者。

二、未完成的工作神学

"合作创造"还是礼物的赠予？到这里为止，我们已经大致得出了关于这一问题的答案。正如我们所看到的，对当代的工作神学而言，完全丢弃基督教传统关于工作的解读，并非一个明智的选择。在我们当下的时代中，工作异化的问题本身即是一个现代性的问题；正因如此，基督教神学对工作的讨论绝不能仅仅满足于用神学提升日常工作的属灵意义，与此同时却将对最重要问题——当代的人类工作究竟应以何种模式在何种经济结构中存在——的回答，让渡给现代经济学或现代哲学。神学必须放弃对自韦伯而来的"事实—价值分离的策略"之遵从，同时意识到资本主义经济的生产方式已经先行决定了工作在价值维度的目标（*telos*）——事实上这一目标的设定本该是神学的使命。相反，神学需要从自身的叙事中寻找合适的资源，以建构一种包含基督教信仰价值的工作模式。而这种以"礼物之赠予"为基础对人类工作所作的诠释，就包含在为主张"合作创造"的神学家们所拒绝的"呼召"观念中。

---

① Philip Hefner, *The Human Factor: Evolution, Culture, and Religion*, Minneapolis: Fortress Press, 1993, pp. 23–51.

　　然而，回归"呼召"的观念，并不意味着当代的工作神学就要失去"合作创造"的视野，它所需要的，是以一种正确的方式理解这一观念。"合作创造"的观念所依托的，是现代神学对理性与恩典、自然与超自然、世界与上帝国的重新整合，它同样指向了对（托马斯主义）神学传统的回归，亦是对现代自由主义神学的批判。这一观念对工作神学的重要性在于，它能够为工作从其在当代社会中的异化模式，向基督教神学自身的叙事所包含的"礼物之赠予"的模式转化，提供一种伦理的基础或实践的动力。然而，当它搭建的框架最终只能认可资本主义经济制度时（若望·保禄二世及沃弗在某种程度上正是这样做的），它便再次堕入了自由主义神学的臼巢。正因如此，本书所完成的工作是一次双向的修正，即将"礼物之赠予"的工作模式引入"合作创造"的框架，同时，也是令"合作创造"的观念复归神学的正统叙事。

　　尽管如此，在某种意义上，本书所规划的、使"合作创造"同"礼物之赠予"达至一种辩证平衡的当代工作神学进路，仍是一种未完成的工作神学。这是因为，神学的反思无论如何都应当以修正人们的实践为目标；只能够作为理论存在的神学言说即便再接近上帝的真理，仍是远远不足的。恰恰是在这方面，本书的研究仍有待于进一步地发展。具体地说，一种作为神学—经济学存在的工作神学，不能只具备神学的部分，亦需要有经济学的部分，而这正是一种"作为礼物之赠予的工作神学"不同于路德和加尔文的"呼召"伦理之处。在后者中，工作以"礼物之赠予"的方式服侍邻人，只是对个体基督徒提出的道德要求；而前者所欲达成的目标是建立一种具有普遍性的工作模式，换句话说，它包含了一种制度的要求。在这种情况下，神学对工作的探讨就不能只停留在对一种礼物的工作模式之笼统的描述上，它还需要讨论诸如市场将以何种方式存在及运转、企业将采取何种生产资料的所有方式来组织生产及服务、赠予将以何种具体的方式进行、团体是否就是礼物赠予的媒介或直接主体、工作群体的内部以何种方式组织，以及在这种礼物经济中政府将扮演何种角色等问题。显然，这些具体的问题并非仅靠神学自身的力量与资源就可以全部解决。在这里，神学仍需要社会科学的合作，即需要社会科学领域的学者参与这一新工作模式的讨论，以其自身所拥有的、神学却不具备的资源帮助这种"作为礼物之赠予"的工作模式真正能够在经济领域中被实践。

尽管如此，在这样一种同社会科学的合作中，神学所扮演的角色较之其在"合作创造"的进路中已经大不相同。如我们所看到的，无论是若望·保禄二世还是沃弗，其工作神学都是在认同现代西方经济学的前提下展开神学讨论，与此同时他们便不得不接受某些后者之中已经包含的、同基督教神学的叙事相冲突的价值。然而，在我们上面所设想的那种神学与社会科学的合作中，神学坚持自身作为社会科学之后设叙事（metanarrative）的地位。换句话说，神学坚守着包含于自身叙事之中的价值，并以这种价值为基础构建一种基本的工作模式，哪怕这种工作模式与现存的经济理论相冲突。因而在这种合作关系中，神学实际上已经占据了一个通常被认为只属于经济学的并且是一种神学必须认可的"事实"的部分。而恰恰是这一从前被认为不属于神学的部分——我们已经证明了——才是克服现代世界中工作异化问题的关键。正因如此，神学在同社会科学合作时，必须坚持自身拥有对经济领域中一切与价值有涉之处发言的权利。只有在这一基础上，神学才能与经济学等社会科学展开合作，从而将根据神学自身的叙事所提出的工作模式有效地实践出来。

正如当代所有严肃地探讨人类工作的神学家所坚持的那样，工作对于人及其同上帝始终关联的旅程而言如此重要，以至于它理应成为基督教神学不可缺少的部分。对于当代工作神学而言，一方面应赋予人类的日常工作以恰当的神学价值，另一方面应将注意力集中在克服当代工作世界中的严重的异化问题上。在一种"作为礼物之赠予"的工作模式中，人们得以在上帝之恩典的帮助下，将由上帝那里而来的礼物依据邻人的需要慷慨地赠予他们，同他人一同享用上帝丰富的创造，并在这一过程中表达对上帝的感激以及我们自身的喜悦与成熟，同时以参与一种爱的关系之建构的方式与上帝合作，创造并迎接那终末的上帝之国。

参考书目

一、专著

1. Applebaum, Herbert. "The Concept of Work in Western Thought." In *Meanings of Work*: *Considerations for the Twenty-First Century*, ed. Frederick C. Gamst, 46–78. Albany: State University of New York Press, 1995.

2. Arendt, Hannah. *The Human Condition*. Garden City, N. Y.: Doubleday, 1959.

3. Aristotle. *The Politics*. Translated by Ernest Barker. New York: Oxford University Press, 1946.

4. Barth, Karl. *Church Dogmatics*, vol. 3. Edited by G. W. Bromiley and T. F. Torrence. Edinburgh: T. & T. Clark, 1961.

5. Barth, Karl *The Way of Theology in Karl Barth*: *Essays and Comments*. Edited by H. M. Rumscheidt. Allison Park, Pennsylvania: Pickwick Publications, 1986.

6. Beynon, Huw. "The Changing Practice of Work." In *The Changing Shape of Work*, ed. Richard K. Brown, 20–53. Basingstoke; Macmillan; New York: St. Martin's Press, 1997.

7. Billings, J. Todd. *Calvin*, *Participation*, *and the Gift*: *The Activity of Believers in Union with Christ*. New York: Oxford University Press, 2007.

8. Bourdieu, Pierre. *The Logic of Practice*. Cambridge: Polity Press, 1980.

264

9. Braverman, Harry. "Scientific Management." In *The Transformation of Work in the New Economy*, ed. Robert Perucci and Carolyn C. Perrucci, 20-33. Los Angeles, Calif.: Roxbury Pub. Co., 2007.

10. Bultmann, Rudolf. *History and Eschatology*. Edinburgh: The University Press, 1957.

11. Butin, Philip. *Revelation, Redemption and Response: Calvin's Trinitarian Understanding of the Divine-Human Relationship*. New York: Oxford University Press, 1995.

12. Calvin, John. *Institutes of the Christian Religion*. In *The Library of Christian Classics*, vol. 20 & 21, ed. John T. McNeill, trans. Ford Lewis Battles. Philadelphia: Westminster Press; London: SCM Press, 1953-1966.

13. Calvin, John. *Calvin's Old Testament Commentaries: The Rutherford House Translation*, vol. 1. Edited by D. F. Wright, D. F. Kelly, N. M. de S. Cameron. Grand Rapids, Mich.: W. B. Eerdmans, 1993.

14. Calvin, John. *The Second Epistle of Paul the Apostle to the Corinthians and the Epistles to Timothy, Titus and Philemon*. Translated by T. A. Smail. Grand Rapids, Mich.: Eerdmans, 1980.

15. Calvin, John. *The Bondage and Liberation of the Will: A Defence of the Orthodox Doctrine of Human Choice Against Pighius*. Translated by Graham L. Davies, edited by A. N. S. Lane. Grand Rapids, MI: Baker Books, 1996.

16. Calhoun, Robert L. "Work and Vocation in Christian History." In *Work and Vocation: A Christian Discussion*, ed. John Oliver Nelson, 32-81. New York: Harper 1954.

17. Chenu, M. D. *The Theology of Work*. Dublin: Gill, 1963.

18. Cummings, Owen F. *Coming to Christ: A Study in Christian Eschatology*. Lanham, Md.: University Press of America, 1998.

19. De Lubac, Henri. *The Mystery of the Supernatural*. Translated by Rosemary Sheed. New York: Crossroad Pub., 1998.

20. De Lubac, Henri. *Augustinianism and Modern Theology*. Translated by Lancelot Sheppard. London: Chapman, 1969.

21. Derrida, Jacques. *Given Time, I, Counterfeit Money*. Chicago: University of Chicago Press, 1992.

22. Douglas, Mary. "No Free Gifts." Introduction to Marcel Mauss, *The Gift*: *The Form and Reason for Exchange in Archaic Societies*. Translated by W. D. Halls, vii−xviii. London; New York: Routledge, 1990.

23. Edwards, Richard. "Bureaucratic Control." In *The Transformation of Work in the New Economy*, ed. Robert Perucci and Carolyn C. Perrucci. Los Angeles, Calif.: Roxbury Pub. Co., 2007.

24. Ellul, Jacques. "The Technological Order." In *Philosophy and Technology*: *Readings in the Philosophical Problems of Technology*, ed. Carl Mitcham and Robert Macker, 86−105. New York: The Free Press, 1983.

25. Fiorenza, Francis Schüssler. "The New Theology and Transcendental Thomism." In James C. Livingston and Francis Schüssler Fiorenza, *Modern Christian Thought*, 2nd edition, vol. 2, 179−232. Upper Saddle River, NJ: Prentice Hall, 2000.

26. Fisher, Rob. "Philosophical Approaches." In *Approaches to the Studies of Religion*, ed. Peter Connolly, 105−134. London and New York: Cassell, 1999.

27. Forell, George W. *Faith Active in Love*: *An Investigation of the Principles Underlying Luther's Social Ethics*. Minneapolis: Augsburg Pub. House, 1959.

28. Foucault, Michael. *Discipline and Punish*: *The Birth of Prison*. Translated by Alan Sheridan. New York: Vintage Books, 1995.

29. Freund, Julien. *The Sociology of Max Weber*. Translated by Mary Ilford. New York: Vintage Books, 1969.

30. Gaeber, David. *Towards an Anthropological Theory of Value*: *The False Coin of Our Own Dreams*, 1st edn. New York: Palgrave, 2001.

31. Giddens, Anthony. *Positivism and Sociology*. London: Heinemann, 1974.

32. Gula, Richard M. *Reason Informed by Faith*: *Foundations of Catholic Morality*. New York: Paulist Press, 1989.

33. Guroian, Vigen. *Incarnate Love*: *Essays in Orthodox Ethics*. Notre Dame, Ind.: University of Notre Dame Press, 1987.

34. Gutiérrez, Gustavo. *A Theology of Liberation*: *History*, *Politics and Salvation*. Translated and edited by Sister Caridad Inda and John Eagleson. Maryknoll, N.Y.: Orbis Books, 1973.

35. Hall, Basil. "Calvin against the Calvinists." In *John Calvin*, ed. G. E. Duf-

field, 19-37. Appleford, England: Sutton Courtenay Press, 1966.

36. Harkness, Georgia. *John Calvin: The Man and His Ethics*. New York: Abingdon Press, 1958.

37. Haas, Guenther H. "Calvin's Ethics." In *The Cambridge Companion to John Calvin*, ed. Donald K. Mckim, 93 - 105. Cambridge, UK; New York: Cambridge University Press, 2004.

38. Hauerwas, Stanley. *The Peaceable Kingdom: A Primer in Christian Ethics*. Notre Dame, Ind; London: University of Notre Dame Press, 1983.

39. Hauerwas, Stanley. "Work as Co-Creation: A Critique of A Remarkably Bad Idea." In *Co-Creation and Capitalism: John Paul II 's Laborem Exercens*, ed. John W. Houck and Oliver F. Williams, C.S.C, 42-58. Lanham, Md.: University Press of America, 1983.

40. Hefner, Philip. *The Human Factor: Evolution, Culture, and Religion*. Minneapolis: Fortress Press, 1993.

41. Hesselink, I. John. "Calvin's Theology." In *The Cambridge Companion to John Calvin*, ed. Donald K. Mckim, 74-92. Cambridge, UK; New York: Cambridge University Press, 2004.

42. Hobgood, Mary E. *Catholic Social Teaching and Economic Theory: Paradigms in Conflict*. Philadelphia: Temple University Press, 1991.

43. Hollenbach, David S.J. "Human Work and the Story of Creation: Theology and Ethics in *Laborem Exercens*." In *Co-Creation and Capitalism: John Paul II 's Laborem Exercens*, ed. John W. Houck and Oliver F. Williams, C.S.C, 59-77. Lanham, Md.: University Press of America, 1983.

44. Howard, Ann. "A Framework for Work Change." In *The Changing Nature of Work*, ed. Ann Howard, 3-447. San Francisco: Jossey-Bass Publishers, 1995.

45. Hughes, John. *The End of Work: Theological Critiques of Capitalism*. Malden, MA; Oxford: Blackwell Pub., 2007.

46. John Paul II. *Laborem Exercens*. In *Catholic Social Thought: The Documentary Heritage*, ed. David J.O'Brien and Thomas A.Shannon. New York: Orbis Books, 2000.

47. Kalberg, Stephen "Introduction." In *Max Weber: Readings and Commen-*

tary on Modernity, ed.Stephen Kalberg. Malden, MA: Blackwell Pub., 2005.

48. Larive, Armand. *After Sunday: A Theology of Work*. New York: Continuum, 2004.

49. Li, Kit-Man. *Western Civilization and its Problems: A Dialogue between Weber, Elias and Habermas*. Aldershot; Brookfield USA: Ashgate, 1999.

50. Lindberg, Carter. "Luther's Struggle with Social-ethical Issues." In *The Cambridge Companion to Martin Luther*, ed. Donald K. McKim. Cambridge, UK; New York: Cambridge University Press, 2003.

51. Long, D. Stephen. *Divine Economy: Theology and the Market*. London: Routledge, 2000.

52. Löwith, Karl. *Max Weber and Karl Marx*, edited with an introduction by Tom Bottomore and William Outhwaite, translated by Hans Fantel. London: George Allen & Unwin, 1982.

53. Luckmann, Thomas. *The Invisible Religion: The Problem of Religion in Modern Society*. New York: Macmillan, 1967.

54. Luther, Martin. *Luther's Works*, vols, 1 – 54. St. Louis, Mo.: Concordia; Philadelphia: Fortress Press, 1955–1976.

55. Luther, Martin. *Works of Martin Luther*, vols. 1–6. The United Lutheran Publication House, Philadelphia, 1915–1932.

56. Luther, Martin. *Three Treatises*. Translated by C.M. Jacobs. Philadelphia: Muhlenberg, 1943, 1960.

57. Luther, Martin. *A Compend of Luther's Theology*, ed. Hugh Thomson Kerr, Jr. Philadelphia: The Westminster Press, 1943.

58. Luther, Martin. *The Table-Talk of Martin Luther*. Translated by William Hazlitt. Philadelphia: United Lutheran Publication House, 1997.

59. MacIntyre, Alasdair. *After Virtue: A Study in Moral Theory*. Notre Dame, Ind.: University of Notre Dame Press, 2007.

60. Marcuse, Herbert. *Eros and Civilisation: A Philosophical Inquiry into Freud*. London: ARK Paperbacks, 1987.

61. Marion, Jean-Luc. "Sketch of a Phenomenological Concept of Gift." In *Postmodern Philosophy and Christian Thought*, ed. Merold Westphal, 122 – 143. Bloomington: Indiana University Press, 1999.

62. Marion, Jean-Luc. *Reduction and Givenness*. Evanston: Northwestern University Press, 1998.

63. Marx, Karl. *Grundrisse: Foundations of the Critique of Political Economy* (rough draft). Translated by Martin Nicolaus. Harmondsworth, Middlesex; New York: Penguin Books, 1973.

64. Marx, Karl and Frederick Engels. *Manifesto of the Communist Party*. Peking: Foreign Languages Press, 1965.

65. Mauss, Marcel. *The Gift: The Form and Reason for Exchange in Archaic Societies*. Translated by W.D.Halls. London; New York: Routledge, 1990.

66. Milbank, John. *Theology and Social Theory: Beyond Secular Reason*, second edition. Oxford, UK; Malden, MA: Blackwell Pub., 2006.

67. Milbank, John. "Can a Gift be Given?" In *Rethinking Metaphysics*, ed. L. Gregory Jones and Stephen E.Fowl, 119−161. Oxford: Blackwell, 1995.

68. Milbank, John. "Alternative Protestantism." In *Creation, Covenant and Participation: Radical Orthodoxy and the Reformed Tradition*, ed. James K. A. Smith and James H.Olthius, 25−41. Grand Rapids, MI: Baker Academic, 2005.

69. Milbank, John. *Being Reconciled, Ontology and Pardon*. London: Routledge, 2003.

70. Mills, C.Wright. "The Meaning of Work throughout History." In *The Future of Work*, ed.Fred Best, 6−14. Englewood Cliffs, N.J.: Prentice Hall, 1973.

71. Moltmann, Jürgen. *The Coming of God: Christian Eschatology*. Translated by Margaret Kohl. London: S.C.M.Press, 1996.

72. Moltmann, Jürgen. *Theology of Hope, On the Ground and the Implications of A Christian Eschatology*. New York: Harper & Row, 1967.

73. Nelson, Joel I. *Post-industrial Capitalism: Exploring Economic Inequality in America*. Thousand Oaks: Sage Publications, 1995.

74. Noon, Mike and Paul Blyton. *The Realities of Work*. Houndmills, Basingstoke, England: Macmillan Business, 1997.

75. Novak, Michael. "Creation Theology." In *Co-Creation and Capitalism: John Paul II's Laborem Exercens*, ed.John W.Houck and Oliver F.Williams, C.S. C, 17−41. Lanham, Md.: University Press of America, 1983.

76. Novak, Michael. *The Catholic Ethic and the Spirit of Capitalism*. New

York：Free Press，1993.

77. Olson，Jeannine E. "Calvin and Social-ethical Issues." In *The Cambridge Companion to John Calvin*，ed. Donald K. Mckim，153 – 172. Cambridge，UK；New York：Cambridge University Press，2004.

78. Paul Ⅵ. *Evangelii Nuntiandi*. In *Catholic Social Thought*：*The Documentary Heritage*，ed. David J. O' Brien and Thomas A. Shannon，301 – 346. New York：Orbis Books，2000.

79. Perucci，Robert and Carolyn C. Perrucci eds. *The Transformation of Work in the New Economy*. Los Angeles，Calif.：Roxbury Pub.Co.，2007.

80. Pickstock，Catherine. *After Writing*：*On the Liturgical Consummation of Philosophy*. Oxford：Blackwell，1998.

81. Placher，William C. ed. *Callings*：*Twenty Centuries of Christian Wisdom on Vocation*. Grand Rapids，Mich.：W.B.Eerdmans Pub.Co.，2005.

82. Pontifical Council for Justice and Peace. *Compendium of the Social Doctrine of the Church*. Libreria Editrice Vaticana，2004.

83. Rahner，Karl. *Theological Investigations*. Darton，Longman & Todd Ltd.，1974.

84. Rahner，Karl. *The Christian Commitment*. Sheed and Ward Ltd.，1963.

85. Ratzinger，Joseph. *Eschatology*，*Death and Eternal Life*. Translated by Michael Waldstein. Washington，D. C.：Catholic University of America Press，1988.

86. Saarinen，Risto. *God and the Gift*：*An Ecumenical Theology of Giving*. Collegeville，Minn.：Liturgical Press，2005.

87. Savage，Deborah. *The Subjective Dimension of Human Work*：*The Conversion of the Acting Person According to Karol Wojtyla/ John Paul Ⅱ and Bernard Lonergan*. New York：Peter Lang，2008.

88. Sayer，Derek. *Capitalism and Modernity*：*An Excursus on Marx and Weber*. London；New York：Routledge，1991.

89. Scaff，Lawrence A. *Fleeing the Iron Cage*：*Culture*，*Politics*，*and Modernity in the Thought of Max Weber*. Berkeley；London：University of California Press，1989.

90. Schrift，Alan D ed. *The Logic of the Gift*. New York：Routledge，1997.

91. Sewell, Graham and James Barker. "Max Weber and the Irony of Bureaucracy." In *Social Theory at Work*, ed. Marek Korczynski, Randy Hodson and Paul K. Edwards. Oxford; New York: Oxford University Press, 2006.

92. Smith, Adam. *The Theory of Moral Sentiments*. New York: A. M. Kelly, 1966.

93. St. Thomas Aquinas. *Summa Theologiae*. Latin text and English translation, introductions, notes, appendices, and glossaries, vol. 46. Cambridge: Blackfriars; London: Eyre & Spottiswoode; New Yorkl: McGraw-Hill Book Company, 1966.

94. Tanner, Kathryn. *Economy of Grace*. Minneapolis: Fortress Press, 2005.

95. Tanner, Kathryn. *Jesus, Humanity and the Trinity*. Edinburgh: T&T Clark, 2001.

96. Tawney, R. H. *Religion and the Rise of Capitalism*. New Brunswick, N. J.: Transaction Publishers, 1998.

97. Tillich, Paul. *Systematic Theology*, vol. 3. Chicago: University of Chicago Press, 1963.

98. Troeltsch, Ernst. *The Social Teaching of the Christian Churches*. Translated by Olive Wyon. London: George Allen & Unwin; New York: The Macmillan Company, 1931.

99. Trueman, Carl R. "Calvin and Calvinism." In *The Cambridge Companion to John Calvin*, ed. Donald K. Mckim. Cambridge, UK; New York: Cambridge University Press, 2004.

100. Volf, Mirosalv. *Work in the Spirit: Toward a Theology of Work*. New York: Oxford Universtiy Press, 1991.

101. Walzer, Michael. *Spheres of Justice: A Defense of Plrualism and Equality*. New York: Basic Books, 1983.

102. Wannenwetsch, Bernd. "Luther's Moral Theology." In *The Cambridge Companion to Martin Luther*, ed. Donald K. McKim, 120 – 135. Cambridge, UK; New York: Cambridge University Press, 2003.

103. Warren, Mark E. "Nietzsche and Weber: When Does Reason Become Power?" In *The Barbarism of Reason: Max Weber and the Twilight of Enlightenment*, ed. Asher Horowiz and Terry Maley, 68 – 96. Toronto; Buffalo: University of

Toronto Press, 1994.

104. Warren, Mark E. "Nietzsche and Weber: When Does Reason Become Power?" In *The Barbarism of Reason: Max Weber and the Twilight of Enlightenment*, ed. Asher Horowiz and Terry Maley. Toronto; Buffalo: University of Toronto Press, 1994.

105. Webb, Stephen H. *The Gifting God, A Trinitarian Ethics of Excess*. New York; Oxford: Oxford University Press, 1996.

106. Weber, Max. *The Protestant Ethic and the Spirit of Capitalism*. Translated by Talcott Parsons. New York, 1958.

107. Weber, Max. *Max Weber: Readings and Commentary on Modernity*. Edited by Stephen Kalberg. Malden, MA: Blackwell Pub., 2005.

108. Weber, Max. *General Economic History*. Translated by Frank H. Knight. London: George Allen & Unwin, 1923.

109. Weber, Max. *From Max Weber: Essays in Sociology*. Edited by H. Gerth and C. Wright Mills. London, Routledge, 1970.

110. Weber, Max. *Economy and Society: An Outline of Interpretive Sociology*. Edited by Guenther Roth and Claus Wittich, translated by H. H. Gerth and C. Wright Mills, revised by Guenther Roth and Claus Wittich. Berkeley: University of California Press, 1978.

111. Weber, Max. *Roscher and Knies: The Logical Problems of Historical Economics*. Translated by Guy Oakes. New York: Free Press, 1975.

112. Weigel, Gorge. *Soul of the World: Notes on the Future of Public Catholicism*. Washington, D.C.: Ethics and Public Policy Center; Grand Rapids, Mich.: Eerdmans, 1996.

113. Wilson, John. "The Relevance of Philosophy." In *Philosophy and Religion: The Logic of Religious Belief*, 1-2. London: Oxford University Press, 1961.

114. Wingren, Gustaf. *The Christian's Calling: Luther on Vocation*. Translated by Carl C. Rasmussen. Edinburgh: Oliver & Boyd, 1958.

115. Winner, Langdon. *Autonomous Technology*. Cambridge, MA: MIT Press, 1977.

116. Wojtyla, Karl. "On the Metaphysical and Phenomenological Basis of the Moral Norm in the Philosophy of Thomas Aquinas and Max Scheler." In *Per-*

son and Community: *Selected Essays*, trans. Theresa Sandok. New York: Peter Lang, 1993.

117. 安东尼·吉登斯（Anthony Giddens）：《资本主义与现代社会理论：马克思，涂尔干，韦伯》，简惠美译，远流出版事业股份有限公司1996年版。

118. 卡尔·巴特（Karl Barth）：《〈罗马书〉释义》魏育青译，汉语基督教文化研究所1998年版。

119. 朋霍费尔（Dietrich Bonhoeffer）：《伦理学》，胡其鼎译，汉语基督教文化研究所2000年版。

120. 托马斯·库恩（Thomas Kuhn）：《科学革命的结构》，李保恒、纪树立译，科学技术出版社1980年版。

121. 孔汉思（Hans Küng）：《上帝存在吗?》（上、下卷），孙向晨、许国平译，道风书社2003年版。

122. 赖品超：《边缘上的神学反思》，基督教文艺出版社2001年版。

123. 卡尔·洛维特（Karl Löwith）：《世界历史与救赎历史》，李秋零、田薇译，汉语基督教文化研究所1997年版。

124. 麦金泰尔（Alasdair MacIntyre）：《追寻美德》，宋继杰译，译林出版社2002年版。

125. 卡尔·马克思（Karl Marx）：《德意志意识形态》（第一卷），《马克思恩格斯文集》第1卷，人民出版社2009年版。

126. 卡尔·马克思：《资本论》（一），《马克思恩格斯文集》第5卷，人民出版社2009年版。

127. 卡尔·马克思：《资本论》（三），《马克思恩格斯全集》第25卷，人民出版社1985年版。

128. 卡尔·马克思：《政治经济学批判（手稿）》，《马克思恩格斯全集》第46卷（上、下册），人民出版社1985年版。

129. 卡尔·马克思：《1844年经济学哲学手稿》，《马克思恩格斯文集》第1卷，人民出版社2009年版。

130. 默茨（Johannes Baptist Metz）：《历史与社会中的信仰——对一种实践的基本神学之研究》，朱雁冰译，三联书店1994年版。

131. 莫尔特曼（Jürgen Moltmman）：《俗世中的上帝》，曾念粤译，中国人民大学出版社2003年版。

132. 若望·保禄二世（John Paul II）：《〈百年〉通谕》，周子坚译，"示"编辑委员会 1991 年版。

133. 马克斯·韦伯（Max Weber）：《新教伦理与资本主义精神》，于晓、陈维纲等译，三联书店 1987 年版。

134. 维特克尔（Dietrich Wiederkehr）：《末世论的种种视角》，参见王晓朝、杨熙楠主编：《现代性与末世论》，广西师范大学出版社 2006 年版。

135. 中国主教团秘书处编译：《梵蒂冈第二届大公会议文献》，天主教教务协进会出版社 1975 年版。

二、期刊论文

1. Billings, J Todd. 'John Milbank's Theology of the "gift" and Calvin's Theology of Grace: A Critical Comparison.' *Modern Theology* 21. 1 (2005): 87–105.

2. Camenisch, Paul F. "Gift and Gratitude in Ethics." *Journal of Religious Ethics* 9. 1 (1981): 1–34.

3. Hardy, Lee. "Work in the Spirit: Towards a Theology of Work." *Calvin Theological Journal* 28. 1 (1993): 191–196.

4. Hart, Ian. "The Teaching of Luther and Calvin about Ordinary Work: 1. Martin Luther." *Evangelical Quarterly* 67. 1 (1995): 35–52.

5. Hart, Ian. "The Teaching of Luther and Calvin about Ordinary Work: 2. John Calvin." *Evangelical Quarterly* 67. 2 (1995): 121–135.

6. Hart, Ian. "The Teaching of the Puritans about Ordinary Work." *Evangelical Quarterly* 67. 3 (1995): 195–209.

7. Marty, Martin E. "Regifting." *Christian Century* 123. 26 (2006): 55.

8. Milbank, John. "The Soul of Reciprocity. Part One, Reciprocity Refused." *Modern Theology* 17. 3 (2001): 335–391.

9. Milbank, John. "The Soul of Reciprocity. Part Two, Reciprocity Granted." *Modern Theology* 17. 4 (2001): 485–507.

10. Moore, Jeffrey Scott. "A Theology of Work for Contemporary Christians." *Sewanee Theological Review* 36 (1993): 520–526.

11. Nihinlola, Emiola. "A Theological Analysis of Work and Human Development." *Ogbomoso Journal of Theology* 9 (2004): 51–58.

12. Volf, Miroslav. " On Human Work: An Evaluation of the Key Ideas of the Encyclical *Laborem Exercens.*" *Scottish Journal of Theology* 37 (1984): 65-79.

13. Volf, Miroslav. " Human work, Divine Spirit, and New Creation: Toward A Pneumatological Understanding of Work." *Pneuma* 9. 2(1987): 173-193.

14. Volf, Miroslav. "Eschaton, Creation, and Social Ethics." *Calvin Theological Journal* 30. 1(1995): 130-143.

15. 高喆：《世界、天国与道德的人》，《基督教思想评论》第六辑，2006 年第 2 期。

索 引

人 名

术 语

后　记

　　本书是在我博士论文的基础上稍加修改而成,可以算作是我求学阶段的一个总结。它所探讨的是人的工作,而其结论,则指向一种作为"礼物之赠予"的工作模式。事实上,著作本身即是我自己的一项工作。与此同时,我也希望这次研究和写作能够真正成为一次赠予的行动,更希望此时此刻作为读者的你们,能从这份远称不上完美的礼物中有所收获。而更重要的事情在于,这份礼物之所以能够诞生,是与许多在它之前无私、慷慨的馈赠分不开的。正因为有幸收到这些先在的礼物,我才得以有条件心无旁骛地进行这次研究,并因此将赠予的实践延伸下去。所以,请允许我对这些美好礼物的赠予者怀有深深的感激,并致以真挚的谢意:

　　首先需要感谢的是我的父母。我的生命本身便来自你们无与伦比的奇妙赠予,更毋需赘言你们在我成长道路上付出的所有艰辛、给予我的所有宽容与理解。十几年前,当我从一个在当今工具理性主导的社会看来最热门的专业"半路出家"转学哲学的时候,你们给予了我莫大的支持。没有你们伴随我走到今天,本书的诞生将是不可想象的。

　　同样要感谢我的导师赖品超教授。博士论文从开始构想直至终稿,整个过程都凝结着您的心血。当我在开始架构论文的阶段遇到障碍时,您以渊博的知识与开放的视野,引导我突破困境;在我写作的过程中,您用富于批判性的见解令我及时认识到论文的不足,并加以修正;在初稿完成之后,您更是不厌其烦地帮助我进行修订,甚至连标点符号的错误也为我一一指出;在本书即将出版之际,更蒙您慷慨执笔为本书作序。凡此种种传道、授业、解惑之恩,不一而足。

　　我还要感谢叶菁华教授。因为您曾单独为我开设研讨课,而我又频繁担任您所授课程助教的缘故,在香港的四年间与您有过许多次交谈。在基督教神学与现代性以及社会公共议题的关联方面,您给了我很多非常珍贵的启发,而所有这些对本书的写作而言都是巨大的帮助。

　　另外需要感谢龚立人、关瑞文、关启文三位教授。你们为本书提出了极为中肯同时亦非常重要的修改意见。尽管出于各种原因,在修改的过程中我无法将所有的意见全部采纳,但它们还是为本书的最终定稿提供了相当大的助益。此外,这些意见及建议对我未来进一步扩展和深化从基督教神学的角度对人类工作的研究,也提供了相当多的启发。

　　也需感谢伯明翰大学的邓守诚老师,正是您在我博士一年级时向我推荐阅读天主教神学家谢努(M.D.Chenu)的《工作神学》一书,才令我对这一议题产生了浓厚的兴趣,最终将其确定为我博士论文的研究课题。也许对您来说这只是无心插柳,但对我来说,它确实也是一份奇妙的礼物。

　　最后还要感谢本书的责任编辑段海宝博士。为是次出版开始修订博士论文的书稿时,我刚刚进入中央民族大学工作不久,无论教学抑或科研都头绪繁多。加之我又比较懒散,修订书稿的工作因此进展缓慢。在此过程中,段博士无数次地以各种方式督促我加快进度,并且以犀利的目光发现了书稿中的诸多错误。若非他及人民出版社其他同志所付出的艰辛劳动,本书的面世也不会如此顺利。

需要致谢的人其实还有许多,——说出他们的名字也并非一项多么巨大的工程。只是出于很多原因,我更愿意在铭记来自他们的珍贵礼物之同时,将感激放在心里,并在适当的时候回赠他们。希望本书这个礼物仅仅是个开始。

高 喆

2015 年 3 月 28 日于北京家中

责任编辑：段海宝

图书在版编目（CIP）数据

辛劳与礼物：工作神学批判研究／高 喆 著.
 —北京：人民出版社,2015.6
ISBN 978－7－01－014558－7

Ⅰ.①辛… Ⅱ.①高… Ⅲ.①基督教-神学-研究 Ⅳ.①B972

中国版本图书馆 CIP 数据核字（2015）第 040486 号

辛劳与礼物

XINLAO YU LIWU

——工作神学批判研究

高 喆 著

人 民 出 版 社 出版发行

（100706 北京市东城区隆福寺街 99 号）

北京汇林印务有限公司印刷 新华书店经销

2015 年 6 月第 1 版 2015 年 6 月北京第 1 次印刷
开本：710 毫米×1000 毫米 1/16 印张：18.75
字数：230 千字

ISBN 978－7－01－014558－7 定价：45.00 元

邮购地址 100706 北京市东城区隆福寺街 99 号
人民东方图书销售中心 电话（010）65250042 65289539